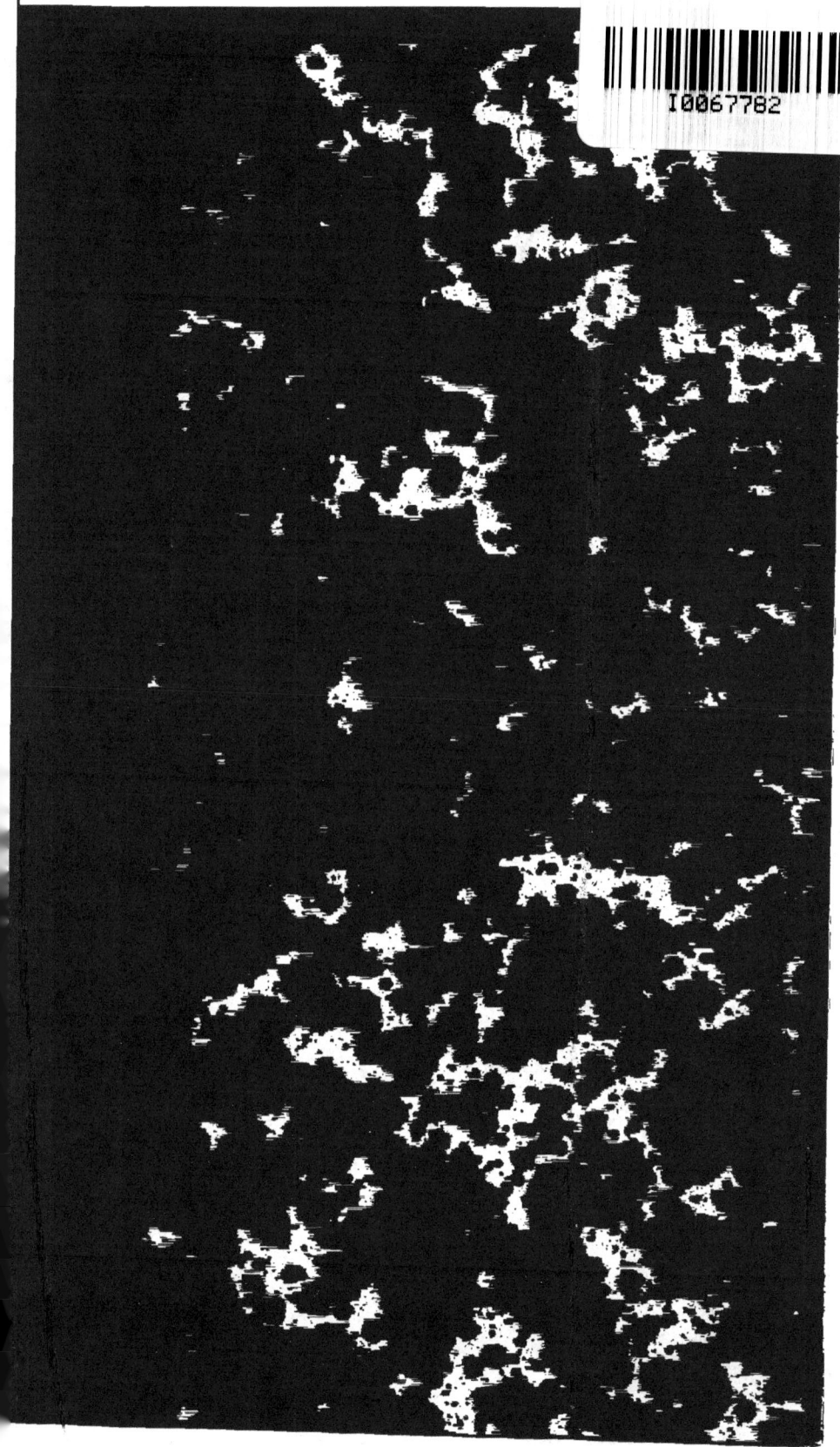

I0067782

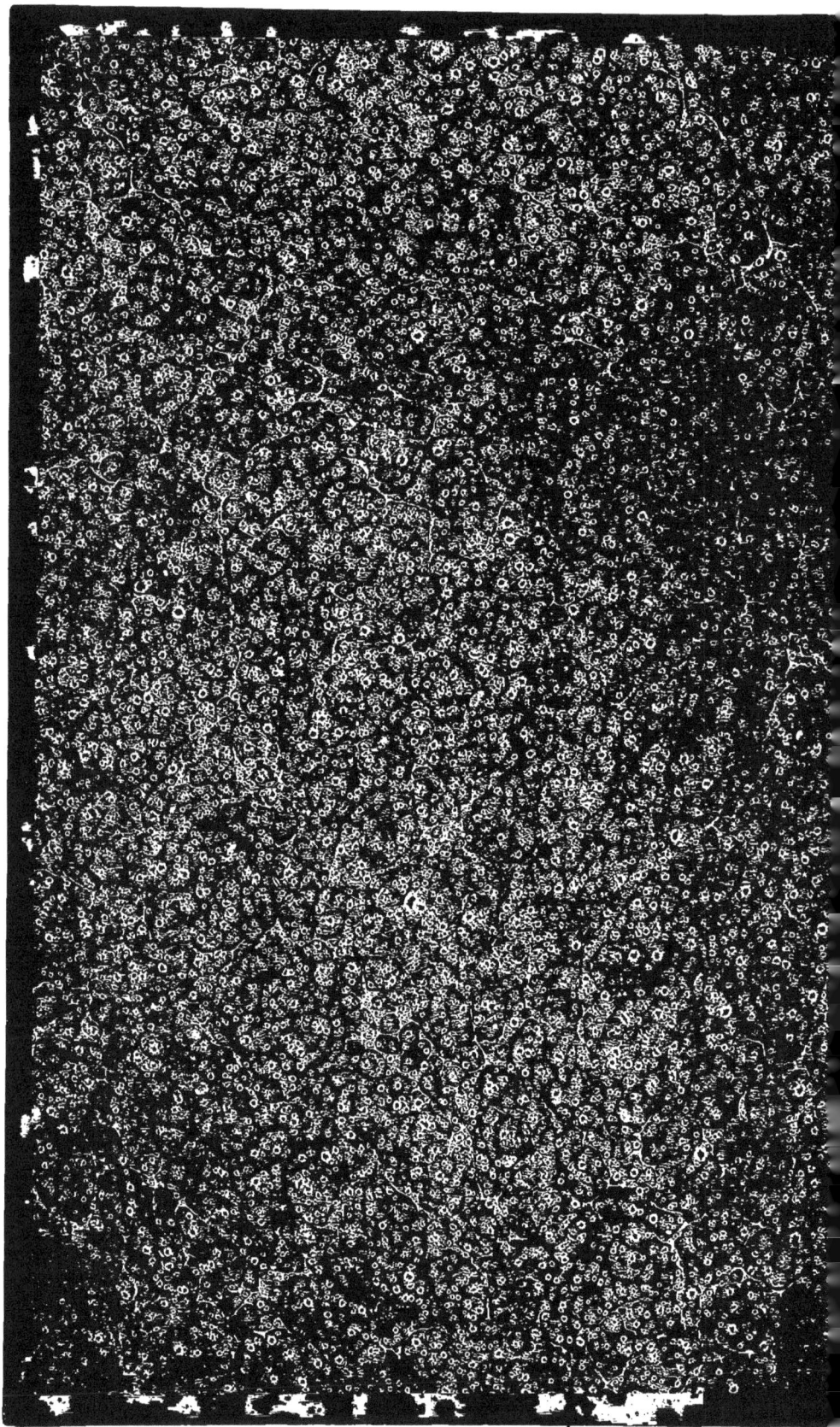

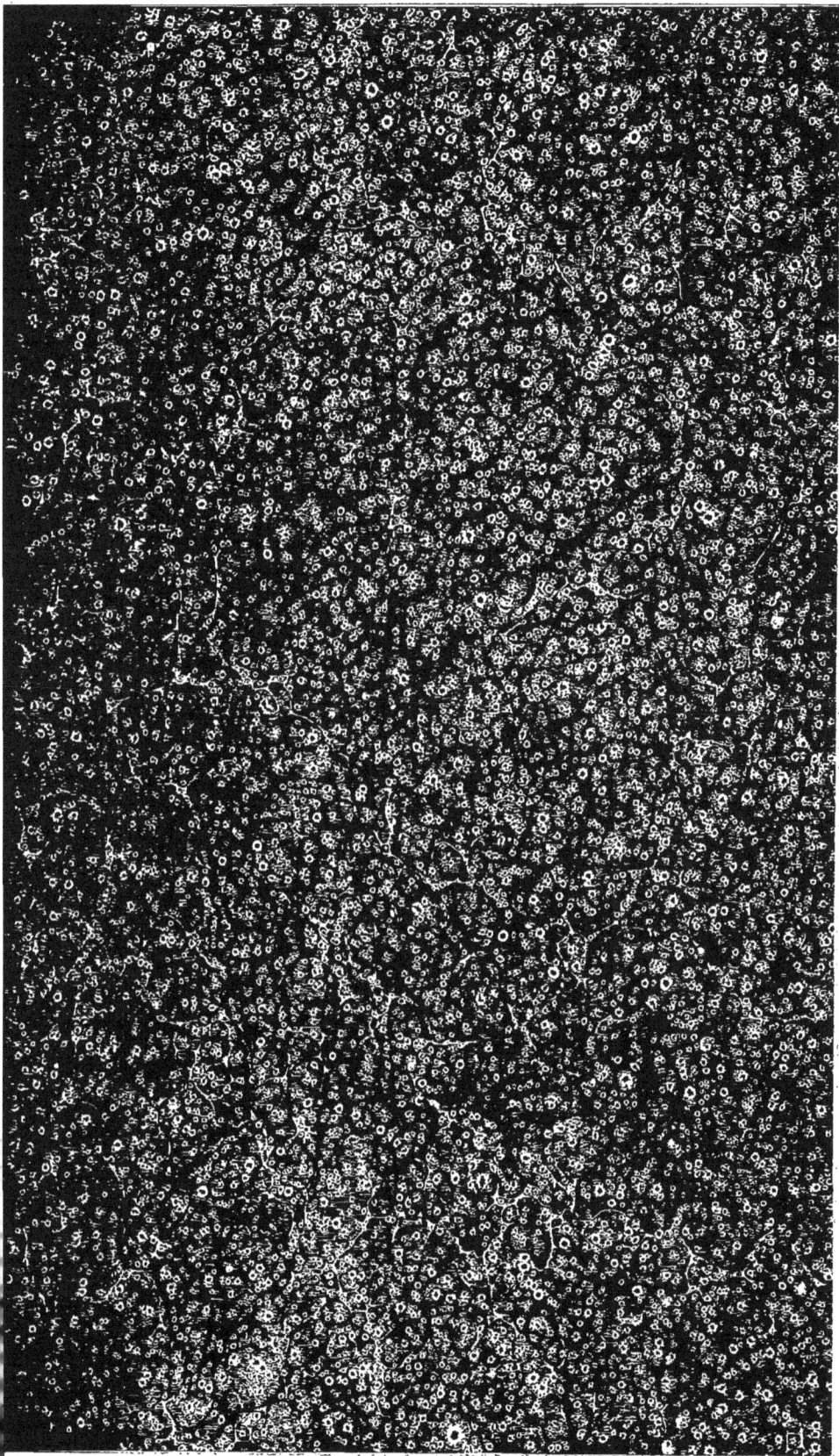

27807

# COURS

# D'ÉCONOMIE RURALE.

IMPRIMERIE DE M^{lle} V^e BOUCHARD-HUZARD,
rue de l'Éperon, 5.

# COURS

# D'ÉCONOMIE RURALE

PROFESSÉ

A L'INSTITUT AGRICOLE DE HOHENHEIM

PAR M. GŒRITZ.

❀

TRADUIT SUR MANUSCRIT ALLEMAND

PAR

## JULES RIEFFEL,

DIRECTEUR DE LA FERME RÉGIONALE DE GRAND-JOUAN, CHEVALIER DE LA LÉGION D'HONNEUR.

❀

TOME PREMIER.

*Paris,*

IMPRIMERIE ET LIBRAIRIE D'AGRICULTURE ET D'HORTICULTURE
DE Mme Ve BOUCHARD-HUZARD,
RUE DE L'ÉPERON, 5.

1850

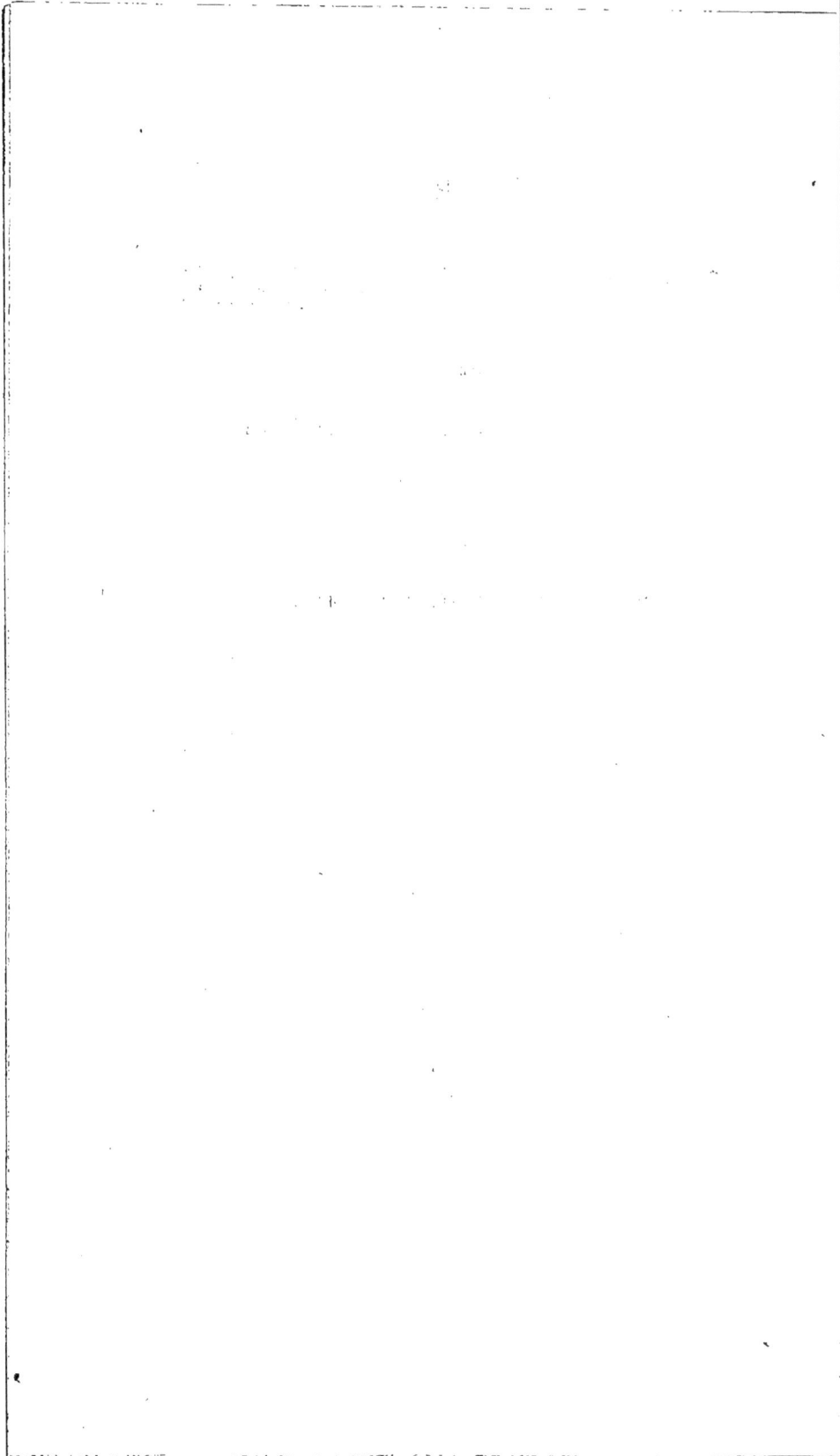

# COURS
# D'ÉCONOMIE RURALE.

## INTRODUCTION.

L'économie rurale diffère de l'agriculture proprement dite en ce que celle-ci s'occupe surtout
des soins spéciaux nécessaires aux plantes et aux
animaux, tandis que la première a en vue
l'administration de la ferme : on pourrait dire que
l'une s'applique à l'extérieur et l'autre à l'intérieur
d'une exploitation agricole. L'économie rurale est
appelée à apprécier l'organisation générale et particulière du domaine, ses diverses ressources, ses
forces et son revenu; elle apprend à juger les rapports et l'influence qu'exercent sur l'ensemble
d'une exploitation les diverses branches qui la
composent, ainsi que les relations qui peuvent
exister entre l'industrie agricole et les autres industries d'une nation, ou même avec son gouvernement.

Nous envisagerons l'étude de l'économie rurale
sous les points de vue suivants :

Connaissances des circonstances générales, naturelles, commerciales et politiques; influence de

I.                                        1

ces circonstances sur l'ensemble d'une exploitation agricole. — Étendue et constitution du domaine. — Organisation et système d'exploitation; appréciation de cette organisation, causes d'accroissement et d'affaiblissement. — Travaux et forces nécessaires à l'entrepreneur; organisation de son personnel. — Économie du bétail, choix des bestiaux, nombre, composition des troupeaux; valeurs. — Capitaux nécessaires; leur emploi. — L'entrepreneur, propriétaire, fermier ou régisseur.

L'enseignement ou l'application des principes de l'économie rurale suppose des connaissances préalables d'agriculture; l'économiste se fonde sur ces connaissances dans ses calculs et ses appréciations; il en recueille les diverses parties, les réunit et les concentre dans un but déterminé; puis il établit les rapports qui existent entre l'industrie agricole et l'administration du pays, la justice, le commerce, les arts industriels, etc.; il recherche les diverses influences qui en résultent et quelles sont celles qui peuvent seconder les progrès de l'agriculture.

Ces connaissances étendues ne sont pas ordinairement nécessaires dans la direction d'une exploitation d'une faible étendue ou d'une marche fixe et déterminée; dans ce cas, il suffit que l'entrepreneur ait par-devers lui une pratique bien entendue et de bonnes idées de théorie. Il en est tout autrement en dehors de cette marche normale, comme, par exemple, lorsque cette marche est interrompue par une cause quelconque; lorsqu'il s'agit de combinaisons nouvelles; lorsqu'enfin on se trouve aux prises avec un grand domaine et des exploitations diverses. Pour marcher sûrement dans de semblables positions, la science de l'économie rurale est d'un secours inappréciable; elle est donc très-importante pour tous les grands propriétaires, les administrateurs de biens-fonds, les régisseurs et toutes personnes qui s'occupent de l'économie des nations. Cette partie de la science agricole doit être essentiellement familière aux premiers fonctionnaires de l'État et à toutes les sommités sociales, afin qu'ils sachent diriger l'agriculture dans une bonne voie, la faire profiter des améliorations du siècle et équilibrer ses forces avec celles des autres industries. La culture des champs est tout entière fondée sur des expériences naturelles, et elle a dû devancer l'économie rurale; celle-ci, bien qu'elle ait aussi l'expérience pour base, n'a cependant pu faire de progrès qu'à la suite de longues études et des calculs répétés : c'est ainsi que s'explique sa tardive intervention. Il a fallu, à son développement, que des hommes d'étude, des penseurs profonds, forts à la fois en pratique et en théorie agricoles, lui consacrassent des veilles nombreuses.

Thaër posa les fondements de cette science, et il a constamment travaillé à son développement. Burger s'en occupa aussi dans ses ouvrages ; mais, aujourd'hui, nous sommes plus avancés qu'à l'époque où écrivaient ces auteurs, et nous avons des traités nombreux et importants sur la matière.

# CHAPITRE PREMIER.

## CONSIDÉRATIONS GÉNÉRALES SUR LA LOCALITÉ ET LES RAPPORTS D'UNE EXPLOITATION AGRICOLE

### Section première.

#### ÉTAT NATUREL.

Le caractère du climat d'une contrée dépend d'abord du degré de latitude sous lequel cette contrée est située, ou de sa position géographique et de son élévation au-dessus du niveau de la mer, ou de sa position physique, ainsi que de l'influence des alentours, tels que de hautes chaînes de montagnes, de grandes nappes d'eau, des forêts, des terres en culture ou en friche. Suivant le cas, la température est rude ou douce, sèche ou humide, égale ou variable. Si l'on se trouve à même de recueillir des observations positives sur la température moyenne, le maximum et le minimum de chaleur, et la quantité moyenne de pluie, on fera bien de ne pas négliger de semblables données. Dans tous les cas, les connaissances climatériques peuvent déjà fournir un aperçu sur la fécondité du sol, sur la réussite des plantes culturales, sur l'enherbement, toutes choses qui exercent une grande influence dans le choix d'un système d'exploitation, et qui décident s'il convient d'adopter une culture intensive ou extensive, et d'accorder une prépondérance à l'agriculture ou à la tenue du bétail.

Nous appelons exploitation *intensive* celle où, à force de travail et de capitaux, on cherche à atteindre le dernier but de l'économie rurale, c'est-à-dire le plus grand revenu possible joint à la conservation de la plus haute fécondité; nous disons qu'une exploitation est *extensive* alors qu'avec moins de travail et de capitaux on veut parvenir, plus lentement et avec l'aide du temps, aux mêmes résultats.

Le système intensif est préférable lorsque le prix des terres est élevé et que l'on a à sa disposition beaucoup d'ouvriers à bon marché et des capitaux suffisants.

Le système extensif, au contraire, doit avoir la préférence toutes les fois que la terre est à bas prix, la main-d'œuvre rare et chère, et les capitaux insuffisants.

Le système intensif domine partout où la population est nombreuse et la terre morcelée; ailleurs, nous voyons le système extensif avec une population faible et l'accumulation des propriétés entre les mains d'un petit nombre. Le procédé d'exploitation le plus intensif, c'est l'horticulture; le plus extensif, c'est le système pastoral.

La majeure partie des exploitations agricoles de l'Allemagne se trouvent placées entre ces deux extrêmes et se rapprochent tantôt de l'un, tantôt de l'autre : aucun des deux, d'ailleurs, ne jouit d'une préférence absolue et générale; chacun de ces deux systèmes, lorsqu'il est appliqué en temps et lieu opportun, peut être considéré comme une culture rationnelle. Il y a, en effet, des contrées où la douceur du climat, la bonne qualité des terres et leur bas prix forcent à une culture extensive par le manque de bras et de capitaux suffisants; mais ceci n'a lieu que dans les pays nouveaux ou d'une population faible (1). En Allemagne, l'exploitation extensive se borne généralement aux contrées d'un climat rude et d'un sol médiocre ou ingrat, qui ne nourrissent jamais qu'une faible population agricole, et où, par conséquent, le sol n'a que peu de valeur relativement aux ressources de travail et de capitaux.

Indépendamment du climat dont les degrés de fertilité nous sont indiqués par l'agriculture proprement dite, on doit considérer la forme caractéristique et naturelle de la contrée qui dépend de la formation géognostique, comme point gé-

(1) Je prie les lecteurs français qui habitent la région des landes, depuis Brest jusqu'à Roanne, de méditer ceci ; il y a certainement une fausse direction à leur présenter toujours, comme modèle à suivre, la culture intensive de l'Alsace et de la Flandre. J. R.

néral de comparaison : c'est tantôt une vaste plaine basse, tantôt un plateau élevé, tantôt une accumulation de collines, tantôt des montagnes mêmes. La plaine est uniforme ou ondulée et remplie de bassins ; elle est tout à fait horizontale ou légèrement inclinée vers un point de l'horizon ; les pentes des collines et des montagnes sont ou douces, abruptes ou rocheuses, ou, quoique escarpées, couvertes d'une légère couche de terre arable ; les montagnes sont ou prolongées et arrondies ou coniques ; les vallées sont unies ou profondes, larges ou resserrées, et ont une direction droite ou ramifiée : toutes ces situations diverses ont une relation intime avec la formation géognostique de la terre.

La formation géognostique d'une localité influe, d'ailleurs, sur la composition du sol, qui peut être par là plus ou moins glaiseux, sablonneux, calcaire, pierreux, profond, riche ou pauvre. Cet état influe encore sur la richesse de la végétation, l'abondance ou le manque d'eau et la qualité de celle-ci ; la possibilité de trouver des matériaux de construction pour les bâtiments et les routes, des couches de marne, de tourbe, de plâtre, etc., toutes choses qui sont en rapport intime avec une exploitation rurale. Des essais ont même déjà été entrepris pour tirer de l'état géognostique d'un pays certaines conclusions sur l'état physi-

que, moral et intellectuel de la population, sur
ses travaux, ses habitudes. Il est certain qu'on
peut trouver fréquemment, aux limites de deux
formations d'une différence bien tranchée, des
systèmes d'exploitations rurales entièrement différents l'un de l'autre.

## Section deuxième.

### ÉTAT POLITIQUE.

On entend par état politique l'administration
générale d'un pays, l'exercice de la police, la position civile et religieuse des habitants, l'état mi-
litaire et financier du gouvernement, le nombre
de la population, les occupations, l'instruction, le
caractère et l'aisance des habitants. Quand un
gouvernement est, en général, bienveillant et
éclairé; quand il favorise l'industrie et qu'il lève,
avec énergie, les obstacles qui s'opposent à son
développement, ce gouvernement exerce certainement une action bienfaisante sur les intérêts économiques de chaque citoyen. Une constitution établie sur des bases sûres; des lois claires, bonnes
et maintenues avec fermeté; une justice prompte,
protectrice surtout de la propriété; une police
civile et rurale bien organisée; un système d'impôts facile et d'une égale répartition; ce sont là des

circonstances heureuses pour un pays, et qui élèvent la valeur foncière du sol ainsi que le fermage.
Dans diverses contrées, l'agriculture jouit, par la
prévoyance où sous la protection du gouvernement, de plusieurs institutions bienfaisantes qui
manquent ailleurs. Je citerai à ce sujet les assurances contre l'incendie, soit pour les maisons,
soit pour le mobilier et les récoltes; les assurances
contre la grêle et la mortalité des bestiaux; enfin
les institutions de crédit. Quelquefois aussi le gouvernement assure l'exercice de la médecine et de
la vétérinaire à des hommes instruits qui, ailleurs,
sont éclipsés par les charlatans et les rebou-
teurs.

Quant à la population, il convient de l'examiner sous quatre points de vue différents:

1° *Le nombre de la population.* Lorsque la population est disséminée, les terres tendent à former
de grandes réunions territoriales ou des domaines
étendus; lorsqu'elle est nombreuse, nous trouvons partout la petite propriété, et le sol augmente
par là de valeur et de revenu. Cependant il existe
exceptionnellement des contrées très-peuplées où
la grande propriété domine : cela se voit quand les
institutions politiques mettent obstacle au partage, par exemple, par des majorats, ou quand la
population est plus industrielle et commerçante
qu'agricole. Le cultivateur doit bien étudier cet

état de choses, car une foule de produits ne se peuvent obtenir qu'avec beaucoup de bras; et, si ces bras manquent, il faut renoncer à cultiver en grand toutes les plantes qui demandent des travaux multipliés, principalement si ces travaux se font à la même époque, sans quoi on risque de tomber dans des embarras inextricables.

2° *L'état moral et éducationnel.* Lorsque, par choix ou par nécessité, un entrepreneur de culture éclairé a fixé sa résidence, il est très-important pour lui d'étudier à fond le caractère de la population qui l'entoure. Cette étude approfondie doit porter aussi bien sur les hautes classes que sur les classes inférieures, car il se trouvera nécessairement en contact avec les unes et les autres. Il s'assurera si le caractère est, en général, probe, fidèle, droit, ou faux et trompeur; si la population est conciliante, simple, complaisante ou froide, altière, opiniâtre, portée au luxe et corrompue; si elle est polie, exempte de préjugés, tolérante ou grossière, ignorante, superstitieuse et fanatique. Tout cela est de la plus haute importance pour l'homme des champs; car, dans un cas, son existence sera douce, facile, agréable; dans l'autre, elle sera pénible et remplie de soucis et d'embarras.

3° *Amour du travail, activité et intelligence.* Dans certaines contrées, les aides de culture, domes-

tiques et manœuvriers s'acquittent de leurs de-
voirs avec zèle, joie, intelligence et persévé-
rance; ils sont même désireux de s'instruire,
disposés aux innovations et prompts à aider le
maître; tandis que, dans d'autres contrées où ces
qualités disparaissent presque complétement, il
faut sans cesse revenir à la répétition des instructions, aux encouragements ou aux punitions. Cela
se voit surtout dans les contrées arriérées ou dans
celles qui sont encore soumises aux corvées. Là
les habitants ont pris des habitudes de fainéantise et de mauvais vouloir qui font le désespoir
d'un entrepreneur industrieux. On peut faire la
même observation pour les artisans dont le cultivateur a besoin : tantôt on en trouve qui sont habiles dans leur métier, et qui savent construire
avec art et perfection tout le mobilier rural; tantôt,
au contraire, on essayerait en vain de demander
un bon instrument ou un harnachement régulier :
cependant de bons maréchaux (1), des taillan-
diers, des charrons, des bourreliers habiles dans
leur art sont vivement à désirer.

Il est bien évident que de telles circonstances
agissent puissamment sur la direction d'une ex-

(1) Edgeworth rapporte qu'une loi écossaise punissait le maréchal
qui blessait un cheval par sa faute, et il ajoute cette réflexion philo-
sophique : qu'il devrait en être de même des institutions qui gâtent
la moralité des enfants.                                    J. R.

ploitation agricole, favorisent sa marche ou lui créent des obstacles et peuvent même quelquefois la rendre impossible.

4° *Aisance et nourriture.* L'aisance générale d'une population est toujours la suite de l'activité, de l'ordre, de l'économie et d'institutions qui favorisent de telles dispositions : c'est donc un bon augure. Cette aisance permet une éducation morale et professionnelle, ainsi que l'établissement d'écoles et d'autres institutions utiles; elle écarte la mendicité ainsi que d'autres fléaux sociaux, enfants de la misère. La nourriture des classes inférieures n'est pas toujours en rapport avec l'aisance des habitants, car il arrive souvent que la nourriture est excellente là où l'on manque d'aisance (1). La qualité et la quantité d'aliments qui sont exigées par les domestiques d'une contrée

---

(1) C'est une des choses qui m'ont le plus frappé, quand, après avoir parcouru plusieurs des plus riches provinces de la France , je suis arrivé dans la région des landes, où un pain blanc et une prodigieuse quantité de beurre sont souvent consommés par des familles entièrement dépourvues de toute aisance. J'ai vu des journaliers faire usage, tant qu'ils le pouvaient, d'un pain plus blanc que celui servi sur la table du propriétaire qui les employait. M. Goeriz paraît avoir fait la même observation en Allemagne , et il la signale avec beaucoup de justesse. Une pareille tendance est fâcheuse , elle empêche l'accumulation d'un petit capital en mobilier. Les soins de propreté et d'aération sont nuls. Le prix du travail tend à augmenter, sans que l'exécution y gagne , avec la dignité de l'homme et son intelligence. J. R.

sont une chose fort importante. Cette considération
décidera souvent le cultivateur à engager plus ou
moins de domestiques, ou à faire exécuter ses
travaux par des tâcherons ou des journaliers qu'il
paye en argent ou auxquels il accorde un supplément de nourriture.

## Section troisième.

### ÉTAT COMMERCIAL.

Pour tout homme qui se livre à une profession
industrielle, qu'il soit manufacturier ou agriculteur, il est une condition essentielle de réussite,
c'est de trouver les matières premières à bas prix,
et un débouché facile et avantageux pour les produits. Ces deux conditions ne sont pas toujours
dans un rapport convenable, et il arrive souvent
que cet ordre de choses soit interverti. Sous ce
rapport, on doit souhaiter la liberté du commerce
international, la franchise des importations et des
exportations, surtout dans les pays de peu d'é-
tendue et pour les habitants des frontières; ainsi
que des voies de communication faciles, soit par
des rivières navigables, des canaux, de bonnes
routes et des chemins vicinaux.

Il est vrai que, par la prohibition où l'établissement de droits d'entrée très-élevés sur les pro-

duits agricoles, on peut procurer certains avantages à une branche particulière ; mais ordinairement le système de protection est paralysé par
les représailles que prennent les nations voisines
sur d'autres productions qui tombent en souffrance. C'est là un état contre nature qu'accom-
pagne toujours le danger de brusques changements
qui entraînent des pertes : aussi la liberté com-
merciale est généralement plus avantageuse à l'a-
griculture (1).

De bonnes voies de communication facilitent
aussi la carrière industrielle ; et il est à désirer que
le cultivateur se trouve partout à portée d'un
fleuve navigable, d'un canal, de grandes routes et
de chemins vicinaux bien entretenus. La proximité d'une grande ville assure la vente des grains,
des légumes secs et verts, des fruits, du lait, des
veaux, etc. ; elle fait naître une infinité de spéculations impraticables ailleurs. Bien souvent
cette proximité change tout le système économique d'une exploitation agricole, dans laquelle
on vendra le fourrage et la paille, et où l'on ra-
mènera des engrais, ce qui ne peut avoir lieu

(1) On voit que M. Gœriz professe ici les principes d'économie
politique de l'école cosmopolite. Dans l'état actuel des choses, l'application de ces principes en France serait bien funeste à notre agriculture : c'est ce que tous les économistes français reconnaîtront
quand ils se placeront au point de vue agricole, au lieu de se tenir
constamment au point de vue mercantile.          J. R.

dans les conditions ordinaires d'une ferme, où toutes ces matières sont destinées à rouler dans le cercle de leurs attributions. Dans les fermes éloignées des villes, on doit s'attacher, au contraire, aux produits qui peuvent supporter les frais de transport, comme la laine, le beurre salé ou fondu, les fromages, les bœufs gras, etc. Quelquefois on est obligé de convertir certains produits en d'autres substances, afin de diminuer les frais de transport ; par exemple, la conversion des pommes de terre ou du blé en eau-de-vie, en fécule ou en amidon, etc.

Il y a des localités où l'on trouve certaines industries florissantes, et, dans leur voisinage, l'entrepreneur de culture devra prendre un tel fait en considération : ainsi il peut être avantageux de cultiver des plantes textiles dans un canton dont la population est adonnée à la filature et au tissage. Près de fabriques de drap et de moulins à huile, il est quelquefois avantageux de se livrer à la culture des cardères et à celle des graines oléagineuses. Lorsqu'il est arrivé que, par suite de circonstances particulières, quelques cantons se sont fait une réputation pour un produit particulier, cette illustration donne de la valeur à ce produit : ainsi le houblon, l'orge, le bétail de certains cantons sont tellement renommés, que le cultivateur y trouve naturellement un bénéfice, parce que les acheteurs affluent et que la marchandise est sans cesse demandée. On a vu rarement un entrepreneur obtenir de grands profits en comblant une lacune par l'introduction d'une industrie nouvelle. Ce cas présente de sérieuses difficultés, cependant on peut réussir; mais, dans cette voie, il faut marcher avec beaucoup de circonspection, et prendre constamment en considération les circonstances particulières de la localité.

Quant aux matières premières, dont les prix exercent une influence directe sur la production agricole, je citerai le combustible, soit le bois, la houille ou la tourbe; le sel, tant pour le ménage que pour les bestiaux; les matériaux de construction; le fer, le cuir, etc.

# CHAPITRE II.

## CONSIDÉRATIONS GÉNÉRALES SUR LES PROPRIÉTÉS.

Toutes les valeurs qui font partie intégrante d'un domaine rural ne peuvent pas être estimées en argent; il y en a même qui n'augmentent en aucune façon le revenu du domaine, et qui, cependant, lui donnent une plus grande importance et une valeur plus élevée. Il serait impossible, par exemple, d'évaluer un beau site, et cependant c'est une valeur réelle; car une propriété bien située trouvera toujours plus d'amateurs, soit pour l'acheter, soit pour la louer, qu'une autre propriété dans une position désagréable. Quoiqu'une classe d'hommes puisse être indifférente sous ce rapport, il y en a cependant qui trouvent dans une belle nature un ample dédommagement des jouissances et distractions qu'ils ne pourraient trouver ailleurs qu'à prix d'argent : cette circonstance n'est donc pas sans influence sur les revenus du propriétaire; à plus forte raison devons-nous accorder une attention sérieuse à une position saine et salubre : ceci est tout à fait grave, car les perturbations que jette dans une exploitation rurale un état maladif constant des maîtres et des domestiques entraînent des pertes posi-

tives. Chacun comprendra facilement que, dans
de pareilles circonstances, il convient de faire une
estimation différente soit pour l'acquisition, soit
pour la location d'un tel domaine; mais il est impossible de les exprimer en chiffres. Enfin nous
avons des domaines auxquels sont attachés des
priviléges honorifiques, et ces priviléges leur font
quelquefois accorder une valeur de convention que
nous devons mentionner.

Mais, si les circonstances que nous venons d'indiquer sont appelées à exercer une influence quelconque sur la valeur foncière ou locative d'un
domaine, nous avouerons que, sous le point de
vue agricole, elles doivent être subordonnées aux
conditions bien plus importantes que nous allons
examiner.

### Section première.

###### ÉTENDUE DES PROPRIÉTÉS.

Avant d'entrer en matière, nous commencerons
par établir ce qu'il faut entendre par grande,
moyenne et petite propriété. Nous renoncerons
encore ici à toute formule de chiffres, car un domaine de 100 hectares peut être petit dans une
contrée, moyen dans une autre et grand dans une
troisième. Sur l'autorité de Thaër, on est générale-
lement convenu d'adopter les désignations sui-

vantes : une grande propriété est celle que l'entrepreneur ne peut pas gérer seul et où, par conséquent, il est obligé de se faire aider par des agents intermédiaires, tels que comptables, régisseurs, contre-maîtres ; on entend par moyenne propriété celle que l'entrepreneur peut gérer seul, sans qu'il ait cependant le loisir de mettre la main à l'œuvre ; enfin nous entendons par petite propriété celle où le cultivateur, pour en tirer un revenu convenable, ne peut plus employer son temps uniquement à la surveillance, mais où il doit exécuter lui-même une partie de ses travaux. Cette définition est applicable à toutes les localités, et elle a l'avantage de donner de suite un aperçu sur le système organique de chaque nature de propriété.

Plus une exploitation est grande, plus il faut chercher à en simplifier l'organisation et à observer la stricte exécution de la marche établie, dût-on sacrifier une certaine perfection dans quelques branches. Par ces motifs, on trouve fréquemment, en pareil cas, la culture pastorale mixte, des bergeries très-considérables, l'amodiation de la laiterie, l'établissement d'aubergistes pour simplifier l'économie domestique, etc. (1).

(1) Presque tous les propriétaires qui font valoir en France se croient dans la nécessité de nourrir et de blanchir leurs domestiques ; aussi la plupart d'entre eux regardent avec raison cette obli-

La division du travail et l'application des machines procurent de précieuses ressources.

Lorsqu'il se trouve, dans l'enclave d'un domaine étendu et à une certaine distance de l'habitation principale, des fermes plus petites qui dépendent de la même administration, il est ordinairement avantageux d'y adopter un système de culture différent de celui de la ferme principale. On cherche alors à relier toutes les parties à l'ensemble, de manière qu'elles puissent se soutenir réciproquement par des fournitures d'attelages, de fourrages et de fumier, et cette combinaison amène souvent des résultats que la moyenne et la petite propriété ne peuvent obtenir.

La moyenne propriété a cet avantage inappréciable qu'une seule volonté peut diriger l'ensemble et que l'œil du maître peut surveiller les plus petits détails. De là résulte, dans l'exploitation, une unité de vues et de commandement qu'on n'ob-

gation comme la plus grande plaie de la vie rurale. Les propriétaires allemands s'en sont depuis longtemps affranchis, en favorisant l'établissement d'une classe d'industriels qui se fixent sur le domaine et se chargent, moyennant un prix convenu, de toute la nourriture et du blanchissage des domestiques d'une exploitation. J'ai adopté cette idée à Grand-Jouan, où une assez nombreuse population se trouve entretenue sans que j'aie à m'en occuper; je l'ai appliquée aussi à une fabrication de fromages, qui ne me demande plus ainsi qu'une très-faible surveillance. **J. R.**

tient jamais par l'entremise de personnes intermédiaires. L'entrepreneur d'une moyenne propriété, débarrassé des affaires d'une grande administration et des travaux manuels, peut se livrer, dans ses moments de loisir, à la lecture, à des observations, à des expériences comparées, et se perfectionner dans sa partie : aussi trouve-t-on là le plus grand nombre de cultivateurs rationnels, la plus belle culture, les meilleurs instruments aratoires, les races de bestiaux les plus distinguées et la comptabilité la mieux tenue.

La culture d'une petite propriété force, sans doute, le tenancier d'employer une grande partie de son temps à des travaux qui ne lui rapportent pas plus que le salaire d'un bon domestique, et ne lui permet ni la division du travail, ni l'acquisition d'instruments dispendieux; mais, d'un autre côté, l'entrepreneur jouit d'une grande liberté d'action et peut s'écarter de toutes les voies battues, pourvu que le morcellement et l'enchevêtrement des pièces de terre n'y mettent pas obstacle. S'il est actif, toute son activité se communique à tout son monde; sa présence prévient l'infidélité, et il peut, avec profit, se servir de ses vaches pour le trait, méthode qu'on ne peut jamais conseiller sur une grande exploitation.

Une telle exploitation forme la limite pour l'homme qui a reçu une certaine éducation, et ne peut convenir qu'à l'entrepreneur qui ne possède pas d'autres ressources, et qui, pour se procurer une existence convenable, est obligé de mettre la main à l'œuvre. Quoiqu'au pied de la lettre on ne puisse pas donner le nom d'exploitations aux propriétés d'une plus petite contenance, il convient cependant, sous le point de vue national, de les prendre en considération ; car, dans le Wurtemberg et le grand-duché de Bade, plus du tiers de la population des campagnes, et, dans la Suisse, les trois quarts, possèdent moins de 1 hectare de terre. On peut juger par là, relativement à la surface du pays, la part importante du sol qui est ainsi possédée et qui n'entre dans aucune des classifications que nous venons d'énumérer.

Les propriétés d'une moindre étendue peuvent se diviser de la manière suivante : 1° celles qui sont cultivées par le paysan et sa famille, avec le secours d'un domestique ou d'une servante et d'un attelage de quatre chevaux ; 2° celles où la même classe d'hommes s'adonne exclusivement à la culture des champs sans le secours de domestiques et avec un attelage plus faible ; 3° les petites borderies, qui n'ont pas même de bêtes de trait et qui font exécuter les labours par des attelages étrangers, ou qui, par exception, attellent leurs vaches : la culture d'une vigne, d'un jardin, une profession ou même le travail à la journée, aident à assurer l'existence de la famille; 4° enfin de simples parcelles composées d'une pièce de terre, d'une prairie ou d'un jardin, et où presque tout le travail est fait à la main.

La question s'il faut accorder la préférence à la grande ou à la petite propriété, dans l'intérêt du bien public, a déjà souvent été agitée par divers publicistes, au point de vue de l'économie politique ou de celui de l'économie rurale. On allègue, en faveur de la petite propriété, que les champs sont mieux cultivés par le propriétaire lui-même ou avec sa coopération et sous ses yeux, et que, par conséquent, une égale surface de terrain produit ainsi un revenu brut plus élevé que sous des mains mercenaires. La plus petite parcelle de terre est mise complétement en rapport, rien n'est perdu. Dans l'économie intérieure et dans la tenue du bétail, il se fait une multiplicité d'épargnes qui ne sont pas réalisables dans une grande exploitation. Non-seulement la petite propriété tend à augmenter le nombre de la population, mais aussi celui des citoyens établis, car le petit propriétaire peut exercer une profession libre et indépendante. Du reste, la fortune publique est mieux répartie; il y a moins d'extrêmes du luxe et du paupérisme, et l'on favorise, à la campagne, la réussite d'autres professions; car, bien souvent, les artisans et les commerçants ne peuvent exister convenable-

ment qu'autant qu'ils possèdent une petite propriété (1).

Les partisans de la grande propriété répondent
à cela : s'il est vrai que la petite culture donne, à
surface égale du sol, une plus grande quantité de
produits bruts, elle ne donne pas autant de produits nets que la grande culture, car les petits
propriétaires consomment presque tous leurs produits et ne fournissent rien ou que très-peu pour
satisfaire aux besoins de la population non agricole. Cette lacune ne peut être remplie que par
les grands propriétaires, qui produisent plus qu'ils
ne consomment et qui, dans les années d'abondance, peuvent faire des approvisionnements pour
les mauvaises années, lesquelles ne donnent pas
de récoltes suffisantes pour la nourriture du petit
propriétaire.

Du reste, la grande quantité de produits bruts
fournie par la petite propriété n'est pas aussi con-

(1) Volney, en France, a dit, avec son style concis et énergique :
« La puissance d'un État est en raison de sa population ; la popula-
« tion est en raison de l'abondance ; l'abondance est en raison de
« l'activité de la culture, et celle-ci en raison de l'intérêt personnel
« et direct, c'est-à-dire de l'esprit de propriété : d'où il suit que,
« plus le cultivateur se rapproche de l'état passif de mercenaire,
« moins il a d'industrie et d'activité ; au contraire, plus il est près
« de la condition de propriétaire libre et plénier, plus il développe
« les forces et les produits de la terre et la richesse générale de
« l'État. »                                                 J. R.

sidérable qu'elle le paraît; car l'abondance ne dépend pas seulement du travail, mais aussi de l'intelligence, qui est plutôt le partage de la grande propriété. L'entrepreneur de grande culture possède, en général, le courage de faire produire les capitaux et les intérêts, et même de se livrer à des améliorations dont les résultats sont douteux ou demandent plusieurs années d'attente, ce qui n'est pas à la portée du petit cultivateur. Des entreprises de desséchement ou d'irrigation sur une grande échelle; la conversion souvent très-convenable de forêts en terres arables, ou de terres arables en prairies, et réciproquement, sont des opérations presque impossibles avec des propriétés morcelées. Il en est de même pour des améliorations les plus importantes dans l'éducation du bétail et principalement des bêtes à laine. En général, les grandes améliorations procurent, à un grand nombre d'hommes, de l'occupation qu'ils n'auraient pas obtenue dans la marche ordinaire des choses : leur salaire tend à la hausse, et ces ouvriers, qui travaillent à la journée pour le compte d'un tiers, y trouvent plus d'aisance, ainsi que leur famille, qu'en cultivant une petite propriété. Quand bien même l'accroissement de la population serait retardé, ce ne serait pas là un malheur pour une nation; car il est évident qu'un petit nombre d'habitants vivant dans l'aisance est préférable à un grand nombre d'habitants tombés dans la misère, qui n'est que la conséquence d'un trop grand morcellement de la propriété. On ne peut pas concéder, sans restrictions, l'économie domestique tant vantée de la petite propriété; on sait, en effet, que trente personnes seront nourries plus économiquement ensemble que si elles le sont par plusieurs feux. Dans une foule de cas, la petite culture n'accomplit réellement pas plus de travaux que ne peut le faire la grande culture bien organisée, qui seule peut faire la distribution des fourrages par rations, établir des prix de revient exacts sur les branches productives et improductives, et exercer sur elles une inspection rigoureuse; enfin elle seule admet la division du travail et l'emploi de machines et d'instruments perfectionnés, qui économisent le temps et la force.

Quoiqu'il résulte de cet examen que la grande culture paraît plus avantageuse, ce serait cependant une erreur que de la désirer partout et d'une manière exclusive; dans beaucoup de contrées elle est inadmissible : plusieurs cultures, comme celles des plantes textiles, tinctoriales, médicinales, et aussi celle de la vigne, ne lui conviennent pas. D'où il suit qu'un accord harmonieux de grandes et de petites propriétés est ce qu'il y a de plus désirable pour un pays; alors chacun trouve une propriété en rapport avec ses capitaux, ses facultés

physiques et intellectuelles. Si le petit cultivateur
peut offrir au grand cultivateur de bons exemples
dans l'emploi des plus petits espaces de terrain,
celui-ci peut servir de modèle au premier par la
nouvelle introduction d'instruments, de races d'a-
nimaux et de cultures perfectionnées. Par suite,
s'il est des contrées où le morcellement soit à
désirer, il en est d'autres où la concentration des
propriétés est un progrès, selon que l'état des populations et les capitaux disponibles de la classe
agricole seront plus favorables à l'un ou à l'autre.
Il est probable que, dans un pays où l'on jouit de
la liberté de la concentration et du morcellement
des terres, l'équilibre s'établira mieux par les intérêts privés que par des règlements de police ou
des mesures coercitives.

### Section deuxième.

SITUATION RELATIVE DES PIÈCES DE TERRE ET DES BATIMENTS
D'EXPLOITATION.

Lorsqu'on considère les propriétés rurales de
différentes contrées, on trouve les trois grandes
divisions suivantes : 1° des domaines parfaitement
arrondis en un seul tenant, renfermant dans leur
enceinte les bâtiments d'habitation et d'exploitation; 2° des hameaux dont les terres de peu
d'étendue sont plus ou moins arrondies, et dont

les habitants sont adonnés exclusivement à l'industrie agricole; 3° des villages, ou de petites villes de campagne, dont une partie de la population est industrielle et commerçante et dont l'autre partie est agricole. Parmi ces dernières, on trouve quelquefois des propriétés arrondies; cependant la terre est généralement morcelée entre les habitants, qui possèdent des parcelles dans les différentes parties de la banlieue, qui est divisée en trois grandes soles, lorsque l'assolement triennal est adopté dans la localité; et chaque habitant cherche à posséder au moins une pièce de terre dans chacune des soles d'hiver, d'été ou de jachère. Avec l'assolement quadriennal, il y a quatre soles, et deux soles avec l'assolement biennal. La seconde division, celle des hameaux à deux, trois et quatre fermes, est presque toujours dérivée de la première, c'est-à-dire celle des propriétés arrondies; et, sous beaucoup de rapports, elle s'en rapproche aussi dans la plupart des circonstances agricoles.

Nous avons donc ici à étudier deux systèmes opposés et bien tranchés, celui des propriétés isolées et celui des villages. Cette distinction importante a été amenée par des causes diverses, parmi lesquelles on peut compter la forme générale du pays, qui est ou montagneux, uni, élevé, chaud, aride ou humide et propre à l'enherbement, de même que la composition de son sol, sa population, son agriculture, les dîmes et l'état primitif de son gouvernement dans le moyen âge, etc. A cette époque, l'habitant isolé de la campagne avait tout à craindre, pour sa personne et pour sa propriété, des invasions de l'ennemi ; et ce fut pour lui un grand bienfait que de pouvoir se retirer dans un village, ou dans une petite ville. Il résulte de là que les terres les plus rapprochées de ces centres de population étaient toujours le mieux protégées et à l'abri d'un coup de main ; aussi l'ambition de chaque habitant était de posséder une parcelle de ces terrains privilégiés, et cela avec d'autant plus de raison que les frais de culture étaient moindres qu'ailleurs. Par ces motifs, ces champs reçurent aussi plus de soins et restèrent les plus féconds. Mais comme il fallait bien aussi que chacun prît sa part dans les terres les plus éloignées et que la division en diverses soles nécessitait le morcellement, on s'habitua tellement à la propriété morcelée, qu'on trouve encore de nos jours des contrées où le cultivateur ignorant la préfère à la propriété arrondie. Ce fait paraîtrait inconcevable si l'on n'en trouvait pas l'explication dans l'habitude contractée de posséder des pièces de terre dans les diverses parties du territoire, dans la prédilection innée pour les héritages dont chaque héritier veut avoir une parcelle de chaque pièce de terre, dans la crainte d'être frustré par une autre combinaison de partage, et enfin dans celle que les désastres de la grêle et d'autres sinistres analogues ne soient trop accablants pour un seul individu. En effet, en opposition de ce petit nombre d'avantages apparents ou réels de la propriété morcelée, on peut placer les désavantages bien plus nombreux et plus importants que nous allons citer. 1° Avec le morcellement du sol chaque cultivateur est esclave de son voisin. Il est dans la dépendance de son système d'exploitation, de sa culture, de ses époques de semailles et de récolte. Quant au parcours, on ne peut pas l'exercer seul, et l'on est obligé de marcher avec le troupeau commun, quoi qu'il advienne.

2° Tous les champs n'aboutissent pas sur des chemins, ce qui oblige de passer avec son attelage sur la propriété voisine et de souffrir la réciprocité. Ce passage, qui ne peut pas être défendu comme dans une propriété arrondie ou close, occasionne des dégâts et des inconvénients de toute espèce. Dans une pareille situation, on ne peut pas exercer une bonne police rurale et assurer la propriété ni se défendre contre l'envahissement des mauvaises herbes et des animaux nuisibles, attendu que presque jamais il n'y a accord entre les propriétaires voisins pour combattre énergi-

quement le mal. Bien souvent on ne peut pas
donner aux billons la direction la plus convenable, et l'établissement des rigoles d'écoulement
est entravé par les voisins. Il ne faut guère songer
ici à la construction de fossés de desséchement,
presque toujours impraticables pour un particulier, et celui-ci attendra en vain que l'intérêt
commun fasse agir tous ses voisins. Si l'on possède des pièces de terre de peu de largeur, il est
de toute impossibilité de leur donner un labour
ou un hersage en travers ou de faire toute autre
opération de ce genre, quels que soient ses avantages.

3° Ce système entraîne inévitablement une
grande prodigalité dans le travail ; car, plus un
territoire est morcelé, et plus aussi chaque individu cultivera un plus grand nombre de parcelles,
ce qui occasionne des allées et des venues et une
perte de temps considérable pour passer avec
ses attelages d'une parcelle à l'autre. Il arrive
aussi presque toujours que toutes ces parcelles
affectent des formes irrégulières, ce qui oblige à
labourer en pointe et à faire de fréquentes tour-
nées ; les travaux des attelages et des employés
n'avancent pas autant que dans des terres arrondies et situées à la proximité des bâtiments d'exploitation, d'où l'on peut conclure qu'il faut entretenir une plus grande quantité de bêtes de trait.

4° Il y a perte sur le bétail, sur les engrais, sur le mobilier de la ferme, sur la qualité des récoltes; car tout cela se lie et s'enchaine. En effet, plus on entretient de bêtes de trait, moins on peut nourrir de bétail de rente, qui est bien le plus profitable; et, du reste, on n'y produit pas autant de fumier, car les animaux de trait en perdent beaucoup au dehors pendant la journée. Les nombreux voyages qu'entraine le morcellement occasionnent une détérioration plus considérable des harnais, des véhicules et des instruments de culture, du, retard dans la rentrée des récoltes, qui sont souvent avariées par les pluies plus que dans une propriété arrondie.

5° La surveillance est plus difficile. Alors qu'il suffit de quelques heures pour parcourir un domaine d'un seul tenant, il faut une journée entière pour visiter plusieurs pièces de terre disséminées dans la banlieue. Si l'on est obligé, comme cela arrive souvent, d'employer des ouvriers dans plusieurs pièces à la fois, la quantité et la qualité du travail souffrent nécessairement de l'absence du maître, ce qui cause mille pertes répétées.

6° Plus les pièces de terre sont petites, plus on perd proportionnellement de terrain; car les nombreuses séparations des champs ne peuvent pas être convenablement utilisées, sans quoi un voisin empiéterait sur l'autre. Pour éviter ces discussions, il est d'usage, dans quelques contrées, de laisser une bande de terre inculte entre chaque parcelle. Les aboutissants occasionnent aussi une perte de terrain par la servitude traditionnelle, adoptée réciproquement dans quelques contrées, et qui permet à l'agriculteur de cultiver son champ jusqu'au bout, en faisant avancer les bêtes de trait sur la pièce aboutissante. Il en résulte que les têtes de champ ne sont pas ainsi tout à fait incultes, mais les récoltes souffrent nécessairement d'une terre foulée et raffermie ; et la perte sera même plus grande lorsque, par négligence ou mauvais vouloir, le voisin laisse dévorer les récoltes par les bêtes de trait.

7° Toute clôture est souvent impossible sur une propriété morcelée, quoiqu'elle procurerait nonseulement une protection contre le gibier, les bestiaux et les hommes, mais aussi l'avantage de maintenir l'humidité naturelle au sol ; car, si les voisins n'y consentent pas, la clôture ne sera pas établie en grand, et une pareille entreprise sera impraticable pour le petit propriétaire, puisque les frais d'établissement seront proportionnellement plus considérables, que sa pièce de terre sera plus petite, et, en outre, ses voisins pourront lui susciter des difficultés.

8° Comme conséquence du morcellement, nous devons compter une foule de disputes et de procès,

tantôt pour des envahissements de terrain, tantôt
pour des dégâts occasionnés par les bestiaux. La
véritable cause est dans le contact fréquent et inévitable d'intérêts divers et souvent opposés. On a
même vu des voisins malveillants et processifs
prétendre que l'introduction d'instruments perfectionnés leur portait préjudice.

### Section troisième.

#### DES RÉUNIONS TERRITORIALES.

Dans les localités où les inconvénients du morcellement ont été suffisamment reconnus, on a
proposé plusieurs moyens pour arrêter les progrès
du mal et réparer même le passé. Deux de ces
moyens ont déjà la sanction de l'expérience et
peuvent être appliqués dans des situations diverses : l'un convient aux cantons fortement peu-
plés, où la possession de 10 à 12 hectares de
terre forme une exception et où une plus petite
propriété représente la moyenne ; l'autre est applicable à toutes les contrées d'une population
faible, où le paysan possède au moins de 15 à
25 hectares, et le cultivateur plus aisé, une étendue double ou triple.

Dans le premier cas que nous venons de dé-
crire, on réunit les champs pour en faire des

pièces d'une étendue convenable ; les habitations restent situées dans les bourgs et villages. Cela s'appelle, en Allemagne, organisation améliorée des champs ; en France, *réunions territoriales*.

Dans le second cas, le changement est complet ; c'est une révolution radicale : on assigne au propriétaire un lot isolé dans lequel il établira son habitation ; aussi a-t-on nommé cette organisation *l'état isolé*. Les villages ne sont plus alors composés que de l'église, de la maison d'école et des habitations de quelques marchands, artisans et journaliers. Si c'est un bourg ou une petite ville, on y voit encore la mairie, une caserne de gendarmerie, une prison, les auberges, et quelques maisons de fonctionnaires publics ou de propriétaires rentiers (1).

Les difficultés que l'on éprouve à opérer d'aussi importantes modifications consistent à convaincre les intéressés des avantages de la nouvelle organisation ; à trouver les moyens pour accorder une indemnité équitable qui doit établir une compensation de la valeur des terres échangées ; à abolir et égaliser préalablement les servitudes qui pèsent sur certaines pièces de terre et qui forment un obstacle à la nouvelle répartition ; à répartir les

---

(1) Cette organisation est en usage dans tout le centre, l'ouest et le midi de la France.

frais d'arpentage qu'occasionne la nouvelle recomposition; et, lorsqu'il s'agit de l'état isolé,
on aura encore à pourvoir aux frais de construction des nouvelles fermes. Quand même on aurait la certitude qu'on pourrait les récupérer en
peu de temps, il arrive souvent que, les capitaux
venant à manquer à l'intéressé au moment des
constructions, on est obligé de les lui procurer à
des conditions avantageuses. Aussi le gouvernement prussien, qui, par une loi, a accordé la
préférence à l'état isolé, a fait avancer aux paysans,
dans plusieurs circonstances, les capitaux nécessaires, moyennant remboursement par faibles
annuités.

Les antécédents les plus remarquables et les
plus connus de la réunion territoriale sont ceux
de Reidlingen, Schwertzingen, Segginhem et
Wiblingen, dans le grand-duché de Bade ; c'est
le novateur Burger qui s'est chargé de nous les
faire connaître dans un écrit qu'il a publié en 1825.
Le morcellement des terres était poussé à l'extrême dans ces localités : à Wiblingen, par exemple, il y avait des pièces de terre qui n'avaient
que 3 mètres de largeur, et l'on vit des propriétaires qui ne possédaient, dans les trois soles de
l'assolement triennal, qu'une surface totale de
15 ares, ce qui entrava naturellement les difficultés de l'exécution.

La première démarche à faire fut de convaincre tous les tenanciers de l'utilité de la réunion territoriale, et d'obtenir leur assentiment volontaire à cette mesure par un compromis, par lequel ils s'engageaient à reconnaître la souveraineté des décisions de la commission de répartition. Il est naturel de penser, après cela, que toutes les observations et les réclamations furent recueillies avec soin, et que l'on chercha en tout à appliquer les principes de la plus stricte équité. Les membres de la commission furent élus par les propriétaires mêmes et pris dans leur sein. Il est très-essentiel, en pareille matière, qu'on n'y choisisse pour arbitres que des hommes investis de la confiance générale par leurs connaissances et leur probité, et qui joignent à ces qualités un caractère ferme et résolu ; car, surtout dans les commencements, ils n'ont à attendre de leurs décisions aucune espèce de reconnaissance : les récriminations et les reproches de toute nature leur arriveront, jusqu'à ce que, par l'effet du temps, les avantages de la réunion se fassent sentir.

Pour l'estimation des arbres fruitiers compris dans les parcelles, on choisit des experts d'une autre localité, qui évaluèrent chaque arbre en particulier, sans qu'ils connussent le propriétaire actuel ou le propriétaire futur : l'arbre devait être cédé par l'un et accepté par l'autre au prix énoncé.

Lorsque les affaires furent avancées à ce point, on arpenta exactement toutes les parcelles de la banlieue et on les divisa en cantons. Dans cette opération, on eut surtout égard au caractère propre de chaque canton, à la position des terres et à la nature du sol.

On admit, en principe général, que chaque champ aboutirait de deux côtés à un chemin vicinal, et il fut décidé, en outre, que ce principe serait invariablement conservé dans l'avenir pour toutes les opérations de cette nature, afin que, dans aucun cas, les propriétés ne fussent plus foulées et détériorées par le passage des hommes ou des animaux. L'adoption de ce principe entraîna nécessairement l'établissement d'un certain nombre de chemins vicinaux qui n'existaient pas autrefois, et la perte de terrain qui en résulta fut répartie entre les copartageants. On admit encore ce principe, qu'aucun champ tortueux ou difforme ne serait plus toléré à l'avenir.

Quant à la recomposition elle-même, on a agité la question de savoir jusqu'à quel point on pourrait exécuter la réunion de plusieurs parcelles pour arrondir chaque propriété, ou du moins pour que les pièces de terre fussent aussi grandes que possible. A Wiblingen, cela ne se fit pas officiellement, car chaque propriétaire reçut sa part, dans le même canton, en autant de parcelles qu'il en avait eu auparavant; mais, en particulier, il se fit beaucoup d'échanges pour diminuer le morcellement. Il est vrai de dire que, en assignant à chacun, dans l'ordre de sa possession antérieure, le nombre de pièces qu'il avait primitivement, on facilita beaucoup l'affaire; car il y eut des propriétaires qui rentrèrent en possession de leurs propres terres et d'autres qui en furent très-peu éloignés; mais aussi les avantages de l'opération ne furent pas complets : cette demi-mesure est justifiée en partie par les circonstances locales. La commission avait surtout à mettre en balance la bonne condition du sol ou de sa culture et l'éloignement du village, de telle sorte que celui qui recevait une pièce de terre moins fertile ou plus éloignée obtenait une surface proportionnellement plus étendue; la quantité devait compenser la qualité. Une circonstance extrêmement favorable s'était présentée pour Wiblingen, c'est que le sol y est complétement uni et d'une composition naturelle presque égale, tandis que, toutes les fois que la situation est inégale et que le sol est de nature variée, il se présente des obstacles considérables : c'est là la cause par laquelle, dans les villages voisins de Segginhem, on n'a pu faire la réunion que sur une partie de la banlieue.

Lorsqu'on est parvenu à bien établir ainsi la réunion et l'alignement des champs, cette dispo-

sition présente l'image la plus agréable d'une pé-
tite culture parfaitement aménagée ; chacun peut,
à sa convenance, semer et planter ce qu'il veut
et ce qui lui convient. On a constaté, dans ces
localités, une diminution notable dans les contestations et les procès, et tous les habitants, sans
exception, paraissent satisfaits de l'organisation
améliorée de leurs champs. Les frais n'ont pas été
considérables, du moins proportionnellement aux
avantages obtenus ; car l'arpentage, le tracé, le
nouveau cadastre, ainsi que les plans, n'ont pas
coûté plus de 20 francs 50 centimes par hectare.

La grande mesure de la formation des fermes
arrondies, à l'état isolé, a surtout été entreprise
dans la haute Souabe, vers la fin du XVIIIe siècle,
par l'empereur Joseph II (1), et elle a été continuée
longtemps après lui avec zèle et succès : quelque
avantageuse qu'elle puisse être sous le rapport
de l'économie rurale, elle a trouvé des adversaires
par d'autres considérations. L'agriculteur n'est
réellement maître de sa propriété que lorsqu'il la
considère comme close et indépendante, et qu'il
y possède au centre son habitation, d'où il peut
faire rayonner sa volonté promptement et sans
gêne sur toutes les parties. Non-seulement il

(1) L'empereur d'Autriche Joseph II a régné de 1765 à 1790.

échappe, par là, à tous les inconvénients que nous avons signalés en parlant du morcellement, mais il jouit, en outre, de quelques autres avantages qui n'ont pas encore été signalés.

Ces avantages réagissent aussi partiellement sur la prospérité générale. Ainsi 1° le danger des incendies est moindre dans les fermes isolées que dans les villages où les habitations sont agglomérées : s'il est vrai que l'on ne peut pas s'y soustraire entièrement, du moins est-il certain qu'un propriétaire vigilant, qui exerce sa surveillance sur les gens de sa maison, n'a rien à craindre de la négligence des voisins; 2° il en est de même du danger des épizooties, qui se communiquent plus rapidement dans les villages que d'une ferme isolée à l'autre; 3° dans le système des villages, une grande partie du territoire est, à cause de son éloignement, négligée dans les cultures et, par conséquent, dépréciée dans sa valeur; tandis que, au contraire, lorsqu'on a adopté l'organisation des fermes arrondies, les terres se rapprochent des bâtiments d'exploitation, et la fécondité des terres devient plus générale et se répartit plus uniformément.

Tous ces avantages nouveaux, réunis à ceux que nous avons déjà mentionnés précédemment, expliquent suffisamment l'aisance progressive que l'on rencontre dans les établissements arrondis, lorsque des causes particulières ne s'y opposent pas; car il n'y a réellement contre ce système qu'un très-petit nombre d'objections de quelque poids.

1° On dit, par exemple, que la grêle et les mauvaises années frappent plus vivement le cultivateur à l'état isolé; mais il faut dire aussi qu'elles le frappent plus rarement. 2° On dit aussi qu'en temps de guerre la position est plus dangereuse; ceci est un point incontestable, mais on peut objecter que, pour ces inconvénients critiques, on ne peut pas établir des principes, car les villes elles-mêmes souffrent souvent plus que les fermes. 3° On allègue aussi que les secours de la police, des médecins et des voisins, en cas d'accidents, sont plus difficiles et plus éloignés; c'est une vérité, et cependant elle est loin d'être aussi effrayante qu'elle le paraît, car souvent on sait s'arranger à pouvoir se passer de ces secours; ensuite il est bien prouvé que les habitants des fermes isolées ne sentent que plus vivement le besoin de se prêter une assistance mutuelle. 4° Pour perpétuer leur réunion, ajoutent les adversaires, ces fermes ne peuvent exister qu'à la condition qu'elles appartiennent à un seul héritier, et que les autres cohéritiers reçoivent leur part en argent, ce qui constitue une injustice, puisqu'il est rare que cette indemnité soit égale en valeur à celle de la propriété. Il est facile de

répondre à ces objections que ce n'est pas une
nécessité, attendu que ces propriétés peuvent être
aliénées comme toutes les autres, et qu'alors chacun des héritiers obtient sa quote-part du produit
de la vente; si c'est un membre de la famille qui
se trouve en état de faire l'acquisition, il en aura
les mêmes droits qu'un étranger. 5° On dit encore
que, dans ce système, les habitants négligent
souvent d'aller à l'église et à l'école, et que, par
suite, ils doivent rester nécessairement en arrière
des habitants des villages sous le rapport religieux
et intellectuel. L'expérience se prononce catégo-
riquement contre cette assertion si souvent répétée ; et l'on n'a qu'à citer les fermes arrondies du
duché de Saxe-Altenbourg, où l'on trouve la classe
de paysans assurément la plus instruite de toute
l'Allemagne. Cela s'explique : lorsqu'un homme
a reçu la première impulsion intellectuelle, l'isolement, loin de le refroidir, provoque en son âme
l'ardent désir de se perfectionner davantage ; et
l'aisance de ces cultivateurs leur fournit les moyens
de se rendre facilement à l'église ou d'envoyer leurs
enfants à l'école, quel que soit l'éloignement. On
trouve encore bien des preuves de ces faits dans la
Belgique, la Norwége et l'Amérique septentrionale. 6° Enfin on prétend que la surveillance de
la police est plus difficile sur les fermes isolées,
que la dépravation des mœurs augmente, que de

mauvais fermiers s'adonnent au braconnage ou à la contrebande, et même que l'homme probe est obligé, pour garantir sa propriété de la présence des vagabonds, de leur donner un gîte et de les assister en secours de voyage. Tous ces faits ne sont d'aucune importance dans les pays où la population n'est pas trop démoralisée et où la police est exercée rigoureusement ; car les gens sans aveu sont d'autant plus corrompus que les endroits sont plus populeux ; on en trouve plus dans les villes que dans les villages, et dans les villages plus que dans les campagnes. Et quant au propriétaire, qui, par sa position indépendante, est accoutumé à mettre de la confiance dans ses propres forces, il trouve souvent, dans ce sentiment, une puissance et une énergie pour repousser les vagabonds, que l'on chercherait en vain dans les habitants de beaucoup de villages.

On a proposé d'exprimer en nombre la valeur d'une ferme arrondie, comparativement à celle d'une propriété morcelée, d'exprimer, par exemple, la première à 25 pour 100 au-dessus de l'autre ; mais il est presque impossible de lui appliquer une formule générale, car il arrive assez souvent que 25 pour 100 sont trop dans un cas et trop peu dans l'autre : ce n'est qu'une estimation spéciale qui, pour des circonstances données, pourra faire ressortir la valeur.

Le morcellement des prés ne présente pas ordinairement le même inconvénient que celui des terres arables, à moins, toutefois, qu'il n'entrave l'établissement de rigoles d'irrigation ou d'assainissement. La situation respective la plus favorable des champs d'une propriété est celle où l'ensemble de ces pièces se rapproche le plus près possible de la forme d'un carré ou d'un cercle. Lorsque la propriété est longue et étroite, en forme de boyau, il arrive qu'une bonne division des soles est plus difficile, que les travaux sont répartis inégalement d'une année à l'autre, et que les soles de fourrages verts sont plus ou moins éloignées des bâtiments d'exploitation; ce qui entraîne souvent l'adoption de deux assolements différents. Il arrive aussi quelquefois que des pièces de terre qui, sur un plan, paraissent assez rapprochées sont très-éloignées en pratique, parce que tantôt ce sont les chemins d'exploitation qui sont ou mal entretenus ou mal tracés, tantôt c'est une rivière qui n'est guéable que sur un point, ou bien c'est une colline trop rapide qui nécessite des détours et des circuits. C'est une bienheureuse position que celle où les soles sont placées en rond ou en éventail autour des bâtiments d'exploitation; ces positions sont rares, parce qu'elles demandent une grande uniformité dans le sol de la propriété.

## Section quatrième.

### DROITS, CHARGES ET SERVITUDES DES PROPRIÉTÉS.

Un entrepreneur de culture intelligent ne peut réellement obtenir le revenu le plus élevé, correspondant aux circonstances naturelles de son domaine, que lorsqu'il le possède comme propriété libre et exempt de servitudes; mais cela est assez rare dans la plupart des États de l'Europe, car presque toutes les propriétés sont grevées. On est tellement habitué à cet état, que bien des propriétaires ne se doutent même pas qu'ils ont un ou même plusieurs copropriétaires; et cela est vrai aussi longtemps que la propriété est grevée de charges et de servitudes, indépendamment des impôts fonciers et des contributions de toute nature. Ces impôts, qui sont la conséquence inévitable de notre état social, nous procurent aussi des avantages; aussi ne pourra-t-on jamais les éviter, et, du reste, ils ne troublent pas l'exercice plein et entier de la propriété. Il en est autrement des droits d'un tiers, ainsi que des servitudes, qui peuvent et doivent être abolis dans l'intérêt des progrès de l'agriculture et du bien-être général des populations, pour consacrer le principe de la propriété. On comprend que cela ne peut se faire que par des voies légales et en indemnisant complétement la partie intéressée; autrement, ce serait une spoliation.

Lorsqu'on envisage la plupart des grands et petits propriétaires de l'Allemagne, on en trouve qui n'en portent que le nom, tandis qu'un tiers perçoit la dîme, ainsi que des revenus en argent et en nature.

Souvent c'est un tiers qui, à l'exclusion du propriétaire, possède seul le droit de parcours, de chasse et de pêche; d'autres fois, le propriétaire nominal est obligé de faire moudre ses grains à tel moulin, d'acheter sa bière à telle brasserie, de fournir gratuitement ou à très-bas prix des attelages et des manouvriers, ou enfin d'obtenir l'autorisation de vendre ses produits moyennant une taxe.

Il est indispensable que l'agronome rationnel connaisse et apprécie parfaitement tous ces rapports, non-seulement parce qu'il peut se trouver dans l'obligation d'avoir à supporter de telles charges, mais aussi pour le cas où il aurait à exercer des droits analogues; car ces deux conditions font ordinairement partie intégrante des propriétés. Ainsi il arrive fréquemment qu'un domaine qui paye la dîme possède le droit de parcours sur d'autres propriétés. Il est même des cas où un propriétaire perçoit la dîme d'un tiers, et la doit lui-même à ce tiers ; il résulte de là qu'un entrepreneur de culture qui veut bien faire ses affaires doit s'efforcer de posséder une appréciation exacte de ces droits et de ces servitudes. Si cette connaissance pouvait se généraliser, les contestations inévitables entre les ayants droit s'aplaniraient à leur avantage réciproque ; car, lorsqu'on y regarde de près, on voit que cela se résume en propriétés communes, où chacun des intéressés est gêné par l'autre, parce que cette position, qui froisse constamment leurs intérêts, ne leur parait pas tolérable.

La dîme est une charge qui pèse lourdement sur la production, et son influence est d'autant plus néfaste, que les terres pauvres en souffrent plus que les terres riches ; elle entrave le libre exercice de l'industrie agricole, parce que le décimable est obligé de suivre les assolements établis. Dans les cas où le décimateur prend les gerbes entières, l'exploitation éprouve un déficit en paille. La dîme occasionne souvent une perte très-sensible sur la qualité et la quantité des produits, parce qu'on ne peut rentrer les récoltes que lorsque tout le canton est moissonné, et, dans tous les cas, elle est plus onéreuse au décimable qu'elle n'est profitable au décimateur ; elle occasionne encore une foule de froissements et de procès dont le profit net est pour les gens de loi.

Le droit de parcours consiste dans la faculté de conduire son bétail sur une propriété étrangère, et le droit de vaine pâture ou de pâture communale, dans celle de conduire les troupeaux sur une propriété commune : on les trouve scindés ou réunis sous des conditions très-complexes. Une propriété peut posséder à elle seule le droit exclusif de parcours sur une autre propriété étrangère, ou l'exercer en communauté avec un ou plusieurs autres propriétaires de troupeaux ; elle peut aussi être passible de la servitude du droit de parcours, sans qu'elle puisse en participer, de même qu'elle peut exercer le droit de vaine pâture en communauté ; ce dernier cas se présente le plus souvent, lorsque la propriété est située dans la commune qui a le droit de vaine pâture.

Le parcours entrave plus ou moins le libre usage du sol et anéantit, par la négligence ou le mauvais vouloir des gardiens, une foule de produits. Le parcours sur les propriétés privées étrangères, qu'il s'agisse de terres arables, de prés ou de forêts, par des chevaux, des bêtes à cornes ou à laine, ou même des porcs, nuit, en général, bien plus au propriétaire qui en est grevé qu'il ne profite à celui qui jouit de ce droit : c'est encore bien pire lorsque ce droit est exercé par plusieurs à la fois. Du reste, la vaine pâture existe presque généralement dans presque toute l'Alle-

magne ; on la maintient surtout en vue de l'entretien des troupeaux de bêtes à laine, et, sous ce
rapport, elle donne, dans beaucoup de localités,
des avantages incontestables, qu'on ne peut mé-
connaître. On dit que le mouton, en paissant,
rase parfaitement les mauvaises herbes et produit,
en outre, de l'engrais, de la viande et de la laine,
trois choses fort importantes pour les populations.
Où et comment pourrait-on entretenir des bêtes
à laine sur des propriétés morcelées, si l'on ne
se réunissait pour former de grands troupeaux ?
Chacun alors fait l'abandon de son droit de propriété pour obtenir de plus grands avantages, qui
sont d'autant plus marquants que le troupeau est
d'une plus haute finesse. Mais, si l'on ne peut
contester que la tenue profitable des bêtes à laine,
en général, exige une plus grande étendue dis-
ponible, on ne pourra pas entraver dorénavant
un tiers dans l'exercice de ce droit, qu'il possède
de temps immémorial.

D'un autre côté, il faut rappeler d'abord que le
parcours a lieu souvent ailleurs que sur les pièces
morcelées d'une commune. Il y a tel domaine qui
a le droit de parcours sur cinq à dix autres grandes
propriétés ou communes, dont chacune pourrait
bien entretenir un troupeau considérable. Si chaque commune ou domaine pouvait exercer ce droit
dans sa circonscription, il est probable que les

troupeaux et, en tout cas, l'agriculture profite-
raient mieux qu'avec la prérogative d'un seul ;
ensuite il faut rappeler encore que la majorité
des propriétaires d'une commune peut, quand elle
possède le droit de parcours et quand même la
propriété serait morcelée, ou bien entretenir un
troupeau de bêtes à laine, et, dans ce cas, le
diminuer ou l'agrandir, et donner des instructions
au berger pour défendre leurs propriétés, tandis
qu'un seul ne peut pas le faire vis-à-vis du privilégié. Les propriétaires sont, dans ce cas, maîtres
chez eux, tandis que, lorsqu'ils sont soumis à la
servitude du parcours, ils ne peuvent plus cultiver leurs champs comme ils le voudraient, car
ils sont, le plus souvent, obligés de suivre un assolement et une culture prescrits ; tantôt il faut
qu'on fasse jachère complète, tantôt on n'en peut
cultiver que le tiers ou le sixième, ou enfin on
ne peut labourer la jachère qu'après la Saint-Jean.
Les propriétaires sont également empêchés de
transformer les pâturages en prairies fauchables,
ou une prairie à une coupe, en une à deux coupes,
ni de passer du système des céréales dans celui
de pâturage artificiel ; car, quand même ce dernier système serait le plus avantageux pour la
localité du propriétaire, le privilégié jouirait du
droit exclusif de la pâture, et, dans le cas de
communauté avec le propriétaire, il tirerait en-

core le plus grand profit de cette conversion.

En dernier lieu, on peut répliquer qu'il n'y a aucun inconvénient à supprimer les grands troupeaux ; car on produit de la laine d'une haute finesse plus facilement dans les troupeaux moyens que dans les grands, et même, sous certaines conditions, dans les troupeaux communaux. La Prusse nous donne une preuve irrécusable que le rachat des servitudes ne diminue ni l'élève des bêtes à laine en général, ni la production de la laine fine ; elle comptait, en 1816, un effectif de 8,261,386 bêtes à laine, et, en 1837, après le rachat d'une grande quantité de servitudes, 15,011,452 têtes. Pendant la même période, on a trouvé que les bêtes à laine de grande finesse avaient augmenté de 2,898,269 têtes, et les bêtes mi-fines de 4,797,088.

Les bêtes à laine communes avaient seules diminué dans la proportion de 945,291 têtes. Du reste, si l'abolition de la vaine pâture devait entraîner, dans quelques contrées, la suppression totale des troupeaux de bêtes à laine, cela prouverait que le parcours est plus nuisible que profitable à l'agriculture progressive, et alors cette mesure ne serait que plus fondée.

Le parcours est particulièrement onéreux lorsqu'il s'étend sur des terres emblavées ou sur des prairies et qu'il n'existe pas de loi rurale pour réprimer les inconvénients. Quoique l'abolition du droit de parcours soit à désirer, on ne doit pas manquer de prendre en considération que ce droit procure plusieurs avantages à celui qui l'exerce légalement. Le privilégié est à même de tenir relativement un plus grand nombre de bétail, et de profiter du parcage qui, s'il lui appartient intégralement, ce qui n'a pas toujours lieu, lui procure les moyens de mettre sa propriété dans un haut état de fertilité. C'est d'après ces considérations qu'il faut établir la valeur du parcours lorsqu'il s'agit d'un rachat qui, de nos jours, peut être exigé légalement dans la plupart des États de l'Allemagne.

Ce que l'on vient de dire spécialement du parcours des bêtes à laine, qui est le plus généralement répandu, s'applique aussi, en grande partie, à la vaine pâture du gros bétail, là où il est permis de le conduire sur des terres arables. Tandis que la vaine pâture consiste tantôt dans un droit et tantôt dans une servitude, le parcours des pâturages communaux et des terres vaines et vagues n'est qu'un droit : sa valeur est donc très-variable. Ces pâturages, que l'on abandonne habituellement à l'incurie, se trouvent dans un très-mauvais état; et, comme ils sont parcourus, le plus souvent, par toute espèce de bétail et pêle-mêle, ils ne procurent qu'une chétive nourriture : le bé-

tail retourne, le soir, dans les étables tout affamé,
après avoir été exposé, pendant toute la journée,
à toutes les intempéries de la saison et à des accidents de toute nature ; aussi ne produit-il que peu
de fumier. Les épizooties, avec un tel système, se
répandent rapidement et sévissent avec intensité.
Par ces motifs, les gouvernements éclairés et les
hommes intelligents s'efforcent d'obtenir l'abolition des pâturages communaux, qui ne sont pas
toujours les plus mauvaises terres relativement à
la nature du sol, et bien souvent, après les avoir
rompus, ils fournissent d'excellentes terres et prairies ; en tout cas, s'ils étaient exploités par des
particuliers, ils donneraient de meilleurs pâturages privés.

Les corvées ne conviennent plus ni à l'esprit du
siècle, ni à l'état actuel de l'industrie agricole ;
de même que la dîme, elles coûtent plus de sacrifices aux corvéables qu'elle ne profitent au privilégié, et provoquent la fainéantise, la récalcitrance
et la fourberie : presque partout elles ont été ra-
chetées.

Les redevances ou rentes foncières, qui sont un
héritage de la féodalité, se soldent tantôt en argent, tantôt en nature ; celles qui sont établies et
que l'on paye en argent ou en nature, ne sont pas
si onéreuses à l'agriculture que la dîme ; elles
grèvent, il est vrai, la propriété, mais pas plus

qu'une dette hypothécaire que le propriétaire ne peut pas amortir et dont il paye annuellement les intérêts; elles ne gênent nullement l'agriculteur dans son exploitation. Les redevances en grains, comparativement à celles en argent, présentent cette particularité que leur valeur s'élève ou s'abaisse selon le taux des mercuriales, et qu'elles sont, par conséquent, en rapport avec les recettes de l'agriculture; mais, par contre, elles donnent souvent lieu à des contestations sur la qualité des produits livrables en nature.

Le droit de chasse procure au propriétaire qui en a le privilége et qui a la passion de tuer le gibier et d'en alimenter sa cuisine une jouissance plus agréable qu'elle n'est profitable aux terres qui se trouvent sous sa dépendance; mais la chasse ravit à l'agriculteur un temps précieux, qu'il pourrait, le plus souvent, employer plus utilement, et l'entraine, en outre, à des dépenses improductives.

La banalité consiste dans le droit qui assure, dans une circonscription donnée, le monopole de l'exercice d'une industrie, ainsi que la vente ou la fabrication de ses produits. Ainsi, dans tel domaine ou commune, il existait une brasserie, une distillerie ou une auberge banale, un moulin ou un four banal; mais ces industries privilégiées ne végètent que péniblement et retardent leur perfection, qui ne peut être provoquée que par la concurrence.

La propriété commune est une anomalie des plus choquantes et des plus incompréhensibles de la propriété; elle dépasse les bornes de toutes les servitudes et priviléges connus qui entravent plus ou moins le libre exercice de la propriété. Ainsi on connaît des propriétés communes, par exemple des prairies, qui appartiennent alternativement, d'une année à l'autre, à deux propriétaires; de sorte que le pré fauché en 1845 par le paysan *A* appartiendra, en 1846, au paysan *B*, tandis qu'un autre pré de même contenance, qui a été fauché en 1845 par le paysan *B*, sera fauché, en 1846, par le paysan *A* : on conçoit bien que l'amélioration de ces deux prairies est tout à fait problématique.

## Section cinquième.

### DE L'ÉTAT ACTUEL ET ANTÉRIEUR DU SOL ET DU SYSTÈME D'EXPLOITATION D'UN DOMAINE, SES RESSOURCES ET SES INCONVÉNIENTS.

Parmi les rapports particuliers d'un domaine qui méritent une attention, on comprend l'état des champs relativement à l'homogénéité du sol, à sa fécondité, à sa propreté et au mode d'exploitation antérieur, ainsi que l'adjonction au domaine de plusieurs industries, ses ressources et ses inconvénients. Lorsqu'une propriété est entièrement composée d'un sol homogène, l'entrepreneur peut établir un système de culture uniforme et adopter un seul assolement pour tous ses champs. L'inégalité dans la composition du sol nécessite l'adoption de deux ou trois assolements à la fois et des cultures très-diversifiées, et souvent même celle d'une culture plus intensive sur les terres fécondes ou rapprochées, et d'une culture plus extensive sur les terres pauvres ou éloignées. Lorsque l'inégalité d'un sol est frappante, il conviendra même de préparer et d'appliquer les engrais différemment. On conduira, par exemple, les engrais chauds sur les terres froides et tardives, et les engrais décomposés sur les terres chaudes; les sols argileux recevront des fumiers pailleux, et les terres légères ou sablonneuses auront des fumiers consommés.

Quand la terre est déjà parvenue à un haut degré de fécondité, on peut lui demander immédiatement des récoltes productives et notamment des plantes commerciales, tandis que, pour les terres moins fertiles, il est plus prudent de renoncer, dans les premières années, à des produits de ce genre et d'accumuler dans le sol un capital de fécondité qui rapportera plus tard des intérêts élevés. Dans les sols pauvres surtout, on doit s'attacher à la production des matières à engrais, comme les fourrages et la paille; dans un tel sol, l'avoine conviendra peut-être mieux que l'orge, une jachère nue mieux qu'une jachère cultivée, et l'intercalation des soles de pâturages artificiels est souvent très-avantageuse. Il est, en général, excessivement difficile de réparer les pertes d'une terre épuisée, principalement lorsqu'il s'agit d'une terre argileuse : une fumure seule, quelque forte qu'elle soit, est rarement suffisante ; et, pour appliquer une seconde fumure, il faut plusieurs années. Aussi la fécondité antérieure, la vieille force, comme nous disons, a certainement une plus haute valeur qu'on ne lui en accorde ordinairement. Il en est de même de la propreté des champs, pour laquelle on doit employer tous les moyens de la rétablir. La nature des mauvaises herbes guidera le cultivateur dans ses opérations : suivant le cas, il emploiera la jachère nue, la culture des plantes sarclées et des récoltes à faucher en vert ou des pâturages artificiels ; il s'abstiendra même, pendant quelque temps, de la culture des céréales.

La fécondité de la terre et sa propreté sont une conséquence du système de culture antérieurement suivi. Lorsqu'on entre en ferme, il est prudent de le bien connaître ; car, suivant le cas, on pourra conserver l'ancien assolement, ou bien on devra le modifier. Mais on se rappellera que tout changement exige des sacrifices ; par exemple, les trèfles, les pois, le lin ne peuvent être cultivés dans le même terrain qu'à certains intervalles, et alors on est quelquefois obligé de les remplacer par des équivalents moins lucratifs ou moins sûrs. Le système antérieur et l'état actuel de la propriété sont encore d'une haute importance, lorsqu'il s'agit de plantations et de pièces de terre dont le rétablissement demande du temps, comme celles des vignobles, des arbres fruitiers et des arbres de bordure.

Il y a des domaines qui ne sont propres qu'à une production spéciale de plantes ou d'animaux : tel sol léger n'est propre qu'au seigle, au sarrasin et à la spergule; tel autre ne convient qu'au froment et à l'avoine; sur certaines propriétés, il faut s'attacher exclusivement à l'entretien des bêtes à laine; sur d'autres, il faudra se livrer à l'engraissement au pâturage, et tout changement entraînerait souvent de fâcheuses conséquences. Par contre, on trouve quelquefois des domaines si heureusement situés, où les céréales, les légumineuses, les plantes fourragères et commerciales réussissent facilement, où l'on entretient des chevaux, des bêtes à cornes et à laine et des porcs, où l'on voit des arbres fruitiers, des vignes, des bois, des étangs, une rivière poissonneuse, des tourbières, des carrières diverses, et où l'on peut encore joindre à la culture des terres une industrie accessoire.

La simplicité et l'uniformité des rapports d'une

exploitation agricole de la première classe sont souvent très-désirables dans les domaines d'une extension considérable, où l'on ne peut entrer que difficilement dans tous les détails; cependant il est
plus avantageux d'y réunir plusieurs industries
agricoles et des cultures variées, car, si l'une d'elles
éprouve momentanément, dans des circonstances
défavorables, un déficit, les bénéfices obtenus par
les autres rétablissent mieux l'équilibre général :
la division du travail peut être établie plus facilement dans l'intérêt réciproque des diverses branches, en employant les chevaux à la conduite du
bois de chauffage ou à une industrie agricole; une
branche peut employer les produits bruts ou les
résidus d'une autre, et même leur donner plus de
valeur en les convertissant en produits fabriqués;
enfin on obtient ordinairement un revenu net plus
élevé, lorsque la direction d'une exploitation aussi
étendue est conduite par un homme doué d'intelligence, de capacité et d'activité, en supposant
qu'il ne manque pas de capitaux qui nécessairement doivent être plus considérables, et qu'il ne
pousse pas l'extension trop loin.

Nous avons encore à examiner ici les ressources
et les inconvénients qui sont particuliers à chaque
domaine. On comprend dans les premières celles
qui peuvent élever la valeur foncière d'un domaine, comme la présence de couches de marne

ou d'une chute d'eau capable de servir de moteur à une usine, la facilité d'irriguer des pièces de terre sèches ou d'assainir les humides. Nous rangeons, dans les inconvénients qui diminuent la valeur du domaine, les événements naturels, l'irruption de maladies des végétaux et des animaux. Parmi les événements naturels auxquels certaines localités sont plus exposées que d'autres, on compte la grêle, les orages, les pluies torrentielles, les inondations qui causent souvent l'ensablement des champs et des prairies, et quelquefois la démolition de constructions hydrauliques. Parmi les maladies des végétaux qui sont habituelles dans quelques contrées, on comprend la rouille, la carie et l'ergot. Parmi les maladies des animaux, nous compterons la péripneumonie et le typhus contagieux des bêtes à cornes, l'inflammation de la rate, la cachexie aqueuse, la gale et le claveau des bêtes à laine. Lorsque la péripneumonie sévit fréquemment sur les bêtes à cornes, il peut être préférable de remplacer les bœufs de trait par des chevaux. La gale des bêtes à laine se propage facilement dans quelques cantons, par la négligence des mesures de police locales, par l'incurie de mauvais bergers qui trouvent un intérêt privé dans la vente des médicaments, par la mauvaise tenue et nourriture qui engendrent et propagent cette maladie, enfin par le commerce et les échanges

ou les voyages des bêtes à laine. Dans toutes ces
circonstances, il est difficile et même dangereux
de tenir des bêtes à laine fines, et il est préférable
d'entretenir des bêtes à laine communes, qui sont
moins exposées à cette maladie, d'une vente plus
facile, et qui, dans tous les cas, n'entraînent pas
à des pertes aussi considérables.

# CHAPITRE III.

### DES PARTIES CONSTITUANTES DU DOMAINE.

Les parties constituantes ordinaires d'un bien-fonds consistent, outre les bâtiments, en terres arables, en prairies et en pâturages; ces parties sont, pour ainsi dire, inséparables de l'agriculture, arrivée à un certain degré de perfection. Quoi qu'on ait dépassé ces limites dans quelques localités, et qu'on ait appris à exploiter avec succès un domaine sans pâturages, même sans prairies, il n'est pas moins vrai que ces parties constituantes sont les plus importantes, ainsi que le prouvent les données statistiques suivantes.

Il faut remarquer que les pâturages y paraissent moins nombreux qu'ils ne le sont en réalité; car ceux qui sont soumis périodiquement à la charrue sont classés dans les terres arables.

D'après les relevés statistiques faits en 1823, dans le Wurtemberg, on trouva sur 1,000 parties

439 en terres arables,

130 en prairies,

18 en jardins,

16 en vignobles,

22 en biens communaux cultivés,

42 en pâturages et terres incultes,

331 en forêts,

2 en carrières, mines, tourbières, lacs et rivières propres à la pêche.

En retranchant les trois dernières parties et en comparant les terres cultivées entre elles, on obtient le résultat suivant :

|  | Wurtemberg. | Grand-duché de Bade. |
|---|---|---|
| En terres arables. . . . . . . | 703 | 700 |
| En prairies. . . . . . . . . . | 208 | 180 |
| En jardins. . . . . . . . . | 29 | 12 |
| En vignobles. . . . . . . . | 25 | 28 |
| En biens communaux cultivés. | 35 | 80 |

Si l'on ne tient compte que du revenu des parties constituantes des biens-fonds et en les représentant par 1,000, on trouvera les proportions suivantes :

|  | Wurtemberg. | Grand-duché de Hesse. |
|---|---|---|
| En terres arables. . . . . . | 715 | 802 |
| En prairies. . . . . . . . | 151 | 124 |
| En jardins. . . . . . . . | 48 | 5 |
| En vignobles. . . . . . . | 61 | 68 |
| En pâturages. . . . . . . | 25 | 1 |

L'économie rurale s'est occupée à coordonner et à classer les terres arables, les prairies, les pâturages, et partiellement aussi les jardins, d'après leur fertilité; cette classification sera présentée dans ce chapitre, après avoir fait ressortir les rapports qui existent entre ces parties constituantes, et, pour les terres arables, ceux de diverses plantes commerciales, textiles, oléagineuses, cultivées en grand. On suppose, pour cette classification, la connaissance préalable des sciences physiques, chimiques et géognostiques, comme on les enseigne dans la géologie. Il nous manque des renseignements sur la classification des vignobles, qui ne peut être établie qu'en s'appuyant sur les calculs de produits bruts et de dépenses qui font ressortir le revenu net.

## Section première.

### BATIMENTS D'EXPLOITATION.

Sous ce titre, nous ne comprenons pas seulement les constructions rurales, mais encore les cours, le parc au fumier, le puits, l'abreuvoir, etc. Un choix judicieux de l'emplacement mérite la plus grande attention. Des circonstances bien diverses militent tantôt pour un point, tantôt pour un autre; mais il est impossible de réunir tous les avantages à la fois, et il n'y a pas d'autre parti à prendre que de balancer d'abord entre eux tous les avantages et les inconvénients, puis de se décider

pour le lieu qui est présumé devoir exercer l'influence la plus puissante sur le succès de l'entreprise.

Il est à désirer que la ferme soit située le plus
possible au centre du domaine, et surtout au milieu des terres arables ; car les prés, les pâturages
et les bois exigent beaucoup moins la présence des
ouvriers de la ferme. La proximité de l'eau est
fort importante ; et, si quelque cours d'eau est
destiné à servir de moteur dans l'exploitation, cela
devient souvent une circonstance décisive pour le
choix de l'emplacement des bâtiments et de leur
mode de construction. Il y a avantage à pouvoir
embrasser de la maison et d'un coup d'œil la tota-
lité des champs ; mais, par contre, si la maison
était située sur une hauteur, elle présenterait aussi
des inconvénients, principalement pour la rentrée
des récoltes, qui fatiguerait davantage les attelages.

S'il est agréable, sous quelques rapports, que
la ferme soit située sur le bord d'un chemin, ou
qu'elle y débouche par une communication facile,
il est, par contre, désagréable de la voir traversée
par une route qui ne permettrait pas de la clore
la nuit. Dans les pays à rude température, on doit
éviter que les bâtiments se trouvent exposés aux
coups de vent ; il faut avoir soin de chercher la
protection de quelque abri naturel. Les habitants

des montagnes préfèrent une exposition au midi. On doit généralement éviter les lieux humides et les terrains spongieux : l'humidité rend les habitations malsaines, abrége leur durée, augmente les frais d'entretien et empêche de construire de bonnes caves et des silos à racines ; ou bien elle nécessite la construction coûteuse de souterrains et de fossés d'assainissement que l'on pourrait éviter sur un terrain sec et élevé. Il est vrai que l'on charge ordinairement un homme de l'art de ces appréciations, ainsi que de la construction des bâtiments ; mais l'architecte réussira rarement seul et sans l'aide du cultivateur. Il est donc désirable que ce dernier possède quelques connaissances en ces matières.

Lorsqu'un propriétaire se décide à construire de petites fermes, des métairies ou des maisons de journaliers, il est sage de se conformer au genre de construction usité dans la localité. La forme adoptée est presque toujours le produit du système économique local, des coutumes et des mœurs des habitants ; elle permet de faire quelques améliorations réellement utiles, tandis que, en adoptant un changement radical, on risque de grands dérangements et des inconvénients de toute sorte. Les propriétaires de grands domaines ne se tiennent pas habituellement à ces traditions, ce qui permet d'établir des principes généraux pour la construction de leurs bâtiments.

Les premières questions à traiter sont celles qui concernent les matériaux de construction et le calcul des espaces. Quant aux matériaux, tels que les moellons, les briques, le bois, ainsi que la main-d'œuvre, il s'agit d'abord de savoir quels sont leurs prix, leurs frais de transport, le taux des salaires; puis on établit des calculs de comparaison; car il est évident que, si l'on peut obtenir une maison en pierre au même prix qu'une maison en bois ou en pisé, on accordera la préférence à la première. Ordinairement la construction des bâtiments en pierre est plus coûteuse que celle des autres; mais cette dépense plus considérable doit compenser certains avantages qui leur sont particuliers. Parmi ces derniers, nous avons à considérer la durée : on estime qu'une maison en pierre peut exister de cent cinquante à deux cents ans. Le danger des incendies et les réparations sont moindres que pour les autres genres de construction; on n'estime la durée de celle-ci qu'à cinquante ou cent ans : si le déboursé est plus faible, la valeur est d'autant plus promptement anéantie. Quand on connaît les prix exacts, basés sur des devis positifs, on parvient bientôt ainsi à décider lequel des deux modes de construction est le plus profitable.

Avec l'augmentation constante du prix des bois,

les différences tendent de plus en plus à diminuer. Ordinairement, lorsqu'on achète une propriété, on préfère les constructions en pierre, quand elles sont en bon état ; mais, lorsqu'on bâtit soi-même, on donne souvent la préférence aux constructions en bois.

Il est certain qu'en Allemagne on consacre trop de capitaux aux bâtiments d'exploitation, et que les intérêts d'un capital élevé diminuent d'autant le revenu net. Assez souvent, le second possesseur qui se rend acquéreur de la propriété des mains du premier constructeur, à un prix inférieur aux dépenses occasionnées, fait une meilleure affaire que le premier et retire du bénéfice de son exploitation. On peut dire aussi que, dans l'espace d'un siècle, les besoins et les arrangements d'une exploitation rurale changent complétement. Cependant on est encore à se demander où se trouve réellement l'économie la mieux entendue dans les circonstances données, et s'il est préférable de faire des constructions en pierre ou en bois, en profitant des ressources offertes par les progrès agricoles de notre époque. Dans ce cas, on ne construit que les bâtiments absolument indispensables, et l'on établit des gerbiers, des meules de foin et de paille, et des silos pour les racines, qui se généralisent toujours davantage dans les années d'abondantes récoltes ; ensuite il est entendu que l'on doit éviter toute espèce de ce luxe, lequel était exposé autrefois avec ostentation pour étaler la richesse du propriétaire. On commence à comprendre que le plus bel ornement d'un édifice rural consiste dans la simplicité et l'utilité; et, quand on n'a pas d'autres vues, on n'épargne rien sur les dépenses pour obtenir une construction rationnelle et solide.

Quant aux dimensions nécessaires à l'emplacement du bétail et des récoltes, nous nous en référons aux ouvrages techniques de constructions rurales qui ont été publiés sur cette matière, et nous indiquerons seulement quelques dimensions sommaires.

| ÉCURIES. | On admet en superficie pour | Mètres carrés. |
|---|---|---|
| *Chevaux.* | Un cheval de trait, y compris l'emplacement des crèches, des mangeoires et du coffre à avoine. . . | $6^m,00$ à $8^m,00$ |
| *Bêtes à cornes.* | Une vache . . . . . . . . . . | $3^m,50$ à $7^m,50$ |
| | Une petite. . . . . . . . . . . | $3^m,00$ à $4^m,00$ |
| | Une moyenne. . . . . . . . . | $4^m,00$ à $5^m,00$ |
| | Une grande. . . . . . . . . . | $5^m,00$ à $6^m,00$ |
| | Un bœuf de trait. . . . . . . | $5^m,00$ à $6^m,00$ |
| | Un bœuf à l'engrais. . . . . . | $6^m,00$ à $7^m,00$ |
| *Bergerie.* | Une tête, en moyenne. . . . . | $0^m,70$ |
| | Une brebis et son agneau. . . . | $0^m,80$ |
| | Un mouton. . . . . . . . . . | $0^m,65$ |
| | Un antenois. . . . . . . . . . | $0^m,50$ |
| *Porcherie.* | Une truie. . . . . . . . . . . | $3^m,00$ |
| | Un verrat. . . . . . . . . . . | $2^m,00$ |
| | Un goret. . . . . . . . . . . | $1^m,00$ |
| | Un petit cochon. . . . . . . . | $0^m,80$ |

On ne peut trop recommander de donner aux diverses étables, dans l'intérêt de la santé et de la conservation des animaux, une hauteur convenable, qui varie de 3 à 4 mètres, et de ménager des ouvertures nombreuses pour faciliter l'aération et augmenter la clarté.

### RÉCOLTES.

*Céréales et plantes à cosses* avant le battage pour les grains et la paille.

mèt. cub.

|  |  | mèt. cub. |  |
|---|---|---|---|
| | 130 kilog. par mètre cube, ou | 7,700 | par 1,000 kilog. |
| | 140 — — | 7,150 | — |
| En moyenne | 150 — — | 6,650 | — |
| | 160 — — | 6,250 | — |
| | 170 — — | 5,900 | — |

*Grains,* 300 à 500 litres de 30 à 50 centimètres de hauteur par mètre carré, ou bien 100 litres par chaque décimètre de hauteur et par mètre carré.

*Fourrages secs.*

De 130 kilog. par mètre cube, ou 7,700 mètres cub. par 1,000 kilog.
à 140 — — 7,150 — —

*Racines,* 800 kilog. par mètre cube, ou 1,250 mètres cubes par 1,000 kilog.

Outre les renseignements sur les matériaux et les dimensions des espaces, il est indispensable d'observer les considérations générales sur les dispositions réciproques et l'arrangement des diverses parties des constructions rurales; et, dans le cas où celles-ci seraient déjà faites, d'y rattacher tout ce qui est relatif aux questions les plus importantes d'une construction rationnelle. On suppose, dans ce qui va suivre, qu'il s'agit d'une grande ferme isolée, qui n'est gênée par aucun voisin.

La disposition des bâtiments doit être régulière, par exemple en carré, en carré oblong, en cercle, en demi-cercle ou en ovale; ces dispositions ne sont pas seulement commandées par des vues artistiques, mais par des intérêts réels d'utilité. Par ces moyens, on facilite l'inspection, on abrége les communications et l'on protége les bâtiments, ainsi que les espaces clos qu'ils renferment, contre l'impétuosité des vents. Dans une petite ferme, le carré est quelquefois préféré au carré oblong, qui vaut mieux dans une grande ferme, attendu qu'on peut rapprocher certains locaux qui doivent être contigus, tandis que d'autres peuvent être placés à quelque distance.

Les bâtiments ne doivent pas être trop élevés. Dans la plupart des circonstances, on doit rejeter les constructions à plus de deux étages, et plutôt leur préférer celles à un étage. Il est vrai que le grand développement que prend ainsi la toiture est assez dispendieux; mais aussi l'on a beaucoup d'espace à couvert qu'on peut employer si utilement dans une ferme. Dans ce cas, on peut diminuer l'épaisseur des fondations et des murs, épargner de nombreux escaliers, qui sont coûteux, et éviter les montées et les descentes, qui sont toujours pénibles. Les rez-de-chaussée sont, de tous les locaux, ceux qui s'adaptent au plus grand nombre d'usages différents ; ils sont plus chauds que les étages élevés et à l'abri des vents et des tempêtes. Quant à la surface plus grande de terrain occupé par les bâtiments étendus, sa valeur est moins grande à l'état isolé que dans les villes et les villages.

Il est essentiel de se mettre le plus au large possible : quand on construit, on ne doit pas seulement avoir égard au besoin du moment, mais il faut aussi prévoir l'avenir et ménager quelques intervalles entre les maisons plutôt que de les serrer les unes contre les autres ; cependant, ici comme en toutes choses, l'excès serait un défaut : il faut donc choisir avec discernement un bon milieu. Sur un domaine déjà organisé depuis longtemps et en plein rapport, il n'est pas difficile de connaître l'espacement nécessaire ; mais, par contre, lorsqu'on organise pour la première fois une exploitation rurale qui ne donnera, dans le commencement, que de faibles récoltes, il conviendra, pour ne pas faire une œuvre imparfaite, de calculer les dimensions sur le produit moyen des récoltes que l'on espère obtenir par la suite. Le moyen le plus facile pour obtenir cette régularité dans les constructions consiste à ne pas placer les bâtiments d'une manière contiguë les uns aux autres, ce qui présente, en outre, les grands avantages d'arrêter plus facilement les progrès d'un incendie, et surtout de pouvoir sauver le bétail et les récoltes rentrées.

Lorsqu'on ne pousse pas à l'excès ces séparations, et qu'on se borne à trois ou quatre corps de logis, dont on ferme les intervalles avec des murs ou des palissades, ou bien qu'on destine les intervalles à une basse-cour ou à une cour à porcs; lorsqu'on entretient des chemins secs et propres, principalement devant et entre les bâtiments qui se communiquent, il est facile alors, avec les avantages que nous avons mentionnés, d'écarter les objections que l'on soulève contre ce genre de construction, en prétendant que les bâtiments contigus sont généralement moins coûteux, que les bâtiments distancés sont plus accessibles aux étrangers, qu'ils favorisent l'infidélité et les dilapidations des domestiques, et qu'ils occasionnent au maître plus de surveillance dans la gestion de ses affaires. Dans le cas où l'on n'eût pas de place pour faire de nouvelles constructions et que l'on fût obligé de se servir des intervalles, il sera prudent de séparer les principaux bâtiments par des pignons solides.

Dans la construction des bâtiments isolés dont nous venons de parler, il est d'une heureuse prévision de prendre ses dimensions en hauteur, en longueur et en largeur, de telle sorte qu'on puisse, par la suite, changer facilement leur destination première. Dans la construction d'un hangar ou d'une grange, on devrait toujours choisir des proportions qui permettraient plus tard de les transformer en une écurie pour les chevaux ou en une étable de bêtes à cornes. Il est très-contrariant, lorsqu'une de ces constructions est trop étroite de 1 ou de 2 mètres, qu'on ne puisse pas la convertir en une autre, quoiqu'elle eût été la mieux située, et qu'on soit obligé de construire ailleurs à neuf et à grands frais.

Sur une grande propriété, il est toujours sage de prévoir, même en traçant un plan unique, le cas où il pourrait être avantageux de faire plusieurs exploitations séparées. Ce cas peut se présenter lorsqu'on ne trouve pas un entrepreneur qui veuille se charger de la culture de tout le domaine, ou lorsqu'on trouve que deux exploitations distinctes produisent un plus grand revenu. Il ne faut cependant pas étendre cette règle aux propriétés de moyenne étendue, dans la crainte de compromettre l'harmonie et la disposition judicieuse des constructions.

Les bâtiments doivent être placés entre eux dans la position la plus convenable, tant dans l'intérêt de leur conservation que de leur destination particulière. Les granges et les remises peuvent être placées à une distance plus ou moins éloignée de la maison d'habitation ; mais, par contre, il importe beaucoup que les animaux de trait et de rente, ainsi que la laiterie, se trouvent sous la main du maître. Autrefois on construisait la bergerie, ainsi que l'habitation du berger, hors de l'enceinte de la cour de ferme ; mais, comme on se livre généralement aujourd'hui à l'amélioration des bêtes à laine fine, il convient de placer la bergerie le plus rapprochée possible de la ferme, afin que le maître puisse exercer facilement sa surveillance et donner les soins incessants que mérite un troupeau de valeur.

Pour la construction d'une ferme, c'est la maison d'habitation de l'entrepreneur de culture qui doit servir de point central. Il convient, dans la plupart des cas, d'exposer la façade principale au midi, afin que les appartements jouissent du soleil ; la cuisine et les chambres peuvent être placées vers le nord. Il est, en général, très-agréable et conforme au but, lorsque l'une des façades de la maison d'habitation donne sur la cour de ferme et l'autre sur le jardin ; alors, du cabinet du maître et d'un seul coup d'œil, on peut embrasser toute la ferme et exercer la surveillance sur les portes d'entrée. On évite de placer les étables dans la maison d'habitation, de même que les grands greniers destinés à la conservation des

grains ; mais les petites provisions de toute espèce, que l'on tient à trouver sous la main et à
tout moment, y trouveront la place la plus convenable.

Quant à la distribution intérieure de la maison
d'habitation, il faut connaître les rapports particuliers de l'exploitation, et, en outre, savoir s'il
est nécessaire d'avoir une maison de maître et
une maison pour les ouvriers. Dans la supposition que l'entrepreneur, quel qu'il soit, propriétaire, fermier ou régisseur, trouve suffisant pour
lui le premier étage de la maison d'habitation,
alors le rez-de-chaussée pourra renfermer la cuisine, la chambre des domestiques, des ustensiles
de culture et des provisions de bouche, ainsi que
la laiterie, dont le niveau sera placé ; autant que
possible, un peu au-dessous de la surface du sol.
La cave doit faire partie de la maison de ferme ;
les greniers serviront à y emmagasiner les petites
provisions de grains, et à y loger les domestiques
qui ne couchent pas dans les étables.

Si nous passons maintenant aux étables, nous
poserons d'abord deux questions préliminaires,
savoir, s'il convient d'y coucher les domestiques,
et s'il faut donner la préférence aux étables longitudinales ou aux étables transversales. Le coucher
des domestiques dans les étables, ou à côté, procure bien quelque sécurité contre les accidents

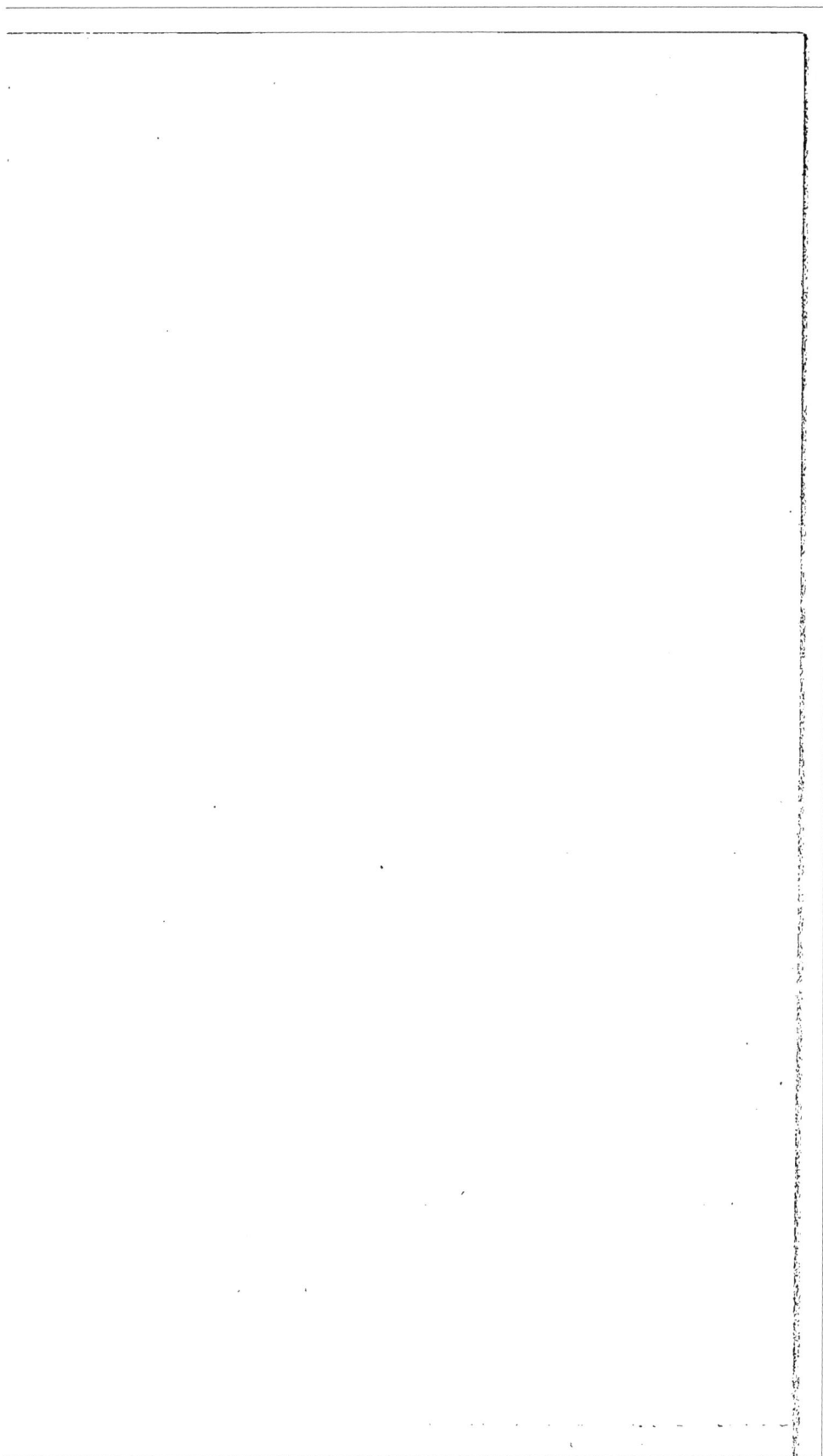

## GRANGES.

Figure 3.    Aire    Transversale.

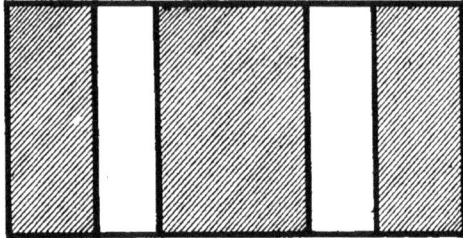

Figure 4.    Aire    Longitudinale.

Figure 5.    Aire    Latérale.

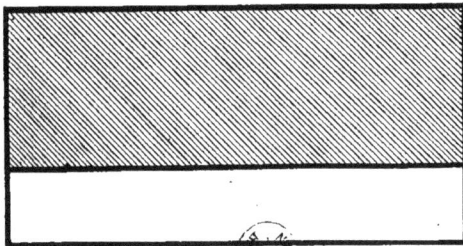

# Economie Rurale.

## Figure 1<sup>ère</sup>

Etable  Longitudinale.

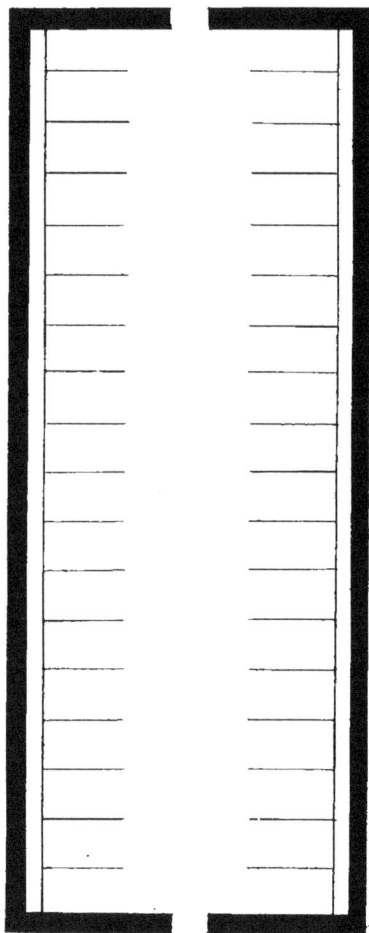

## Figure 2<sup>ème</sup>

Etable  Transversale.

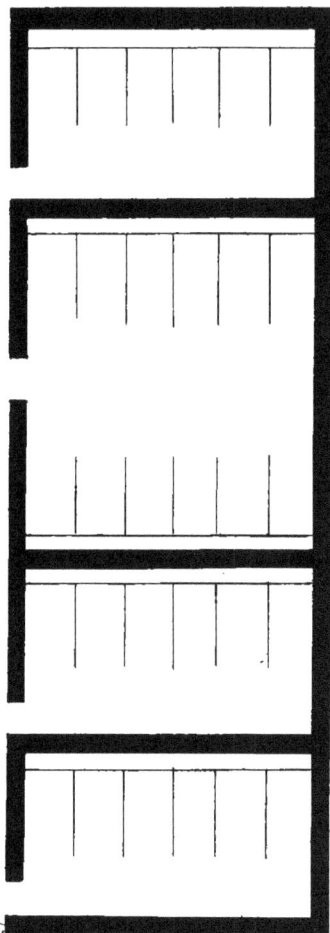

qui peuvent arriver aux animaux pendant la nuit, mais rarement pour le repos du maître, qui est privé de la surveillance immédiate sur le personnel. Le danger des incendies est plus grand et la literie s'y détériore plus vite que dans une chambre. La meilleure combinaison paraît être celle qui consiste à ne confier la surveillance de chaque étable qu'à une seule personne, couchée plutôt à côté que dans l'étable même; dans ce cas, on pourrait établir une cloison dans l'écurie et destiner ce local en même temps aux petites provisions de fourrages et de paille, au coffre à avoine, au hache-paille et au coupe-racine, ainsi qu'à la sellerie.

La question des étables longitudinales (*voyez* la planche 1re) et des étables transversales (*voyez* la planche 2e) ne prend de l'importance que dans les localités où l'on tient un grand nombre de bêtes à cornes. Dans les étables transversales, on peut maintenir plus d'ordre dans l'observance des heures de repas, la distribution des fourrages et la répartition des rations. On remarque beaucoup d'inconvénients, sous ce rapport, dans les étables longitudinales, où l'on tient à la fois des vaches laitières, des bœufs de trait et à l'engrais. On recommande souvent d'affourager les vaches deux fois par jour, les bœufs de trait trois fois, et quatre fois les bêtes à l'engrais; cette irrégularité dans la distribution des repas doit nécessairement être supprimée dans une étable longitudinale, car on s'expose toujours à déranger les animaux et à troubler leur quiétude. Dans tous les cas, une étable longitudinale ne devrait être destinée qu'aux vaches laitières ou aux bêtes de trait; mais il n'est pas toujours facile de commander ainsi la disposition des bâtiments d'une ferme.

Les étables transversales présentent surtout de grands avantages dans les fermes où l'on change souvent de bétail, et dans celles où il augmente on diminue fréquemment, ce qui arrive principalement aux époques de vente de bêtes engraissées, ou bien lorsqu'on envoie un certain nombre de bestiaux sur les herbages. Lorsque le bétail est diminué, les étables longitudinales, en partie vides, deviennent trop froides pour le petit nombre qui reste, tandis qu'avec des étables transversales on peut tenir l'une ou l'autre vide, et conserver la chaleur dans celle occupée par le bétail qui reste à la maison. Dans les cas d'épizooties, la séparation des animaux dans les étables transversales est bien plus facile ; elle est impraticable dans les étables longitudinales. S'il éclate un incendie, on peut sauver plus de bétail dans les étables transversales, parce que les animaux sont moins effrayés et que les portes s'y trouvent en plus grand nombre et plus à leur proximité : ce grand nombre d'ouvertures facilite la vidange du fumier et l'écoulement des urines.

Tous les changements intérieurs sont généralement plus faciles dans les étables transversales que dans les longitudinales, relativement à la symétrie : ainsi, pour les bêtes à l'engrais, on établira seulement une allée derrière le bétail, tandis que, pour celui d'élève et de trait, on préfère un tablier placé devant lui pour la distribution du fourrage.

Sous le rapport de l'architecture, il est préférable de construire des étables transversales, auxquelles on peut donner plus de largeur qu'aux étables longitudinales, où l'on ne place jamais plus de deux rangées de bétail, qui n'exigent pas une très-grande largeur, à moins qu'on ne veuille faire du luxe. Par contre, si l'on donne plus de largeur aux bâtiments, il y a proportionnellement moins de pourtour ; les frais de construction sont moins considérables, et, en outre, on augmente leur solidité par les murs de refend ; mais une partie de ces avantages est diminuée par les frais d'établissement d'un grand nombre de portes et par la perte de place qu'occupent les passages indispensables pour communiquer d'une écurie à l'autre.

Le reproche que l'on fait aux étables transversales de rendre difficile la surveillance du maître est diminué par la responsabilité qu'on impose au

I.                                              6

domestique chargé de la surveillance et des soins d'une écurie qui lui est confiée en particulier, ce qui n'est pas facile à obtenir dans une étable longitudinale, où plusieurs domestiques, souvent des deux sexes, travaillent ensemble ; enfin on peut établir plus facilement des chambres à fourrage dans les étables transversales. D'après ce tableau comparatif des deux systèmes, il paraît évident que les étables transversales sont les plus avantageuses, et cependant les étables longitudinales sont le plus généralement adoptées, parce qu'elles paraissent réellement plus belles à l'œil. On réserve ordinairement, dans les constructions nouvelles, les greniers qui se trouvent au-dessus des étables pour y emmagasiner les fourrages secs, ce qui simplifie le travail. Cependant il faut éviter toute communication entre les greniers et les étables, afin que la vapeur des écuries ne puisse pas pénétrer dans les fourrages et les détériorer ; aussi l'on préfère presque toujours placer ces communications dans la chambre à fourrage ou en dehors des bâtiments. Lorsqu'il est possible d'établir, par une montée ou par un pont, une voie assez large entre le sol et le fenil pour que les voitures chargées de fourrage puissent entrer dans le grenier à fourrage, on est à même d'accélérer la rentrée des récoltes, de diminuer la main-d'œuvre pour les emmagasiner et de mettre à l'abri quelques voi-

Figure 8.

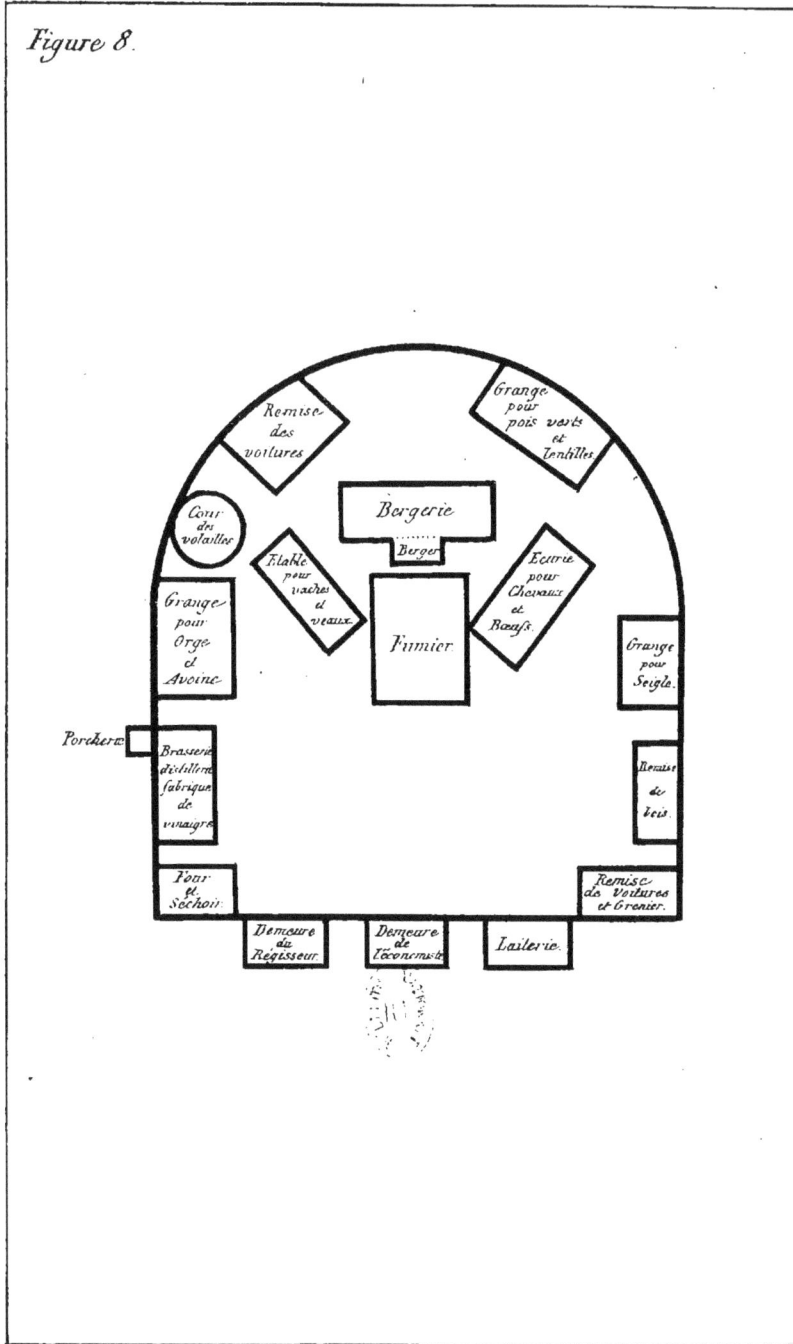

# Economie Rurale.

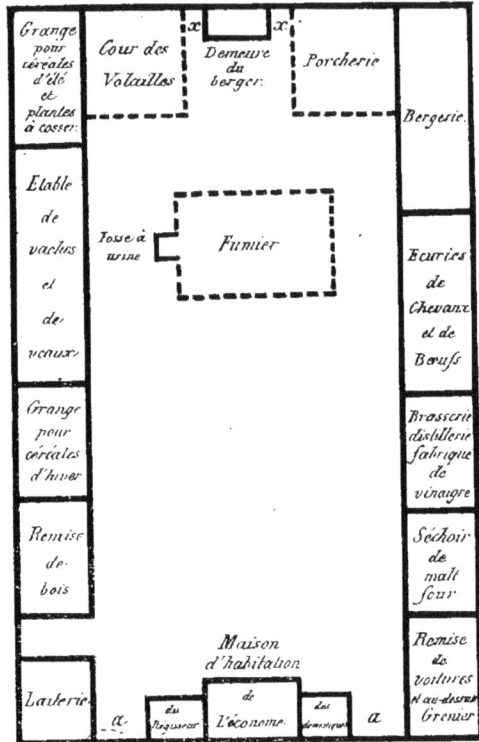

Figure 7.

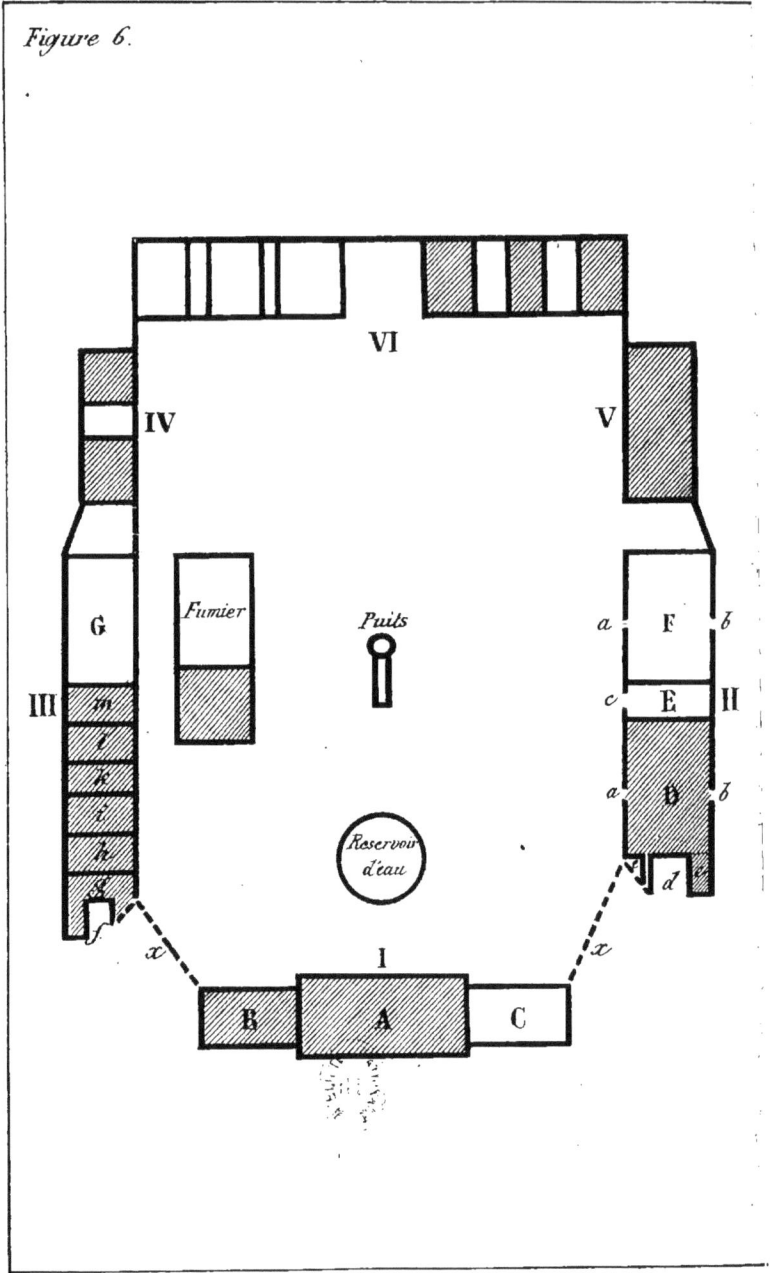

Figure 6.

VI

IV

V

Fumier

Puits

G

$a$   F   $b$

III

$c$   E   H

$a$   D   $b$

Reservoir d'eau

$d$

$x$

$x$

I

B   A   C

tures chargées, dans le cas où l'on serait surpris par un orage ; du reste, nous avons déjà dit que l'adoption des meules diminue infiniment les frais de construction.

On ne doit jamais construire les granges plus spacieuses que ne le commandent les moissons moyennes, puisque l'on peut facilement conserver en meules l'excédant d'une récolte extraordinaire. On distingue les aires transversales (*voyez* planche 3ᵉ) de celles qui sont longitudinales (*voyez* planche 4ᵉ) ou latérales à la longueur de la grange (*voyez* planche 5ᵉ). Dans presque toute l'Allemagne, on donne la préférence aux premières, construites de manière à pouvoir les traverser avec des voitures chargées.

Depuis quelques années, on multiplie davantage, et avec raison, les hangars, les appentis et les remises, pour y mettre à couvert les voitures, le bois de chauffage et de service, les charrues et autres instruments d'agriculture, qu'on laissait exposés, autrefois, à l'intempérie des saisons et à une prompte détérioration. Les greniers aérés sont toujours les meilleurs, et, par conséquent, ils sont ordinairement très-bien placés au-dessus de ces hangars : on a soin, en outre, de leur ménager des ouvertures, de manière que le vent effleure immédiatement les tas de grains.

Les caves d'une grande dimension, si dispendieuses autrefois pour la conservation des racines, sont moins indispensables depuis qu'on a appris à se servir avantageusement des silos en terre. Lorsqu'on construit une distillerie, qui donne, par ses résidus, une nourriture si précieuse et si économique, il convient de la placer près des étables des bêtes à cornes, qui consomment les résidus ; mais on doit éviter toute communication pour les domestiques entre les deux locaux. Il convient d'avoir une basse-cour séparée pour la volaille et un réservoir d'eau qui communique avec les loges à porcs ; enfin, dans les grands établissements, il y a, le plus souvent, économie à monter un atelier de forge et de charronnage.

Lorsqu'on a fait le plan de construction des bâtiments, il s'agit de coordonner l'espace qu'ils doivent occuper dans la cour de ferme. Il convient d'établir, tout autour et le long des bâtiments, un trottoir pavé, muni d'un cassis ou d'une rigole, afin de pouvoir circuler à sec et détourner les eaux pluviales des gouttières, qui pourraient nuire aux fondations. La cour de la ferme doit être ferrée comme une grande route ; dans la cour même, ou, mieux, dans le voisinage, on creusera un bassin d'eau qui servira à la fois d'abreuvoir et de réservoir d'eau en cas d'incendie ; si ce réservoir est placé dans la cour même, on donnera à celle-ci une pente régulière vers ce bassin, qui con-

duira toutes les eaux pluviales, ainsi que celles
qui peuvent s'écouler de l'auge du puits; un trop-
plein à niveau facultatif déversera les eaux su-
perflues. Le parc au fumier est tantôt à l'intérieur, tantôt à l'extérieur de la cour; s'il n'est
pas trop grand, comme il est convenable de le
faire lorsqu'on entasse le fumier en couches ré-
gulières, ou si on l'entoure d'une clôture en vue
d'y faire circuler le bétail, une cour de ferme
n'en sera pas défigurée; on réservera aussi, à
proximité de celle-ci, un emplacement pour les
composts.

Exemple : supposons qu'on ait l'intention de
construire une ferme sur un domaine de 250 hectares, qui était affermé, par parcelles, aux habitants d'un village voisin et qu'il n'existe aucun
bâtiment. Les terres ont été épuisées; cependant
l'état naturel du sol du domaine permet d'espérer
que, à l'aide d'une forte culture de racines et
d'une distillerie, on puisse l'amener, dans l'espace de dix années, à un degré de fécondité égal
à l'état normal des domaines environnants et à y
entretenir au moins 740 têtes de bêtes à laine fine,
72 têtes de gros bétail, 10 porcs et 10 à 12 chevaux.

Cependant, en ce moment, les fourrages et la
paille ne suffiraient pas même à y entretenir la
moitié de ces animaux. Il s'ensuit qu'il convien-

dra d'abord de ne construire que les bâtiments dont on a réellement besoin ; mais, en traçant le plan des constructions à faire, il faut avoir soin de réserver toutes les places nécessaires pour les constructions ultérieures, de manière qu'on obtienne à la fin une ferme bien arrondie. Enfin on suppose la condition que l'exécution du plan permette, plus tard, de séparer la ferme en deux exploitations distinctes, sans que, cependant, l'unité soit rompue dans le cas où l'on voudrait conserver une seule exploitation.

Les bâtiments que l'on construira de suite feront partie du plan momentané, et ceux que l'on construira dans le courant des dix années appartiendront au plan normal. On se décide à la construction des bâtiments suivants (*voyez* planche 6<sup>e</sup>) :

I. La maison de ferme et d'habitation ;

II. La bergerie ;

III. Les étables pour les bêtes de trait et de rente ;

IV. La distillerie, la buanderie et la boulangerie ;

V. Les remises et les hangars, avec leurs greniers ;

VI. Les granges.

I. La maison d'habitation donne, d'un côté, sur la route de l'autre, sur la cour de la ferme, et se compose de trois parties : **A**, la maison centrale ; B et C, deux ailes. La longueur totale est de 44 mètres, et la largeur de 10 à 11 mètres. Le bâtiment du milieu ne suffit pas pour le moment; on élève donc en même temps ou peu de temps après l'aile B. A droite et à gauche des ailes, se trouvent deux grandes entrées X pour le service de l'exploitation : cet arrangement de la maison de ferme permet facilement le partage en deux exploitations et remplit les conditions que nous avons posées.

II. La bergerie mesure intérieurement une longueur de 60 mètres sur une largeur de 12 mètres; elle pourrait facilement contenir 740 têtes, et l'on réservera au-dessus les greniers pour les fourrages secs. Elle est composée de trois parties : D, la bergerie qu'il faut bâtir de suite, ainsi qu'une chambre à fourrage E, tandis que la construction de F peut être réservée pour l'avenir; les portes cochères *a a* et *b b* permettent d'entrer avec des voitures pour vider le fumier. Les portes extérieures *b, b* facilitent ce travail, et présentent aussi quelque sécurité pour les cas d'incendie. Auprès de *c*, se trouve une porte qui donne dans la chambre à fourrage ; auprès de *d*, il y a une montée sur un pont, par laquelle les voitures peuvent entrer dans les greniers, au-dessus de la bergerie. L'espace qui se trouve au-dessous et des deux côtés *e, e* est une basse-cour.

III. Ce corps de bâtiment comprend divers locaux : *f* indique une montée à voitures, semblable à la précédente, pour la rentrée des fourrages ; *g,* les loges et la cour des porcs ; *h,* la sellerie avec le lit du palefrenier et le coffre à avoine ; *i,* une écurie pour douze chevaux en deux rangées ; *k,* une étable transversale pour deux rangées de bêtes à cornes ; *l,* une étable transversale pour une rangée de bétail, principalement d'animaux d'élève ; *m,* une chambre à fourrage pour les étables des bêtes à cornes, même pour celles qui seront construites dans la suite.

Voilà tout ce qu'il y aurait à construire pour le moment au bâtiment III. On pourrait remettre le restant des constructions G jusqu'à l'époque de l'accomplissement du plan normal ; ce bâtiment recevrait de même des étables transversales pour le gros bétail, et l'on placerait l'étable des bêtes à l'engrais vers le bâtiment IV, à la proximité de la citerne aux résidus de la distillerie. Les dimensions du bâtiment III sont semblables à celles du bâtiment II, de manière que, si l'on voulait faire un jour deux exploitations distinctes, on n'aurait qu'à partager en deux la bergerie et l'étable du gros bétail, et à faire une compensation pour les chambres à fourrage : cet arrangement des bâtiments présente encore cet avantage que l'on peut, suivant les circonstances, agrandir le troupeau de la bergerie ou du gros bétail aux dépens de l'autre partie de la ferme.

Entre les bâtiments III et IV, de même qu'entre II et V, se trouve un intervalle de 6 mètres de largeur que l'on pourrait clore par un mur ou par des palissades, et le destiner à la basse-cour ou à la porcherie, dans le cas où l'endroit précédemment indiqué ne conviendrait pas.

IV. Ce bâtiment comprend la boulangerie, la buanderie et la distillerie montées sur une grande échelle, y compris le local des cuves à fermentation et le germoir. A l'étage supérieur, on placera les greniers à sécher le malt : ce bâtiment, qu'il faut construire de suite, mesure extérieurement 30 mètres de longueur sur 10 mètres de largeur.

V. Ce bâtiment, de même dimension que le précédent, et qui doit de même être construit dès le commencement, contient, au rez-de-chaussée, le bois de chauffage et de service, ainsi que la remise pour les véhicules et les instruments d'agriculture. On destinera les étages supérieurs à la conservation des grains de toute nature.

VI. Ces deux bâtiments représentent deux granges avec des aires transversales. La construction de l'une de ces deux granges peut être différée jusqu'à ce que l'exploitation ait atteint son état normal. Chacune mesure extérieurement 28 mètres de longueur et 12 mètres de largeur;

les intervalles qui les séparent entre elles, ainsi que des bâtiments voisins, sont clos avec des palissades. Le parc au fumier est placé immédiatement devant les étables; le puits et le réservoir d'eau, qui est alimenté en partie par le premier et par les eaux pluviales qui s'y dirigent, sont placés dans la cour.

Le professeur Fischer, de Greifswalde, nous indique, dans sa *Mécanique agricole,* un plan rationnel d'une maison de ferme carrée (*voyez* planche 7e).

*a, a* indiquent les deux entrées principales, et *b, b* deux portes qui servent à la circulation des voitures chargées de fumier et de récoltes. Le même professeur Fischer nous fait encore connaître un autre plan, moins attrayant, qui affecte la forme d'un éventail (*voyez* planche 8e). On accorde deux avantages à cette disposition : d'abord, de permettre au maître de jeter non-seulement un coup d'œil de son logement sur tous les bâtiments de la ferme, mais même dans les diverses étables, lorsque les portes sont ouvertes; ensuite, de pouvoir aborder, pendant un incendie, chaque bâtiment sur ses quatre faces. Cette facilité de voir, de loin, dans l'intérieur des étables ne nous paraît pas présenter un contrôle suffisant, et nous semble de nature à faire négliger une surveillance plus efficace. Pour des cas d'incendie, on peut arriver à des résultats semblables avec des plans d'une autre forme : l'isolement des quatorze bâtiments est évidemment un système exagéré, qui augmente les frais de construction et entraine une perte de temps dans la surveillance et dans les travaux.

Les puits et les abreuvoirs forment une dépendance importante d'une maison de ferme. Le besoin que l'on éprouve, dans une exploitation rurale, d'avoir à sa disposition immédiate de l'eau en abondance et de bonne qualité est d'une telle importance, que, lorsqu'elle n'est pas suffisante ou qu'elle vient à manquer, elle peut amener une dépréciation de la valeur du domaine, et l'adoption de certaines combinaisons qui peuvent être moins avantageuses que d'autres. Le plus souvent l'eau manque sur les plateaux élevés, de formation calcaire, quoiqu'elle abonde dans les vallées. Il y a de ces localités où l'on est obligé de chercher l'eau à 1 myriamètre de distance, et de tenir des attelages uniquement destinés à ce service. Indépendamment de cela, on recueille avec soin toutes les eaux pluviales, que l'on dirige dans des citernes ou bien dans de grands réservoirs d'eau. Parmi tous nos animaux domestiques, le mouton est celui qui peut se contenter le plus facilement d'une petite quantité d'eau pour soutenir son existence. Lorsqu'on établit des industries accessoires dans une ferme, telles qu'une brasserie, une distillerie, une féculerie ou autres, il faut pouvoir disposer non-seulement de beaucoup d'eau, mais de l'eau de bonne qualité. Il est des eaux qui ne sont pas bonnes à boire, par exemple celles qui contiennent de la magnésie et du calcaire. Lorsqu'on a des eaux en abondance et qu'on est à même de les élever à une hauteur convenable, on peut, par des irrigations et des constructions hydrauliques, se livrer à des améliorations foncières qui élèvent la rente et la valeur du domaine; aussi est-on souvent bien récompensé des dépenses qu'entraîne la recherche des sources que l'on peut encaisser, pour diriger les eaux à leur destination, par des conduits en bois, en fer, en plomb ou en terre cuite, ou bien l'on creuse des pompes à eau ou des puits artésiens : les dépenses de ces constructions dépendent tout à fait des circonstances locales.

Il peut être nécessaire ou du moins fort utile dans certains cas, par exemple lorsqu'un puits ne fournit pas assez d'eau, ou qu'il vient à tarir et qu'on est obligé de chercher l'eau à distance, de savoir calculer approximativement la quantité d'eau nécessaire pour abreuver le bétail. Nous avons peu de données sur ce sujet; cependant *Gericke* en a publié quelques-unes, en 1808, dans ses *Recueils économiques;* et plus tard, en 1826, on a fait, à *Schleisheim*, quelques essais sur ce sujet. Il résulte de ces expériences que le bétail consomme moins d'eau par un temps humide et froid que par un temps sec et chaud ; moins en hiver qu'en été ; moins en repos qu'en mouvement ; moins quand il est jeune que dans un âge avancé ; moins avec des fourrages secs qu'avec des fourrages verts ou aqueux, en tenant compte de l'eau de végétation contenue dans ces derniers, qui dispensent souvent d'abreuver le bétail. Les bêtes qui donnent du lait boivent plus que celles qui n'en produisent point. Il est certain que toute espèce de bétail qui mange du sel consomme une plus grande quantité d'eau. Du reste, les diverses espèces d'animaux domestiques présentent, sous le rapport de la consommation des liquides, des différences bien tranchées. On parvient à calculer approximativement la quantité d'eau dont on a besoin, en réduisant en substance sèche le poids de la nourriture consommée et en tenant compte des influences que nous venons de mentionner.

Voici quelques-unes des expériences qui ont été faites :

1° Sur des pâturages secs, où l'herbe contient encore 75 pour 100 d'eau de végétation, les bêtes à cornes consomment, en outre, en boisson, à peu près la moitié du poids de l'équivalent en foin qu'elles ont consommé. Une bête à cornes, par exemple, qui consomme, sur un tel pâturage, 40 kilog. d'herbes, recevra, en équivalent de foin réduit à l'état sec, 10 kilog.

En eau de végétation. . . . . 30 kilog.
Elle boira, en outre. . . . . 5
_____
Poids total d'eau. . . . . 35 kilog.

La substance sèche est ici à l'eau comme 10 à 35, ou comme 1 à 3 1/5. Les bêtes à laine, qui boivent généralement moins, pourront s'entretenir sur ces pâturages sans eau ou avec une très-petite quantité.

2° Avec la nourriture au foin, il a fallu aux vaches en stabulation, à *Schleisheim*, 2 kilog. 47 d'eau en hiver, et 3 kilog. 52 en été, pour 1 kilog. de foin.

*Gericke* a trouvé que, pour 1 kilog. de foin, de paille ou de grain, il a été consommé, en hiver, de 3 kilog. 54 à 3 kilog. 75 d'eau ; pour 1 kilog. de racines réduites à l'état sec et consommées en hiver, de 3 kilog. 36 à 4 kilog. 60 d'eau ; et, pour de l'herbe et du trèfle vert consommés en été, de 3 kilog. 84 à 5 kilog. d'eau pour 1 kilog. de substance sèche.

3° A *Schleisheim*, il a fallu, aux bœufs de trait, en hiver, 2 kilog. 24, et, en été, 2 kilog. 91 d'eau pour 1 kilog. de substance sèche.

4° Aux chevaux de travail, en hiver, 1 kilog. 34, et, en été, 1 kilog. 92 d'eau pour 1 kilog. de substance sèche.

5° Aux bêtes à laine, en hiver, 1 kilog. 38, et, en été, 2 kilog. ; pendant l'hiver, les jours où l'on a distribué du sel, 1 kilog. 66.

6° Aux porcs, en hiver, 4 kilog., et, en été, 5 kilog. pour 1 kilog. de substance sèche.

## Section deuxième.

### TERRES ARABLES.

Nous pouvons partager en trois classes les plantes le plus communément cultivées dans nos champs : 1° les plantes à grains farineux ; 2° les fourrages ; 3° les plantes commerciales. Cette classification n'est pas très-rigoureuse, mais elle facilite les études.

### § 1er. *Plantes à grains farineux.*

On fait encore ici une distinction entre les grains proprement dits et les récoltes à cosses ; mais on n'est pas très-sévère sur tout cela, car le sarrasin, par exemple, qui n'est pas une céréale, est cependant toujours compté, avec raison, parmi les grains.

A. Céréales.

Envisagées de la manière la plus générale, les céréales sont le dernier but de l'agriculture; car, en fin de compte, c'est des grains que dépendent l'existence de la population, la sûreté et l'indépendance des États, la marche des fabriques et du commerce, et sans eux il serait difficile de cultiver la terre, puisque nous trouvons dans la paille une matière première importante pour nos engrais. On donne généralement le nom de blé, chez les divers peuples, sans autre désignation, à l'espèce de grain le plus généralement cultivée. Thaër avait déjà fait cette remarque. En Amérique c'est le maïs, en Angleterre et en France le froment, en Écosse l'avoine, dans l'Allemagne septentrionale le seigle, et dans la partie du sud-ouest l'épeautre, qu'on appelle blé.

Toutes les céréales sont des plantes annuelles qui atteignent le terme de leur existence quand le grain est mûr. Chaque contrée adopte une espèce de préférence, suivant son climat, la nature du sol, le degré de civilisation. Quand il est possible de cultiver plusieurs espèces, c'est un grand avantage; car, dans les années de non-succès des unes, on trouve une ressource dans les autres. Les semailles et la moisson se faisant à des époques différentes, on a plus de temps pour l'exé-

cution des travaux, et le revenu est plus varié.
C'est un grand bonheur pour l'humanité que, sur
chaque nature de terrain tant soit peu abordable à
la charrue et de quelque composition qu'il soit,
on puisse toujours faire réussir une espèce de blé.

L'amidon, le gluten et le son forment les principales parties constitutives des grains; les plus
nourrissants d'entre eux sont ceux qui renferment
la plus grande proportion de gluten et d'amidon
avec le moins de son. On a remarqué que les terrains humides donnaient, en général, au grain
une plus grande proportion de son que les terrains
secs. Il parait que cette observation se rapporte
aussi aux années humides pour toute espèce de
sols : c'est, du moins, à elle que l'on a attribué
le peu de valeur nutritive des céréales en 1816
et 1817. Les grains des terres calcaires et des
marnes calcaires sont surtout très-bons et laissent
peu de son. Le seigle et l'avoine, qui ont plus de
son que le froment, possèdent aussi moins de valeur nutritive. A. Einhof a trouvé 77 pour 100
de parties nutritives dans le froment, 70 pour 100
dans le seigle, 59 à 62 pour 100 dans l'orge, et
58 pour 100 dans l'avoine. C'est la quantité de
son inhérente au seigle, et d'une extraction difficile, qui donne la couleur noire au pain de seigle.

La proportion variable d'amidon et de gluten
qui existe dans les diverses espèces de grains nous

I. 7

les a fait adopter pour des usages différents : le
froment et le seigle, qui renferment plus de gluten que l'orge et l'avoine, sont, par ce motif, les
meilleurs pour faire le pain; l'orge, par contre,
est peu riche en gluten; mais la diastase qui s'y
forme lors de la germination, et qui amène la trans-
formation de l'amidon en sucre, rend ce grain très-
propre à la brasserie. On estime que la bonne farine de froment renferme environ 65 pour 100
d'amidon, celle de seigle 60 pour 100, celle
d'orge 60 pour 100, celle d'avoine 58 pour 100 :
l'épeautre est plus riche encore que le froment ;
on lui accorde 68 à 70 pour 100 d'amidon.

L'orge et l'avoine ne contiennent guère que de
2 à 5 pour 100 de gluten; on en accorde au seigle et au froment de 10 à 20 pour 100. Un bon
fumier animal augmente dans le grain la quantité
du gluten. On a trouvé une plus forte proportion
d'amidon dans les terres peu ou point fumées.

Les blés nous fournissent le pain dont nous
avons besoin chaque jour; ils sont surtout propres à ce but par leur facile conservation pendant
des années entières, et par le peu d'espace qu'ils
occupent dans les magasins et dans les transports,
de manière que le superflu d'un pays va facilement combler le déficit d'un autre, et prévient
ainsi les disettes. Pour faire le pain, on se sert
surtout du froment, de seigle et de l'épeautre.

On fait rarement du pain, en Allemagne, avec l'orge, le sarrasin, le maïs et l'avoine; cependant ces grains sont de très-bons suppléments; on aime moins l'avoine. C'est surtout dans le nord que l'on fait beaucoup de pain d'avoine, en Norwége, en Suède, et dans des contrées rudes comme le Hundsruck, la forêt de Welsheim. Par nécessité, il est quelquefois arrivé que l'on a mélangé le brome avec le seigle.

Si l'on compare le froment et le seigle au point de vue du climat et du terrain, on trouve que le premier est plutôt un grain du Midi et le second un grain du Nord; puis que le froment demande un sol riche et consistant, tandis que le seigle peut se contenter d'une terre pauvre et légère. Dans la comparaison de ces deux grains, il est de toute nécessité de faire entrer en ligne de compte le luxe et l'aisance des habitants. Le pain de froment est plus blanc, plus fin et plus savoureux que le pain de seigle. Dans beaucoup de localités qui seraient très-favorables à la culture du seigle, on est obligé de cultiver du froment, par suite des habitudes de la population : en Angleterre, par exemple, le seigle n'est connu que dans quelques comtés; ailleurs on ne connait que le froment pour faire du pain; à la moisson, on lie même les gerbes avec de la paille de froment. On conçoit que, avec un tel mépris du seigle, ce grain ne soit pas facilement

vendable; le prix en est même quelquefois tellement disproportionné, qu'une très-belle récolte de
seigle, en terrain convenable, ne donne pas alors
un produit net, qui équivaut à celui d'une récolte
moyenne de froment sur une terre peu propre à
ce grain. En Allemagne, le pain de seigle est toujours en honneur, notamment auprès des habitants de la campagne; on l'estime comme nourrissant et comme économique, car les ménagères
savent qu'il est d'un plus long usage que le pain
de froment. Le rapport qui existe entre la valeur
du seigle et la valeur de la terre est aussi plus
exact que pour la plupart de nos autres productions, et cela est tellement vrai, que, dans bien
des cas, on arrive à des résultats plus justes lorsqu'on base des calculs sur la production du seigle
plutôt que sur des revenus en argent.

L'épeautre se rapproche plus du froment que
du seigle; mais on le cultive sur une étendue
beaucoup plus restreinte que les deux autres céréales : les contrées où il prédomine sont la Suisse,
le Palatinat, la Souabe, la Franconie, les bords de
la Meuse, de la Moselle, du Rhin, jusqu'à un peu
au-dessous de Coblentz. La difficulté de séparer le
grain de la balle fait rejeter l'épeautre de toutes les
localités où les moulins ne sont pas disposés pour
cela; mais, là où les meuniers s'entendent à moudre ce grain et où on le cultive en grand, on aime

tellement le pain d'épeautre, qu'on le préfère au pain de froment, quoiqu'il soit un peu plus rude et qu'il se dessèche plus vite. On préfère aussi sur toutes les autres la farine d'épeautre pour la fine pâtisserie (1). Dans le Wurtemberg, pour 1 hectolitre de froment, on cultive 93 hectolitres d'épeautre, 7 hectolitres de seigle, 12 hectolitres d'orge et 40 hectolitres d'avoine.

Tous ces produits apportent de nombreuses jouissances à l'homme, qui les emploie, en outre, sous différentes formes, telles que soupes, bouillies, gruaux, etc., etc. Plusieurs grains qui ne servent que fort rarement à la confection du pain sont employés ainsi, tels que le millet, le maïs, le sarrasin et autres; ils fournissent la matière première à la bière et à l'eau-de-vie, qui consomment de grandes quantités de grains. La bière emploie surtout l'orge, et, dans quelques parties de l'Allemagne, le froment; l'eau-de-vie veut du seigle, de l'orge et de l'avoine. De temps à autre, les diverses espèces de grains servent de succédanés les uns aux autres : c'est ainsi qu'on se sert quelquefois d'avoine et de seigle pour faire de la bière. On dit que l'Amérique emploie beaucoup le maïs au même usage. Ils servent aussi aux arts et mé-

(1) Toute la farine qui se vend à Paris sous le nom de farine de Strasbourg est de la farine d'épeautre.

tiers : qui ne sait la quantité d'amidon employée au blanchissage du linge, à la fabrication du papier, des pains à cacheter, de la poudre à poudrer, etc.?

N'oublions pas les services importants que rendent les grains pour l'alimentation du bétail : on emploie, pour cela, toutes les qualités inférieures qui ne sont pas vendables, ainsi que le son et les déchets de mouture. Quelques espèces de grains sont cultivées exclusivement pour les bestiaux, comme l'avoine, par exemple, pour les chevaux : dans le Midi, on se sert plus souvent de l'orge pour cela. Quelquefois on a trouvé avantageux de se servir des grains, non-seulement comme secours, mais comme nourriture principale sous forme de pain. Les grains de maïs et de sarrasin servent généralement partout aux porcs et aux volailles.

Dans toutes les positions, les pailles des céréales sont un levier puissant dans une exploitation rurale, soit comme fourrage, soit comme litière; une partie de la paille sert généralement aussi de liens avant qu'on la jette sous les bestiaux : cette haute valeur de la paille n'est pas toujours suffisamment appréciée. En thèse générale, Schwerz évalue le produit de la paille comme égal au quart du produit total d'un champ donné de céréales; il dit que la récolte d'un champ qui fournit, par exemple, 6 hectolitres de grains peut être estimée à 8 hectolitres de grains en comprenant la paille. D'autres estiment que la paille de 3 hectares a autant de valeur que le produit de 1 hectare en grain; mais, si l'on prend une récolte spéciale, il y a quelques changements à apporter dans cette évaluation : la paille d'avoine, comparée à son grain, est dans un rapport plus considérable; la paille d'orge est dans un rapport moindre. Avec l'orge, on compte qu'il faut 4 hectares de paille pour équivaloir à 1 hectare de grain ; dans certaines contrées, la paille de grains d'hiver prend encore des proportions plus favorables : il paraît que, auprès d'Anvers, on estime que 2 hectares et demi de paille équivalent à 1 hectare de grain.

Outre la paille, il faut aussi compter la balle, les épis brisés et tous les menus déchets, qui ont toujours de la valeur dans une exploitation rurale; enfin la paille sert, dans les arts, à beaucoup d'objets différents : on en couvre des maisons, on en fait des chapeaux, des paniers, etc., etc. La valeur vénale de la paille est fort variable. Dans certaines localités et dans certaines années, elle approche, poids pour poids, du prix même du foin, même elle se vend aussi cher; toutefois ce sont là des exceptions. Dans la comptabilité de Hohenheim, la valeur de la paille est estimée aux trois cinquièmes de la valeur du foin ; soit 21 fr. 60 c.

les 1,000 kilog. de paille, quand le foin est à 36 fr. Quelquefois on se sert des céréales fauchées en vert comme fourrage; on s'en sert aussi pour l'enfouissement. Dans ce cas, on les mélange ordinairement avec d'autres plantes; cependant le sarrasin se sème seul.

### B. Plantes à cosses.

Les plantes à cosses sont, comme les céréales, toutes annuelles, et même les espèces cultivées jusqu'à ce jour, en Allemagne, ne sont que des récoltes d'été. On a fait récemment des expériences pour savoir si les légumineuses d'hiver cultivées en France, en Angleterre, dans les Pays-Bas et dans le nord de l'Italie, comme les pois d'hiver, les vesces et les fèves d'hiver, ne pourraient aussi bien réussir en Allemagne pour le plus grand profit des exploitations rurales; nous avons quelque espoir qu'on y parviendra. Les plantes à cosses sont plus difficiles sur la qualité du terrain que les céréales; elles souffrent dans une terre argileuse, ainsi que dans un sable aride; une constante humidité leur est nuisible. Cependant on voit quelquefois des fèves de marais dans une terre argileuse non acide; on trouve aussi des pois et des lentilles sur un sable terreux ou marneux favorisé par l'humidité de l'atmosphère. Par suite de ces dispositions, on assigne ordinai-

rement à ces plantes des terres de moyenne fécondité : c'est une circonstance très-favorable
à leur culture quand la terre renferme du car-
bonate de chaux; aussi les chaulages et les mar-
nages leur sont-ils très-avantageux. Il en est de
même des plâtrages pour le développement général de la plante herbacée. Quelques faits ont donné
à penser que le plâtre ne convenait pas au fruit;
car on a trouvé que les pois plâtrés cuisaient difficilement.

Quant aux propriétés intégrantes des fruits à
cosses, elles sont les mêmes que celles des céréales;
seulement les premiers sont plus riches en gluten
et en albumine que les autres. Il est reconnu que
les haricots, les pois, les lentilles ont une valeur
nutritive supérieure à celle des grains, aussi rem-
placent-ils en partie la nourriture animale dans les
classes ouvrières; c'est là ce qui donne aux plantes
à cosses une plus haute valeur sur les marchés.
Faisant des recherches sur les matières nutritives
que contenaient ces plantes, Einhoff a trouvé,
dans les haricots, 85 pour 100, dans les pois
75 1/2 pour 100, dans les lentilles 74 pour 100,
dans les fèves de marais 73 pour 100. Il est fort
important pour nous d'avoir pu introduire, dans
nos exploitations, des plantes autres que les céréales, renfermant autant de matières alimentaires; car, tout en conservant le même poids de

produits, nous avons pu introduire la variété dans notre régime.

Nous faisons aujourd'hui un nombreux usage de ces produits comme grains farineux.

On les emploie fréquemment en mélange avec les farines de céréales, parce qu'ils rendent le pain plus nutritif et plus lourd : c'est principalement à cause de cette dernière propriété que les boulangers aiment les fèves de marais; cependant on ne fait jamais de pain avec ces farines seules.

Les haricots, les lentilles sont presque exclusivement réservés pour la cuisine, où entrent aussi les pois et les fèves de marais, et, plus rarement, les gesses et les pois chiches. On a essayé de cultiver ces derniers comme équivalents du café.

Toutes ces graines sont employées pour faire de l'eau-de-vie partout où leur culture permet de les obtenir au prix convenable pour cela. Les grains de vesces ne servent qu'à la nourriture des animaux, et ceux-ci en sont très-friands, de même que des pois et des fèves de marais, et autres graines farineuses. On donne fréquemment, aux agneaux, des pois et des lentilles égrugés ou délayés; dans plusieurs localités, les féveroles remplacent l'avoine pour les chevaux.

La paille des plantes à cosses est aussi très-précieuse, tant par sa qualité que par sa quantité : cette paille est généralement plus molle, plus tendre, plus assimilable que la paille de blé; garnie d'un grand nombre de feuilles, sa valeur nutritive est souvent égale à celle du foin lorsqu'elle a été bien récoltée et bien emmagasinée; il suit de là qu'une culture étendue de plantes à cosses exerce une influence doublement favorable : elle permet d'entretenir un grand nombre de bestiaux et concourt puissamment à augmenter la masse des engrais; mais les propriétés mêmes de ces pailles, que nous venons de faire connaître, rendent leur conservation plus difficile que celle des céréales; c'est pour cela que leur valeur dépend beaucoup de leur état de conservation. Beaucoup de cultivateurs emploient ces pailles à la nourriture de leurs bestiaux, concurremment avec les grains arrivés à maturité; d'autres coupent les plantes à moitié mûres et les donnent ainsi à leurs animaux avec le grain dans les cosses. C'est un excellent fourrage, surtout pour les bêtes à l'engrais.

On utilise encore les plantes à cosses en les enfouissant en vert. Cette pratique était déjà en usage dans l'antiquité; elle repose sur la quantité de produits, en tiges et en feuilles, que l'on incorpore ainsi dans le sol, et sur les propriétés de ces plantes, qui renferment beaucoup de gluten et se décomposent promptement dans le sol.

Les lupins, dont on n'a pas d'autres usages, servent exclusivement à l'enfouissage en vert; on se sert même ainsi de plusieurs autres espèces en mélange avec les céréales. On regarde généralement ces plantes comme précédant très-bien les céréales dans un assolement : en effet, leur propriété de s'assimiler facilement les gaz atmosphériques leur fait demander moins de nourriture à la terre ; leur ombrage, leur culture et leur moisson précoce donnent de cela une explication satisfaisante.

### C. Des méteils ou récoltes mélangées.

On entend par là un mélange de deux ou plusieurs céréales entre elles, ou bien un mélange de céréales et de plantes à cosses.

Il est vrai qu'on mêle ces dernières sans céréales. Voici les avantages qu'on trouve à ces mélanges.

Un mélange convenable de deux plantes donne généralement un produit plus élevé que si chacune d'elles avait été semée seule sur la moitié de la pièce de terre.

On peut avoir une explication satisfaisante du fait en observant attentivement la végétation des plantes dans la terre et dans l'air. Dans la terre, toutes les racines d'une même plante, suivant une direction identique, se nuisent réciproquement par suite d'une action purement mécanique ; lorsque ce sont des plantes de différentes espèces, on pense que les racines ne marchent pas toutes dans le même sens. Après cela, les plantes de la même espèce demandent à la terre les mêmes substances alimentaires, ce qui n'arrive pas dans le cas contraire : l'avoine, par exemple, végète dans un humus plus ou moins acide; l'orge, au contraire, demande un terrain alcalin. Ces deux plantes peuvent donc très-bien réussir ensemble sans que l'une trouble les fonctions de l'autre. Tous les végétaux rejettent ensuite des excrétions, et ces excrétions sont au moins inutiles, si elles ne sont pas nuisibles aux plantes de la même espèce, tandis qu'au contraire elles servent probablement de nourriture aux autres plantes d'espèces différentes.

La vue des plantes qui végètent dans l'atmosphère peut nous fournir des renseignements sur ce sujet : les unes jouissent d'une tige forte et rigide, les autres penchent sur une tige faible; celles-ci ont des feuilles étroites qui se fanent promptement, celles-là des feuilles larges et succulentes. Il y en a qui se développent plus en largeur, d'autres plus en hauteur. Nous en voyons qui, dans les diverses périodes de leur développement, affectent des formes très-différentes; elles se partagent ainsi, en quelque sorte, la jouissance de l'air, de la lumière, de la chaleur, de l'humidité dont chacune a besoin. Cela semble parfaitement nous expliquer comment, sur une même surface, deux plantes d'espèces différentes doivent mieux réussir que deux plantes de même nature. — Si deux récoltes mêlées ensemble ont une végétation plus active, il s'ensuivra nécessairement un moindre développement de mauvaises herbes, ce qui est facile à comprendre. — Pour les plantes à cosses, le mélange a cet avantage que les céréales les soutiennent avec leurs tiges rigides et les empêchent de ramper sur la terre, ce qui leur assure une meilleure fructification et des produits plus abondants. — La plante la plus rustique des deux protége l'autre en diverses circonstances d'humidité, de chaleur et de gelée; aussi il est bien constant que l'on a obtenu ainsi des récoltes qui n'auraient pas prospéré sans cela. Quand on veut forcer des pois sur un terrain sablonneux, on les mêle avec des grains de printemps; pour avoir des lentilles d'hiver, on les sème en mélange avec de l'épeautre, et, quand on veut faire réussir du seigle dans une localité où cette céréale gèle facilement, il n'y a pas de meilleur moyen que de le mélanger avec du froment ou de l'épeautre; les racines, en s'entrelaçant, semblent défier plus facilement la température.

Avec les méteils, on paraît plus certain du produit, ce qui ressort en partie de ce que nous avons déjà dit; mais il y a encore cette considération, que la température de l'année peut être favorable à l'une des plantes et défavorable à l'autre, ce que les circonstances du terrain peuvent rendre plus ou moins intense.

Dans le cas où les circonstances de l'année ont été tout à fait défavorables à l'une des deux plantes, du moins la perte n'est jamais entière; c'est ce qui explique pourquoi, dans certaines contrées, on sème parmi le seigle des bromes ordinairement regardés comme mauvaises herbes : on voit cette pratique en usage dans les localités où le seigle périt entièrement dans les années humides. Lorsque la saison est sèche, le seigle prospère et étouffe le brome; lorsqu'elle est trop pluvieuse, on est très-satisfait d'avoir une récolte de brome, attendu que, sans cela, le produit du sol eût été nul : c'est, sans doute, un motif analogue qui a fait recommander les méteils comme préservatifs contre la nielle, dans les lieux qu'elle ravage souvent. Alors même que les deux plantes mêlées ensemble sont sujettes à la nielle, son influence ne se fait pas sentir à la même période de la végétation : du moins, c'est ainsi que l'on explique ce fait, que jamais les deux plantes ne souffrent également; enfin on fait souvent ainsi un mélange commode de grains pour la panification ou pour la nourriture du bétail, et, suivant la nature du mélange, on élève la valeur de la paille.

D'autre part, on dit que, sous plusieurs rapports, les mélanges des récoltes ou méteils sont désavantageux. — Ils épuisent plus le sol que la semaille d'une seule espèce, précisément parce qu'ils donnent de plus grands produits; mais il faut dire aussi qu'en récoltant une plus grande quantité de paille on augmente la masse des fumiers. — Deux ou trois récoltes semées en métcil mûrissent rarement ensemble; d'où il suit qu'il y en a toujours une qu'il faut moissonner ou trop tôt ou trop tard, ce qui occasionne une perte : aussi on conseille toujours de ne choisir pour les méteils que des plantes dont la maturité arrive à peu près à la même époque.

Les grains ne se séparent pas facilement au vannage : cela est vrai pour plusieurs; cependant l'épeautre et le seigle se séparent avec beaucoup de facilité. Lorsque la séparation est impossible, cette pratique doit toujours être la suite d'un calcul de la part de l'entrepreneur de culture; c'est à lui de voir d'avance si, dans sa localité, le métcil qu'il veut faire est une marchandise vendable, ou bien s'il y a profit pour lui à le consommer.

Enfin on dit que, si la paille de divers grains mêlés a été reconnue quelquefois meilleure, cette propriété est bien souvent inutile.

Quoique le nombre des inconvénients que nous venons de signaler ne soit pas aussi considérable que le nombre des avantages, il ne faudrait pas en

inférer que ces motifs ont dû engager les cultivateurs à faire une abondance de méteils. Nous
voyons précisément le contraire, et c'est dans les
localités qui se distinguent le plus par la fécondité
du sol, l'excellence des cultures et la puissance de
l'exploitation, que l'on trouve le plus de récoltes
pures, surtout en céréales. Voici comment cela
s'explique : pour beaucoup de consommateurs, et
surtout de consommateurs spéciaux, il faut une
seule espèce de grain, comme, par exemple, pour le
froment, pour l'orge, et qui alors se paye plus
cher. Un consommateur spécial préfère toujours
choisir au marché la spécialité de grain qui lui convient, malgré son prix le plus élevé. Le plus souvent, on ne trouve les méteils que dans des localités âpres, ou sur un sol médiocre, ou dans des
cantons fort arriérés en agriculture ; et là, encore,
comme partout, on fait plus de méteils pour sa
consommation que pour la vente. Nous allons indiquer les principaux mélanges de ce genre.

### Grains d'hiver entre eux.

On trouve, dans presque toute l'Europe, le
froment et le seigle mêlés sous le nom de *méteil ;*
dans les Pays-Bas, on se sert de ce mélange pour
gagner un peu de froment sur une terre à seigle.
Dans les hautes et froides contrées de la Thüringe,
au sol lourd et humide, on se sert du métcil pour

I. 8

avoir un peu de seigle; mais ce procédé ne réussit pas toujours, et alors on a seulement un produit en froment. Le mélange est ordinairement composé, dans ce pays, d'un tiers de froment et de deux tiers de seigle; on tâche de séparer au tarare, le mieux possible, les plus gros grains de froment pour le commerce; le reste, composé de seigle et de petits grains de froment, sert à faire du pain pour la consommation de la maison, et ce pain est plus blanc que le pain de seigle pur. On trouve le même mélange près d'Ellvangen.

On mêle l'épeautre et le seigle dans le Hohenlohe, sur l'Aalbuch et dans la forêt de Welsheim; puis on trouve l'épeautre et le petit épeautre près Plochingen, Kirchheim, etc.

### Grains d'été entre eux.

Thaër assure que l'on trouve, dans le nord de l'Allemagne, l'orge et l'avoine mêlées ensemble, et il regarde ce méteil comme convenable; Reichard l'approuve aussi partout où l'orge seule ne viendrait pas bien; mais on doit chercher, dans cette pratique, à se procurer la plus égale maturité possible, et, pour cela, choisir des espèces d'orge et d'avoine qui mûrissent ensemble : à l'orge paumelle, par exemple, on adjoint une avoine hâtive. La séparation de ces grains au tarare n'offre pas de difficultés. Dans le Wurtemberg, on trouve ce

mélange entre Goppingen et Kirchheim; on l'af-
fectionne aussi, suivant Schwerz, dans les contrées montagneuses de la Westphalie. Quelquefois on met encore le seigle en troisième. Dans le
pays de Wangen, dans la haute Souabe, on trouve
le seigle d'été avec l'orge, et l'on fait, avec ces
deux grains, un pain pour les domestiques.

### Céréales et plantes à cosses ensemble.

Ces mélanges ont rarement lieu avec les grains
d'hiver, par la raison que les plantes à cosses hi-
vernales se sont, jusqu'à ce jour, fort peu répan-
dues en Allemagne; cependant on trouve, dans
les Pays-Bas et dans le Wurtemberg, les vesces
d'hiver unies au seigle; sur l'Alb de Souabe, la
lentille ordinaire avec l'épeautre.

Avec les grains d'été, au contraire, on n'a qu'à
choisir à volonté : on unit fort souvent les vesces
et les fèves de marais à l'avoine; on cultive même
plus de vesces et d'avoine mélangées que des
vesces seules. Thaër dit avoir rencontré fréquemment l'avoine mêlée aux fèves de marais dans le
nord de l'Allemagne, sur des terrains froids, glaiseux et maigres, principalement dans les montagnes.

Dans le Wurtemberg, la contrée de Herrenbach-
Magstadt est riche en avoine et fèves mêlées; ordinairement on trouve encore plus souvent la

vesce mêlée avec l'orge, et l'on sème 1 hectolitre
de vesce pour 3 hectolitres d'orge : ces deux grains
ensemble engraissent parfaitement les cochons. On
ne peut jamais songer à employer, dans les brasseries, de l'orge ainsi récoltée ; car, en dépit de tous
les soins de séparation, il reste toujours quelques
grains de vesce parmi l'orge. On trouve très-fré-
quemment l'orge avec les lentilles dans les contrées du Danube, en Bavière, et dans la haute
Souabe, près de Tüttlingen, Rottweil ; et l'orge
avec les fèves dans le grand bailliage de Spainthin-
gen. Quelquefois on mêle le seigle d'été aux pois
ou à la vesce : on prend un cinquième et jusqu'à
un tiers de ces légumineuses, que le tarare sépare
facilement à la récolte, surtout les pois. Si les
plantes à cosses trouvent une saison favorable,
elles végètent très-bien avec l'appui du seigle ;
s'il arrive une sécheresse, le seigle prend le dessus. On estime beaucoup la paille provenant de
ces mélanges de grains d'été et de plantes à cosses.

#### Plantes à cosses entre elles.

Nous n'avons guère à mentionner ici que les
fèves de marais, qui, douées d'une tige rigide,
servent ainsi d'appui aux pois et aux vesces ; nous
mentionnerons cependant encore la dravière, mélange de toute espèce de grains que l'on fauche
toujours en vert pour la nourriture du bétail.

## § 2. *Plantes fourragères.*

Nous réunissons ici principalement toutes les plantes qui servent à la nourriture des bestiaux ; nous disons principalement, car il y en a plusieurs employées dans les arts ou à la consommation de l'homme, comme la pomme de terre, le chou pommé.

Cette classe n'est pas encore aussi bien établie que la première, parce qu'il n'y a pas encore long-temps que l'on s'occupe avec soin de la culture de ces plantes. L'herbe des prairies suffisait autre-fois, avec les pâturages, pour la consommation des animaux domestiques. Lorsqu'il s'est agi de tirer du sol un plus grand nombre de produits et de nourrir le bétail à l'étable, il a fallu chercher des plantes qui vinssent, pour cela, au secours du cul-tivateur, et on les trouve tout d'abord dans les diverses espèces de trèfle et dans les racines ; mais comme celles-ci ne prospèrent pas toutes égale-ment dans nos différentes natures de terre, et qu'il se présente encore quelquefois d'autres in-convénients, il en résulte que les recherches con-tinuent toujours sur ce sujet. Déjà plusieurs au-teurs ont fait des découvertes heureuses, soit parmi les nombreuses herbes des prairies et des pâturages, soit même parmi les mauvaises herbes.

Ces recherches actives prouvent évidemment que les cultivateurs ne sont pas encore satisfaits de la nomenclature des plantes fourragères mises à leur disposition. Pour faciliter notre étude, nous allons former, avec ces plantes, quatre divisions.

1° Les légumineuses fauchables;

2° Les racines et autres plantes sarclées, y compris les choux;

3° Divers coupages considérés comme succédanés;

4° Plantes à fourrage nouvellement introduites dans la culture.

### Légumineuses fauchables.

Les plantes légumineuses durent généralement plusieurs années et donnent, à l'époque de leur fleuraison, un fourrage d'une qualité supérieure, soit en vert, soit en sec; nous comprenons ici les trèfles, les sainfoins et les luzernes. On sème presque toujours ces plantes dans une céréale qui doit leur servir d'abri dans leur jeunesse et prévenir l'envahissement des mauvaises herbes : par cette méthode, on obtient un produit dans l'année même des semailles, et on diminue les frais de production.

Le sainfoin et la luzerne, qu'on laisse durer un assez grand nombre d'années, sont, sous ce rapport, fort avantageux, puisqu'ils n'exigent aucune culture subséquente; quelquefois, il est vrai, on leur donne un hersage au printemps, mais cela n'est pas toujours nécessaire.

Le trèfle rouge, qu'on ne laisse guère subsister qu'un an après la semaille, deux ans tout au plus, ne procure pas aux champs ce long repos de la charrue; mais il est aussi plus propre, par là, à entrer dans les divers assolements, notamment dans l'assolement triennal, qui est encore le plus répandu, et qui ne pourrait admettre les légumineuses à longue durée. Quant à l'incompatibilité avec elles-mêmes, elle existe dans les trois plantes; elles peuvent, du reste, s'associer et se suivre après l'intercalation de quelques récoltes de céréales ou autres, autant, toutefois, que la nature du sol leur soit favorable. L'ombrage dont jouit le sol sous ces plantes, les nombreuses feuilles qui en tombent, et l'abondance des détritus en racines et en chaume, qu'elles laissent après elles, en font les plantes qui augmentent le plus la fécondité de la terre; et cette fécondité sera d'autant plus grande que la récolte aura été plus belle, à tel point que l'on voit quelquefois éviter de les faire suivre par des récoltes qui soient sujettes à verser. Les légumineuses en vert ont ordinairement 75 à 80 pour 100 d'humidité qu'elles perdent à la fleuraison; aussi compte-t-on que 4 ou 5 quintaux de trèfle vert donnent 1 quintal de trèfle sec.

La production de la graine diminue le rendement, ce qui détermine beaucoup de cultivateurs
à acheter leur semence plutôt que de la produire
eux-mêmes; c'est généralement un calcul d'économie, car tous les sols et toutes les situations ne
sont pas économiquement propres à fournir la
graine. L'intérêt privé a déjà suivi, sous ce rapport, l'impulsion la plus favorable; il y a des localités qui s'occupent exclusivement, et sur une
grande échelle, de la production de la graine : il
se fait surtout un commerce très-étendu de la
graine de trèfle rouge, qui est l'espèce des légumineuses la plus demandée. Les tiges des porte-
graine sont encore un fort bon fourrage pour les
exploitations qui s'occupent de ce genre de produit.

Quelque nombreuses et quelque précieuses que
soient les qualités des trois utiles légumineuses
dont nous venons de parler, elles ne peuvent satisfaire tous les vœux du cultivateur, et ce sont
précisément leurs hautes vertus qui augmentent
son impatience : quel est le cultivateur qui ne
désire les avoir constamment à sa disposition? mais
chez l'un son incompatibilité s'oppose à un fréquent retour, chez l'autre le sol ne leur convient
que médiocrement. Si les légumineuses réussissent bien sur un sol argileux, marneux, profond,
exempt d'acidité, et même sur un terrain silicéo-

argileux suffisamment humide, pour peu que le sous-sol soit calcaire; par contre, il n'y a pas encore de bonnes plantes fourragères pour les terres sablonneuses, légères, acides, dépourvues de calcaire et mouillées, et à sous-sol imperméable. Ce serait aussi un grand bienfait si l'on pouvait faire revenir ces légumineuses plus souvent sur le même terrain, ou si l'on trouvait une plante qui pût rendre les mêmes services que le trèfle rouge; car, dans les années où il ne réussit pas, le cultivateur éprouve souvent une bien grande disette de fourrages; aussi tous les essais faits en ce genre méritent-ils la plus haute considération.

On y réussit, tant bien que mal, à l'aide des autres plantes fourragères : d'une part, on a les racines, les vesces, la spergule qui viennent assez bien dans les terres légères; d'autre part, on a trouvé, parmi les diverses espèces même du trèfle, quelques variétés qui n'ont peut-être besoin que d'être mieux connues pour pouvoir, sinon le remplacer, du moins répondre aux divers besoins du cultivateur. Ainsi le trèfle incarnat réussit plus facilement que le trèfle rouge sur un sol léger, pourvu qu'il ne soit pas trop sec. On peut le semer dans l'automne, sur le chaume des céréales, ou au printemps même de l'année où on veut le récolter. Dans beaucoup de cas, il peut donc apporter quelques compensations ; mais il est annuel,

ne donne qu'une seule coupe et ensuite un faible
pâturage. Nous avons aussi le trèfle blanc, dont la
culture présente souvent de bons avantages, quoique dans la plupart des circonstances il ne puisse
servir qu'à la pâture.

On cite cependant le pays de Juliers, où il donne
deux coupes d'excellent fourrage par an. Il a l'avantage d'être vivace ; on le sème ordinairement aussi
dans une céréale, et il prospère sur presque tous
les terrains ; mais son produit est toujours bien
loin d'égaler celui du trèfle rouge. La lupuline
préfère les terrains argileux, sans être cependant
tout à fait exclusive, car on en trouve sur les
terres légères, où vient le seigle. On la sème
comme le trèfle rouge, dans une céréale, et, l'année
suivante, elle donne deux ou trois coupes, suivant
sa réussite. On la sème quelquefois en France dans
une jachère, et elle ne dure pas plus longtemps
qu'elle. On a récemment donné une grande vogue
au cowgras des Anglais ; c'est une espèce de trèfle
rouge, qui se distingue du trèfle commun par une
plus longue durée en terre. On ne peut encore
rien dire de certain sur les avantages qu'en
pourrait tirer l'Allemagne ; du reste, c'est une
plante qui est plutôt propre au pâturage qu'au
fauchage.

Racines et autres plantes sarclées.

Les plantes le plus généralement cultivées, que nous mettrons dans cette division, sont les pommes de terre, les betteraves, les raves blanches, les navets, les carottes, ainsi que les choux ; nous mentionnerons aussi les topinambours et les panais, dont la culture est cependant moins répandue. Parmi ces plantes, les unes ne restent en terre que pendant l'été, comme les pommes de terre ; les autres peuvent l'occuper deux années, comme les betteraves et les choux ; enfin il y en a de vivaces, comme les topinambours.

Généralement on les récolte toutes dans l'année pour utiliser les produits dans l'exploitation, et on ne garde plus longtemps que le peu de porte-graine dont on a besoin pour la reproduction de la semence. Les topinambours et les panais peuvent rester en terre et se récolter dans le courant de l'hiver ; quelques-unes de ces plantes occupent exclusivement le sol pendant tout l'été, comme les pommes de terre, les choux, les betteraves, les navets ; d'autres, comme les carottes, sont quelquefois semées dans une autre récolte, les céréales, par exemple, ou le lin, et elles ne prennent de développement qu'après l'enlèvement du produit principal. Certaines espèces se sèment de

très-bonne heure et d'autres tard, comme les raves
et les navets, que l'on met dans les jachères ou
sur les chaumes ; il y en a plusieurs que l'on sème
en place et d'autres que l'on transplante après les
avoir élevées en pépinières.

Le produit est variable à l'infini : à l'exception
des betteraves, elles servent toutes à la nourriture
de l'homme aussi bien qu'à la consommation du
bétail ; les pommes de terre sont celles que l'on
cultive sur la plus grande échelle et que l'on emploie sous les formes les plus variées, entre autres
comme supplément au pain. C'est un aliment dont
ne peuvent plus se passer les populations de certaines contrées ; et, comme matière première pour
les distilleries, la pomme de terre est en même
temps la pierre angulaire d'un grand nombre d'entreprises d'agriculture. 1 hectare de pommes de
terre fournit autant d'eau-de-vie que 3 hectares
de seigle ; les féculeries emploient aussi beaucoup
de pommes de terre. Bien des champs de betteraves sont convertis en sucre ; les choux, de temps
immémorial, sont cultivés en beaucoup d'endroits
non-seulement pour la nourriture de l'homme,
mais aussi comme produit de vente, et il en est
ainsi d'une partie plus ou moins forte des plantes
de cette division. Il y aurait donc une forte déduction à faire sur ces plantes considérées comme
fourragères, si, d'un autre côté, tous les résidus

ne revenaient pas au bétail, dont ils forment une excellente alimentation.

Ces cultures exercent sur toute exploitation une influence économique aussi puissante qu'elle est variée; il n'y a pas de plantes qui fournissent une aussi grande masse de matières nutritives. Lorsqu'elles sont toutes consommées à la ferme ou qu'elles y restent sous forme de résidus, elles fournissent non-seulement une excellente alimentation pour le bétail et une production considérable d'engrais, mais elles contribuent encore à élever puissamment la fécondité du sol : il n'en est pas de même lorsque ces produits sont exportés sans aucun retour, ils rentrent alors dans la catégorie des plantes commerciales, et leur culture, sous ce rapport, peut devenir épuisante. Toutes ces plantes supportent et s'assimilent facilement de grandes masses d'engrais qui feraient verser d'autres récoltes, et ces engrais sont toujours parfaitement incorporés à la terre par la culture répétée qu'on leur donne : c'est ainsi que la terre, bien nettoyée et bien ameublie sous l'influence de ces plantes, peut se passer de jachère. La multiplicité de ces travaux est un avantage dans certains cas, en ce qu'elle fournit de l'occupation à une population nombreuse ; dans d'autres cas, elle est un désavantage et un obstacle réel quand l'entrepreneur manque de bras. Il est vrai que, depuis un

certain nombre d'années, on a réussi à remplacer
une partie du travail de l'homme par le travail
des attelages, au moyen d'instruments perfectionnés; cependant il est rare que ces instruments
suffisent, car, pour la plantation et la récolte, il
faut toujours des bras; aussi, quoi que l'on fasse,
ces cultures sont nécessairement limitées. Ce genre
de produits demande, de plus, de grandes avances
de capitaux qui ne sont pas toujours à la disposition du cultivateur, et il est bien certain que, sur
des champs éloignés de l'habitation, on se trouve
souvent mieux d'une jachère nue, ou de la culture
de certains végétaux beaucoup moins exigeants.
Après la récolte même, toutes les peines ne sont
pas finies : la conservation des racines est bien
loin d'être aussi simple que celle du foin, et leur
préparation pour la nourriture du bétail exige encore des peines nouvelles : ainsi il faut laver,
couper, quelquefois tremper ou mélanger les racines avec d'autres fourrages; tout cela occasionne
de grands embarras.

Ces embarras, et surtout la difficulté de la conservation des racines, tiennent à la grande masse
d'eau que renferment ces produits, et qui s'élève
généralement de 70 à 90 pour 100. Les pommes
de terre en ont le moins, savoir 70 à 75 pour
100; les topinambours et les navets, un peu plus;
les betteraves et les carottes, de 77 à 88 pour 100;

les raves ordinaires et les choux pommés, de 89 à 92 pour 100. Le sol, la saison et l'espèce de plante que l'on cultive font, sans doute, varier la proportion de substance sèche et de facultés nutritives. On passe souvent assez légèrement sur le rendement des feuilles et des fanes de ces produits ; cependant cela n'est pas toujours à dédaigner : les tiges de topinambour et les feuilles de rutabaga forment souvent un produit important.

Il existe dans ces végétaux quelque chose de très-favorable pour le cultivateur et que je dois mentionner ici, c'est que, avec les soins et les recherches nécessaires, on trouve toujours parmi eux une espèce qui convient au sol que l'on cultive, pourvu que ce sol ne soit pas d'une excessive pauvreté, ni tout à fait dénué d'humus. Il est des cas, toutefois, où une argile tenace ou un sol aride rendent la culture difficile ; dans le premier cas, les labours sont dispendieux, et, dans le second, on a à redouter l'extrême sécheresse et la porosité de la terre. Un trop grand ameublissement du sol peut quelquefois nuire à la succession des récoltes, et c'est là la circonstance qui a souvent discrédité la culture des pommes de terre ; car il est bien certain que les céréales d'hiver réussissent mal après elles.

Cependant, comme les céréales de printemps viennent bien à cette place, il y a injustice à re-

jeter d'une manière générale la culture de la pomme
de terre comme mauvais antécédent, et il faut bien
plutôt s'en prendre à une vicieuse rotation des récoltes qu'à la pomme de terre elle-même, lorsque
les choses tournent mal. La culture des pommes
de terre exige de profonds labours, ce qui est certainement un antécédent favorable pour tout le
cours d'une rotation, si l'on fait attention surtout
que la pomme de terre s'arrange très-bien du sous-
sol, que l'on a pu ainsi ramener à la surface, ce
qui convient rarement aux autres plantes.

*Coupages divers considérés comme succédanés.*

Nous mentionnerons surtout ici la vesce et la
spergule comme les deux succédanées les plus importantes. La vesce fauchée en vert est une ressource bien précieuse pour un entrepreneur de
culture dont le sol se refuse à la production du
trèfle, de la luzerne et du sainfoin ; mais elle est
aussi d'un bon secours, même dans les exploitations où ces légumineuses prospèrent, soit pour al-
terner avec le trèfle, qui ne peut toujours venir à
la même place, soit pour le remplacer lorsqu'il
vient à manquer. Pour passer d'un assolement à
un autre, la vesce se prête bien à servir d'inter-
médiaire. Le fumier frais et le plâtrage lui conviennent ; elle étouffe les mauvaises herbes, ménage la fécondité de la terre, est partout considérée

comme un bon antécédent. Lorsqu'on cultive les vesces, concurremment avec le trèfle, on s'arrange de manière à ce que la coupe des vesces arrive toujours entre deux coupes de trèfle.

Lorsque toute l'alimentation du bétail repose sur les vesces seules, alors il faut prendre bien des précautions pour ne pas manquer de fourrage, et pour cela on a soin de semer pendant plusieurs mois les vesces de huit jours en huit jours. Si l'on destine les vesces à être converties en foin, il faut alors observer les circonstances de température qui conviennent le mieux pour cela, dans la localité où l'on se trouve. Koppe et quelques autres rejettent cette pratique; mais ces auteurs n'en connaissent sans doute pas tous les avantages, autrement ils en auraient certainement meilleure opinion.

Dans plusieurs contrées, au sol pauvre et sablonneux, toute l'alimentation du bétail repose, pendant l'été, sur la spergule. Il est vrai que la spergule sert souvent de pâturage; cependant elle sert encore plus pour la nourriture à l'étable, et on peut la donner soit en vert, soit en sec : cette plante est regardée comme une bonne plante intercalaire. On la sème ordinairement de quinze jours en quinze jours, et on ne garde à graine que la surface nécessaire pour la reproduction de la semence. C'est un fourrage d'excellente qualité, mais son

produit est bien faible, en comparaison de celui du
trèfle ; aussi ne cultive-t-on la spergule qu'autant
qu'on ne peut pas se passer de son secours.

On compte encore comme succédanés de fourrages le seigle et l'orge fauchés en vert, et cet emploi est souvent très-favorable dans une exploitation en ce que c'est là le premier fourrage que
l'on peut donner au bétail au printemps, et qu'il
permet d'attendre plus patiemment la première
coupe de trèfle. Nous connaissons beaucoup moins
en Allemagne, sous ce rapport, le sarrasin, le
millet, le maïs, la navette, la chicorée, et nous
avons peut-être tort, car ces fourrages peuvent
surtout être d'un grand secours sur les domaines
où le trèfle ne réussit pas bien, de même qu'aux
époques de disette de fourrages.

### Plantes-fourragères nouvellement introduites dans la culture.

La plupart des plantes dont nous parlons ici
nous sont venues des exploitations de France ou
d'Angleterre, où elles ont été soumises à l'expérience ou même sont entrées dans la culture ; il y
en a aussi qui ont été proposées par des agronomes
allemands. Ce serait se hasarder beaucoup que
d'affirmer dès aujourd'hui que le *symphytum asper-*
*rimum* ou le *bunias orientalis* entrerait avec fruit
dans la grande culture ; mais il est permis de considérer l'introduction de quelques autres plantes

comme avantageuse, ce qui est prouvé par l'expérience : l'ensemencement du raygrass anglais, par
exemple, en mélange avec le trèfle rouge commence
à se propager en Allemagne ; cette pratique paraît
même offrir de tels avantages non-seulement dans
les assolements où l'on veut jouir du raygrass après
la première coupe de trèfle, mais encore dans ceux
où ce produit mélangé ne doit durer qu'un an pour
être ensuite rompu. On a remarqué que , dans ce
dernier cas même, le produit est sensiblement plus
élevé ; que ces deux végétaux , si différents l'un
de l'autre, réussissent cependant très-bien ensemble et couvrent le terrain d'une manière bien plus
parfaite que lorsque. le trèfle est cultivé seul ;
qu'ainsi ensemble ils fournissent une plus grande
masse de fourrage qu'à l'état isolé ; qu'ils se pro-
tégent ensuite mutuellement contre les froids de
l'hiver et contre les autres intempéries , où c'est
tantôt l'un et tantôt l'autre qui est en souffrance.
Nous pensons que ce mélange doit diminuer les
dangers des indigestions et de la météorisation ;
enfin il est certain que, si on a en vue le pâturage,
on obtient ainsi un gazon bien plus fourni et plus
serré. On avait primitivement essayé en Allemagne
la culture du fromental seul et sans trèfle comme
plante à faucher ; mais les résultats n'en ont pas
été satisfaisants, et il faut avoir recours à d'autres
expériences. La nomenclature des plantes fourra-

gères nouvelles propres aux diverses espèces de
terrains augmente chaque année ; c'est là un bienfait qui sera surtout apprécié dans la localité où la
réussite du trèfle est incertaine. Ces essais sont
surtout à leur place sur les terres sablonneuses,
légères ou très-humides, et il n'y a évidemment
que le défaut d'expérience positive et la difficulté
de se procurer des graines à un prix modéré qui
soient la cause du peu d'extension de ces essais.
Sur les domaines où l'on s'est mis ainsi en voie de
produire des graines fourragères, on en fait souvent un revenu accessoire assez considérable (1).

## § 3. *Plantes commerciales.*

Une culture de plantes commerciales bien or-
donnée, bien conduite et adaptée aux circonstances
locales peut non-seulement procurer à l'entrepreneur le revenu le plus élevé de son domaine, mais
encore répandre l'aisance dans toute une contrée ;
elle fournit à l'exploitation de l'argent comptant,
alterne les récoltes et donne ainsi le revenu le plus
sûr. Elle a aussi l'avantage de maintenir les prix
des grains à un taux favorable au cultivateur,

(1) Dans le défrichement des landes de Grand-Jouan, nous avons
éprouvé, au commencement de nos travaux, de grandes difficultés
par le manque de fourrages. Les plantes qui nous ont le mieux aidé
sont les rutabagas, les jarosses, les mélanges de trèfle et de raygrass,
le raygrass-pill, l'houlque laineux, le trèfle incarnat, le trèfle blanc,
le maïs.                                                      J. R.

parce qu'elle occupe une partie dë la surface du sol et influe sur l'ameublissement et la bonne culture de la terre , augmente , par des labours plus profonds, la couche végétale, nettoie mieux le sol, circonstances sans lesquelles elle ne pourrait exister ; d'où il résulte que les autres plantes sont généralement bien placées à la suite des plantes commerciales, telles que tabac, garance, navette, pavots. La culture des plantes commerciales procure aussi du travail à une nombreuse population par tous les soins qu'elle demande depuis les semailles jusqu'à la récolte. Alors même qu'une partie des opérations culturales est faite par des instruments perfectionnés, il reste toujours beaucoup de travail manuel , soit pour la transplantation , soit pour les sarclages , souvent même pour des soins de conservation sans lesquels il n'y aurait pas de vente possible. Elle favorise une foule de fabrications et de transactions commerciales dans le voisinage , et le commerce ainsi que les manufactures répandent à leur tour une influence favorable sur l'industrie agricole. La culture du chanvre et du lin donne beaucoup de travail à la petite fabrique et augmente le bien-être de la population des campagnes; car, avec ce genre de culture, la portion même la plus faible, les vieillards et les enfants , trouve un salaire pendant toute l'année.

Malgré tant de beaux avantages , une culture
étendue de plantes commerciales demande une
réunion de circonstances tout à fait particulières et
que l'on ne trouve pas communément , de sorte
qu'il est réellement impossible , dans une foule de
localités , de suivre un semblable système de culture.

Nous allons énumérer toutes ces exigences.

La culture des plantes commerciales , la car-
dère, le tabac, le pavot, la navette, le colza, etc.,
demande une très-bonne terre , bien nette de
mauvaises herbes, fumée de longue main et d'une
haute fécondité. Il est impossible de songer à obtenir de force de tels produits sur une terre maigre ; car ordinairement, en semblable circonstance,
le cultivateur a déjà assez de peine à faire de bonnes récoltes de céréales. — Elle demande une
grande masse d'engrais , produits sur la ferme ou
achetés au dehors , sans fournir presque aucuns
matériaux de ce genre en retour. Ainsi toute exploitation qui commence doit renoncer à la culture des plantes commerciales jusqu'à ce qu'elle
produise , d'une manière normale , plus d'engrais
qu'il ne lui en faut pour la culture ordinaire : sans
cela , elle court à sa perte , à moins , toutefois,
qu'elle ne puisse acheter des engrais avec l'argent
obtenu de la vente de ces récoltes. — Il faut à ce
système un développement intellectuel assez dé-

veloppé et généralement supérieur à celui d'une
exploitation de céréales ou de fourrages. L'entrepreneur doit connaître parfaitement la nature de
ce genre de plantes, et, pendant toute leur croissance, il leur faut toute son attention ; enfin il est
indispensable que le maître et ses aides soient fa-
miliarisés avec tous les procédés de préparation
qui puissent favoriser la vente. — Il est indispensable ensuite que les plantes auxquelles on voudra
donner la préférence soient assez bien choisies
pour que leur culture et leur récolte n'apportent
aucun trouble dans la culture et la récolte des
autres produits ; car les choses doivent être arran-
gées de telle manière que l'on puisse leur distribuer, aux époques convenables, les travaux qu'elles
exigent sans nuire aux autres cultures. — Il faut
ici un plus grand capital qu'avec tout autre système d'exploitation. Quelques-unes de ces plantes
demandent de grandes avances de culture qu'elles
ne remboursent que longtemps après ; d'autres demandent des avances de préparation après leur
récolte. La consommation de ces produits n'étant
pas aussi impérieuse que celle des céréales, leur
vente est moins certaine, et il peut arriver qu'on
soit obligé de vendre à vil prix, ou d'attendre des
circonstances plus favorables et de laisser, par
suite, un capital improductif.

La plupart de ces plantes demandent des amé-

136

nagements spéciaux et un mobilier à part dont il faut, par conséquent, qu'elles portent seules les intérêts. La question des débouchés est donc une condition indispensable pour le cultivateur qui veut entreprendre la culture des plantes commerciales. Cette condition peut exister de deux manières : la première, lorsqu'on se trouve dans une localité où le commerce fait des demandes de ce genre et où cependant peu de cultivateurs s'adonnent aux plantes commerciales, ou bien dans une localité où la plante que l'on veut cultiver est déjà l'objet d'une consommation générale; ce second cas est presque toujours le plus favorable. — Le prix ordinaire des grains est une circonstance importante à connaître pour l'adoption de ce système. Plus les grains sont à bas prix, plus est facile l'entretien d'un nombreux personnel indispensable à la culture des plantes commerciales, et moindres sont alors les frais de production. — Il faut enfin être assuré d'avoir toujours à sa disposition assez d'ouvriers, et que ces ouvriers soient assez intelligents pour exécuter tous les travaux : ainsi on ne doit jamais entreprendre la culture en grand des plantes commerciales dans une contrée où manque la population, ou, du moins, il faut s'en tenir aux espèces qui demandent peu de travaux de main-d'œuvre, ou bien où ces travaux peuvent être remplacés par les instruments perfectionnés. Sous ce dernier rapport, les plantes oléagineuses offrent quelquefois de réels avantages. Il est bien entendu aussi que l'entrepreneur doit être bien libre dans ses allures, car il serait difficile de poursuivre de semblables cultures si l'on était entravé par l'adoption, dans la localité, du système triennal, de la vaine pâture ou d'autres servitudes.

### Classification économique des terres arables.

Cette classification peut être fondée, soit sur les céréales, soit sur les légumineuses. La base adoptée le plus généralement est celle des céréales; mais, quoiqu'un grand nombre d'agriculteurs allemands aient tenté de tracer une classification de ce genre, on est loin encore d'être parfaitement d'accord. Chaque auteur a adopté un nombre de classes différent, depuis six jusqu'à vingt et plus.

Block et les classificateurs du Brandebourg ont adopté sept classes.

### Classification du Brandebourg.

N° 1. Bonne terre à froment.
N° 2. Médiocre terre à froment.
N° 3. Bonne terre à orge.
N° 4. Médiocre terre à orge.
N° 5. Bonne terre à avoine.
N° 6. Médiocre terre à avoine.
N° 7. Terre à seigle triennal.

Classification de Block.

N° 1. Terre à froment de première classe.

N° 2. Terre à froment de deuxième classe.

N° 3. Terre à orge de première classe.

N° 4. Terre à orge de deuxième classe.

N° 5. Terre à avoine.

N° 6. Terre à seigle de première classe.

N° 7. Terre à seigle de deuxième classe.

Pabst propose quatorze classes :

N° 1. Terres à froment de première classe.

N° 2. Terres à orge de première classe.

N° 3. Terres à froment de deuxième classe.

N° 4. Terres à orge de deuxième classe.

N° 5. Terres à orge de troisième classe.

N° 6. Terres à seigle de première classe.

N° 7. Terres à froment de troisième classe.

N° 8. Terres à avoine de première classe.

N° 9. Terres à seigle de deuxième classe.

N° 10. Terres à froment de quatrième classe.

N° 11. Terres à avoine de deuxième classe.

N° 12. Terres à seigle de troisième classe.

N° 13. Terres à seigle de quatrième classe.

N° 14. Terres à avoine de troisième classe.

De Wulfen, dans le but d'une désignation plus complète, réunit chaque fois deux céréales ensemble : il a alors une terre à froment et orge, froment et seigle, froment et avoine. Le conseiller d'État Thaër réunit trois céréales et forme soixante-quatre classes : il nomme, par exemple, sa cinquième classe, terre à froment, à orge et à froment ; sa sixième, terre à froment, à orge et orge ; sa dix-septième, terre à orge, à froment et froment ; sa dix-huitième, terre à orge, à froment et orge.

La meilleure classification que nous connaissions nous paraît être celle où Thaër père, Koppe et Flotow tombent assez généralement d'accord.

### Première classe.

Terres de haute fécondité et de composition excellente, exemptes, sous tous les rapports, de défauts ; sol argileux et marneux, riche en humus. Bonne profondeur de la couche arable, au moins 33 centimètres ; sous-sol favorable sous tous les rapports. Climat doux. Labourage assez difficile. Récoltes : froment, orge, fèves de marais, légumes, plantes commerciales, colza surtout, trèfle et luzerne d'une belle végétation. On trouve un tel sol tantôt dans les bas-fonds et tantôt sur les hauteurs ; il est généralement connu sous le nom de terre à froment de haute fécondité. On y adopte volontiers l'assolement suivant : première année, jachère fumée ; deuxième année, froment ; troisième année; orge; quatrième année, fèves ou pois fumés; cinquième année, froment; sixième année, orge. Produits moyens en bonne culture ordinaire, sans industrie particulière : froment, 24 à 30 hectolitres par hectare; orge, 22 à 33 hectolitres; haricots, 22 hectolitres; pois, 19 à 20 hectolitres. Si l'on veut faire figurer l'épeautre, on peut le mettre dans la proportion de 67 hectolitres.

Deuxième classe.

Terrain moins riche que le précédent, ou péchant sous quelque rapport; on le rencontre aussi dans les vallées et sur les hauteurs. Sol argileux, dont le mélange des parties constituantes manque en quelque chose, ou dont la couche arable est peu profonde, ou dont le sous-sol est trop ou trop peu perméable. Par ces causes, ce sol n'a jamais une production moyenne égale à celle de la première classe. Les récoltes sont les mêmes que celles de la première classe, mais elles sont moins assurées. Assolement : première année, jachère fumée; deuxième année, froment; troisième année, orge; quatrième année, jachère ou pois fumés; cinquième année, froment ou seigle; sixième année, orge : c'est une bonne terre ordinaire à froment. Produits moyens : froment, 21 à 24 hectolitres; seigle, d'après Koppe, 21 hectolitres; orge, d'après Koppe, 38 hectolitres; d'après Flo-

tow, 24 hectolitres; pois, d'après Koppe, 13 hectolitres; d'après Flotow, 18 hectolitres. On peut
admettre ici l'épeautre pour 56 hectolitres.

Troisième classe.

D'après Thaër et Flotow, terrain de glaise riche
et terrain argilo-siliceux riche, le plus souvent
avec addition de calcaire et d'humus en quantité
suffisante. D'après Koppe, il forme la quatrième
classe. Profondeur de la couche arable, 22 à 28 centimètres. Sous-sol perméable lorsque le sol est
argileux, ou imperméable lorsque le sol est argilo-
siliceux. Situation unie ou un peu inclinée, sans
excès d'eau, cependant assez humide lorsque le
sable domine. Labours faciles en toute saison. Récoltes : froment sur récente fumure; cependant
dans cette classe le seigle et surtout l'orge donnent
un produit moyen meilleur et plus sûr; légumes,
racines, plantes commerciales, trèfle et luzerne
d'un beau revenu. On appelle un semblable sol
une terre à orge de première qualité, une terre
argileuse douce, une terre de moyenne fécondité.
Assolement : première année, jachère fumée;
deuxième année, froment ou seigle; troisième année, orge; quatrième année, pois; cinquième
année, seigle; sixième année, orge. Produits
moyens : en froment, 18 hectolitres; en seigle,
20 hectolitres; en orge, 20 hectolitres; en pois,

13 hectolitres. **On** péut estimer ici l'épeautre à 50 hectolitres.

Quatrième classe.

D'après Thaër et Flotow, une terre argileuse ordinaire ne comprend que de loin la troisième classe de Koppe, celle-ci ayant des produits plus élevés. L'argile y est accompagnée de très-peu d'humus et peu ou point de chaux. Couche arable superficielle, sous-sol parfois imperméable, situation plane. Labour difficile, avantageux seulement avec une température favorable. Les travaux de jachère sont ici importants et les chaulages une bonne préparation. Récoltes : froment, avoine, seigle, suivant les circonstances. L'orge est moins sûre et les racines sont hasardées. Le produit des récoltes dépend beaucoup de la température de l'année : c'est une terre tenace, une terre à froment médiocre. Assolement : première année, jachère fumée; deuxième année, froment; troisième année, orge; quatrième année, pois; cinquième année, seigle; sixième année, avoine. Produits : froment, 17 hectolitres; seigle, 16 hectolitres.

Cinquième classe.

Terre de glaise sablonneuse, superficielle, sèche, peu riche en humus, d'après Thaër, Koppe et Flotow. Ici la culture est facile et rarement contrariée par la température; les labours la rendent quelquefois trop meuble : il est convenable alors de la laisser en repos sous un pâturage et d'y faire séjourner des bêtes à laine. Récoltes : seigle, orge, et notamment la petite orge. Si l'on a peu d'engrais à sa disposition, on fait de l'avoine et des racines, particulièrement des pommes de terre et des raves communes. Le trèfle ici exige une température humide, un sol propre et fumé : c'est une médiocre terre à orge. Assolement : première année, jachère fumée; deuxième année, seigle; troisième année, orge; quatrième année, pois; cinquième année, seigle; sixième année, avoine. Produits : seigle, 14 hectolitres; orge, 14 hectolitres; avoine, 18 hectolitres; pois, 8 hectolitres. On pourra porter l'épeautre à 28 hectolitres.

Sixième classe.

Mauvais terrain de glaise et d'argile et terrain de sable glaiseux. Thaër et Flotow mettent dans cette classe diverses espèces de terres, savoir : (A) un terrain d'argile et de glaise, pauvre en humus, avec sous-sol imperméable et situation humide, appelé ordinairement sol tenace, pauvre, sauvage.

(B) Un terrain d'argile et de glaise où prédomine l'acide, avec cela souvent pierreux, ferrugineux ou marécageux : c'est une terre humide, froide, tourbeuse. Pour ces deux espèces de terres, le seigle et surtout l'avoine sont considérés comme les plantes les plus convenables. Le froment vient mal à cause de la présence de l'acide et de la petite quantité d'engrais. Il faut ici un assolement pastoral où entre beaucoup d'avoine; c'est le plus prudent. On compte comme produit moyen en seigle 13 hectolitres, et en avoine 17 à 20 hectolitres.

(C) Un terrain de sable glaiseux, pauvre d'engrais, appelé aussi terre légère, à avoine. Un tel sol ne peut guère convenir qu'au seigle, à l'avoine, au sarrasin et aux pommes de terre fumées; il lui faut aussi un repos de quelques années. On compte en seigle 11 hectolitres; en avoine, 12 hectolitres; en sarrasin, 7 hectolitres. Sur ces trois espèces de terres, Thaër propose l'assolement suivant: première année, jachère; deuxième année, seigle; troisième année, avoine. Quand le sol convient, on remplace l'avoine par du sarrasin.

Koppe comprend dans sa sixième classe un terrain de glaise et d'argile maigre, avec les propriétés que nous avons vues aux deux espèces de terres précédentes; mais il accorde de plus la culture du froment, de l'orge et des pois. Il estime le froment à 17 hectolitres, le seigle à 13 hectolitres, l'orge à 15 hectolitres, les pois à 13 hectolitres, et l'avoine à 21 hectolitres. Ainsi sa sixième classe se rapporte à la quatrième classe de Thaër et de Flotow, et sa huitième classe à la sixième de Thaër.

### Septième classe.

Terrain de sable sec et glaiseux, d'après Thaër et Flotow. Un degré plus mauvais que la troisième espèce de la sixième classe. Sur un tel sol manquant d'humus, à sous-sol sablonneux, à situation sèche, on ne peut guère cultiver que le seigle et le sarrasin; une récolte d'avoine n'est pas assurée. Le mieux, très-souvent, est de faire suivre le seigle au seigle, et on évite de trop labourer cette terre chaude et affamée. Généralement, on se contente d'une culture très-superficielle. On ne peut cultiver les terres de cette classe ainsi que celles des classes suivantes sans engrais du dehors, à moins de les faire passer périodiquement par l'état de pâturage. Ce n'est qu'ainsi qu'on peut entretenir leur fécondité, par l'alliance des pailles qu'elles ont fournies et le peu de fumier que produisent les bestiaux nourris au pâturage.

| *Assolement de Thaër.* | *Assolement de Koppe.* |
|---|---|
| Première année, jachère fumée ; | Première année, jachère fumée ; |
| Deuxième année, seigle ; | Deuxième année, seigle ; |
| Troisième année, avoine ; | Troisième année, avoine ; |
| Quatrième année, jachère ; | Quatrième année, |
| Cinquième année, seigle ; | Cinquième année, pâturage ; |
| Sixième année, pâturage ; | Sixième année, |
| Septième année, jachère ; | Septième année, jachère ; |
| Huitième année, seigle ; | Huitième année, seigle ; |
| Neuvième année, pâturage. | Neuvième année, avoine. |

Thaër estime le produit en seigle à 8 hectolitres, en avoine à 10 hectolitres. Koppe, qui fait aussi entrer ici la troisième espèce de la sixième classe, porte le produit en seigle et en avoine à 14 hectolitres.

### Huitième classe.

Bon terrain sablonneux, d'après Thaër et Flotow; cette espèce de sol doit l'humus qu'il contient aux prairies nombreuses qui l'accompagnent ou à de grands matériaux d'engrais, tels que bruyères, feuilles ou autres. Les labours y sont faciles, mais sujets à être infectés de chiendent. Récoltes : seigle, seigle d'été, sarrasin : le premier se succède souvent trois années de suite ; les pommes de terre et le millet y réussissent, les avoines rarement. On appelle cette espèce de terrain terre à seigle de deux ans, terre sablonneuse noire, très-sablonneuse, légère, riche. Assolement d'après Thaër : première année, jachère fumée; deuxième année, seigle ; troisième année, sarrasin; quatrième année, seigle ; cinquième année, jachère; sixième année, seigle. Produit en seigle, 8 hectolitres; en sarrasin, 10 hectolitres. Outre le terrain de sable terreux, Koppe a encore, dans sa huitième classe, le terrain de glaise et d'argile humide, maigre.

### Neuvième classe.

Terre pauvre, sablonneuse, ou terre pauvre quelconque, d'après Thaër, Flotow et Koppe. Couche arable insignifiante, sous-sol perméable, position sèche, labour facile et peu profond, nécessité absolue de repos. Comme ce terrain n'est capable de produire du seigle qu'une fois en trois ans, on l'appelle terre à seigle de trois ans. Assolement : première année, jachère fumée ; deuxième année, seigle ; troisième année, pâturage ; quatrième année, jachère ; cinquième année, seigle ; sixième année, pâturage ; septième année, jachère ; huitième année, seigle ; neuvième année, pâturage. Production en seigle, 6 hectolitres.

### Dixième classe.

D'après Thaër, Flotow et Koppe, tout terrain non susceptible d'améliorations rentre dans cette classe. C'est le plus souvent une mauvaise terre sablonneuse, dont on ne peut tirer une récolte de seigle que tous les six, neuf ou douze ans, sans la rendre tout à fait poreuse, et qui sert de pâturage le reste du temps. Il faut mettre aussi dans cette classe les mauvais terrains de bruyère et de tourbe non susceptibles de culture, ainsi que les sols de glaise et d'argile tout à fait maigres, susceptibles non plus d'une récolte d'épeautre ou d'avoine que tous les huit à neuf ans : une semblable terre ne peut avoir de valeur que par le pâturage, attendu le faible rendement des récoltes de grains ; cependant, lorsqu'elle fait partie d'un domaine où il y a des sols de plus haute fécondité, on peut en tirer un bon parti.

Flotow présente la valeur relative de ces classes comme il suit :

| | |
|---|---|
| Première classe. . . . . . . | 222 |
| Deuxième classe. . . . . . | 157 |
| Troisième classe. . . . . . | 121 |
| Quatrième classe. . . . . . | 84 |
| Cinquième classe. . . . . . | 68 |
| Sixième classe. . . . . . . | 34 |
| Septième classe. . . . . . | 26 |
| Huitième classe. . . . . . | 25 |
| Neuvième classe. . . . . . | 12 |
| Dixième classe. . . . . . | 12 |

Quelque bonne que puisse être cette classification pour une partie de l'Allemagne, on ne pourrait l'appliquer partout. Elle est surtout insuffisante pour les contrées du midi, plus montagneuses et plus couvertes de clôtures. En examinant les choses de près, on trouvera sans doute que les mauvaises espèces de terres sont assez bien représentées, mais que les auteurs n'ont pas accordé une latitude assez grande aux terres de bonne qualité. Il n'y a, par exemple, pas de place pour ces terres de promission qui semblent réunir en elles toutes les conditions de prospérité. On ne fait mention, parmi les bonnes classes, que des bons terrains de glaise et d'argile, tandis que l'on oublie certains sols argilo-siliceux fort remarquables, ainsi que les sols sablonneux qui doivent une fécondité extraordinaire à un climat humide et à une position favorable, tels qu'on en voit dans certaines parties de l'Alsace et du Palatinat. Les terres argilo-calcaires fertiles manquent aussi, de même que certaines espèces de tourbes et terrains acides, dont on ne fait mention ici que dans une classe inférieure. Mais il y a de ces sols tourbeux, argileux ou calcaires, qui ont été desséchés depuis un ou deux siècles, qui se sont affermis et bonifiés par la culture; on ne les trouve pas suffisamment caractérisés dans cette classification.

Schonleiden a senti cela, et il a tenté d'arriver au but par une autre voie. Il choisit, comme base de la désignation de ses classes économiques, non les céréales, mais les légumineuses; pensant avec raison que les plantes qui ne végètent qu'à la surface du sol dépendent trop particulièrement de sa richesse en engrais, et ne désignent pas d'une manière assez précise le climat, la composition du sol, la profondeur de la couche végétale et la qualité du sous-sol, pour pouvoir servir d'échelle ou de point de comparaison, tandis que c'est le cas avec les plantes vivaces des légumineuses, comme la luzerne, le sainfoin et le trèfle rouge : par leur pénétration dans le sol, par leur durée, elles caractérisent d'une manière assez précise le sous-sol, et, par leur plus ou moins heureuse réussite, elles font connaître la bonté et la profondeur de la couche arable, comme aussi la bonté du climat.

Les légumineuses sont, de plus, encore propres à désigner la qualité du sol, parce que, par leur réussite, un domaine peut atteindre au plus haut produit des céréales. Or les céréales, si nécessaires à la vie de l'homme, sont comptées, dans nos climats, au nombre des produits épuisants et qui, sans engrais, ne sauraient être cultivés : voilà pourquoi les légumineuses peuvent être considérées comme la base de l'agriculture. Ces plantes peuvent être aussi un excellent indice de la fécondité, en ce sens que, partout où elles réussissent, il est facile de produire de belles récoltes de céréales par la grande masse d'engrais que le cultivateur peut se procurer avec leur secours.

Voici la classification formée sur ces bases :

## Section première.

Première classe. — Terres à luzerne de premier choix. — On obtient pour le moins quatre coupes par an, et la plante dure de dix à quinze ans : il faut, pour cela, un sol riche et profond, un sous-sol identique, non mouillé, et un climat chaud.

Deuxième classe. — Bon terrain de luzerne. — La luzerne donne trois coupes complètes et dure cinq à six ans. La couche arable, ou dans sa composition ou dans sa profondeur, le sous-sol dans son homogénéité et dans sa bonté, ne sont pas aussi parfaits.

Troisième classe. — Terre à trèfle de premier choix. — Le trèfle rouge donne ici positivement trois coupes dans une seule saison, et il peut même fournir un revenu pendant plusieurs années (deux à trois ans). Il est toujours plus avantageux de semer du trèfle lorsque la luzerne ne donne pas trois coupes complètes, ce qui est particulièrement le cas lorsque la couche végétale est, à la vérité, bonne et profonde et le sous-sol favorable, mais où en même temps le sol, la position ou le climat diminuent la fertilité.

Quatrième classe. — Bonne terre à trèfle. — On n'obtient ici que deux coupes complètes : elles ne

sont assurées que l'année qui suit celle de la semaille. La couche végétale est moins riche ou
moins liée et humide, le sous-sol fautif, et la période de végétation est plus courte.

Cinquième classe. — Bonne terre à sainfoin.—
On obtient deux coupes, et le sainfoin dure huit à
dix années et plus. La couche arable est d'une
profondeur moyenne; le sol et le sous-sol renferment abondamment de calcaire, ou sont même
formés de débris de pierres à chaux.

Sixième classe. — Terre à sainfoin médiocre.—
On n'obtient qu'une seule coupe de cette plante
fourragère. La durée du sainfoin n'est guère que
de six à sept ans; cela provient tantôt d'une couche arable par trop mince, tantôt de la mauvaise
condition du sous-sol, tantôt de l'absence du calcaire dans les deux cas, tantôt d'un climat défavorable.

Septième classe. — Terre à trèfle médiocre.
—Ici le trèfle ne réussit pas toujours, même
l'année qui suit la semaille, et l'on ne doit
compter généralement que sur une seule coupe :
cela tient à une terre trop légère ou trop superficielle, peut-être à un mauvais sous-sol et à un
climat trop sec.

## Section deuxième.

TERRES IMPROPRES AUX LÉGUMINEUSES, AU TRÈFLE, ET MANQUANT
DE CALCAIRE.

Ces terres souffrent généralement de l'excès
d'humidité et du manque de cohésion de leurs
parties constituantes; nous trouvons ici surtout
toutes les terres tourbeuses qui n'ont pas encore
été assainies, ainsi que des terres argileuses, froides, dans lesquelles les sources abondent. Il y a
encore des tourbes sèches sur les hauteurs, puis
tous les sols sablonneux et secs jusqu'au sable
mouvant; il y en a aussi qui souffrent d'une couche arable par trop superficielle : dans ce cas,
l'espèce de terrain n'est guère à prendre en considération, si l'on suppose l'impossibilité de faire
les défoncements nécessaires pour la réussite des
plantes fourragères.

Les terres de cette deuxième section peuvent,
il est vrai, très-bien convenir à la culture des céréales; c'est donc une affaire de calcul que de savoir s'il vaut mieux y faire des céréales, ou bien en
consacrer une partie aux prairies et aux pâturages.

On fait un assez grand nombre d'objections à
la classification de Schonleiden. — Généralement,
dit-on, on aura trop peu d'expériences sur la réussite, la durée et la portée des produits de la lu-

zerne et du sainfoin pour décider dans quelle classe il faut ranger un champ donné. — Dans cette classification fondée sur les légumineuses, l'élément calcaire qui leur est si favorable joue un trop grand rôle. On avait reproché à Thaër de ne pas tenir assez compte de cette circonstance dans sa classification ; mais l'élever trop haut n'est certes pas juste non plus. — Dans cette classification, les classes de terres médiocres ne se distinguent pas aussi bien des bonnes classes, comme dans la classification précédente.—Le trèfle rouge, comme il est placé ici, ne peut pas servir de comparaison avec la luzerne et le sainfoin. Nous savons bien, en effet, que, dans des circonstances privilégiées, le trèfle peut durer trois années sur le même champ ; mais il n'en est pas moins vrai que, dès la deuxième année, son produit diminue, et on ne le garde généralement qu'une seule année sur les bonnes terres, parce qu'on le remplace par un produit plus riche. C'est précisément sur les terres de moindre valeur qu'on le laisse durer plusieurs années, alors surtout qu'on veut le livrer à la dépaissance des bêtes à laine. — Le retour des légumineuses sur elles-mêmes exerce une trop grande influence sur la quantité des produits et sur la durée de leur existence. On sait combien les trèfles sont beaux sur les terres qui n'en ont jamais porté, alors que ces terres leur conviennent ; on sait aussi que la luzerne pourra durer huit années sur une terre qui n'en aura pas produit depuis un même laps de temps, tandis que, si on n'accorde à la terre qu'un intervalle de six années, la luzerne, à son tour, ne durera pas plus longtemps. — La deuxième classe, bonne terre à luzerne avec trois coupes, et la troisième classe, terre à trèfle de premier choix, sont à peu près la même chose. Tout au plus peut-on dire que la première sera plus sèche, plus active, la deuxième plus humide, et cela est certainement de quelque considération pour toutes les plantes fourragères; mais, du reste, cela est d'une bien moindre valeur pour tous les autres végétaux de l'agriculture.

Malgré ces observations et la difficulté de l'appliquer, la classification fondée sur les légumineuses offre certainement des avantages, pour tout le midi de l'Allemagne, sur celle qui a les céréales pour bases. En fondant ensemble les deux systèmes, on réussira peut-être, avec le temps, à former une classification économique appropriée à toute l'Allemagne (1).

(1) M. Royer nous a donné, en France, une excellente classification fondée sur les légumineuses. Voir *Agriculture de l'Ouest*, tome 1er, page 478.       **J. R.**

## Section troisième.

### PRAIRIES NATURELLES.

Il fut un temps où quelques agronomes crurent que l'agriculture perfectionnée devait tendre à supprimer les prairies naturelles et à obtenir tous les fourrages sur la terre arable : ce fut là une opinion erronée. Nos efforts doivent tendre simplement à ne plus laisser la prospérité de l'agriculture et l'alimentation du bétail dans une dépendance aussi complète qu'autrefois de l'étendue des prairies naturelles. A cet effet, on proposa de labourer toutes les prairies qui ne donnaient pas un revenu en proportion avec leurs frais, lorsque tant soit peu elles peuvent être soumises à la charrue, et de chercher sur les terres arables une compensation plus avantageuse en autres fourrages. Il y a des raisons diverses qui justifient complétement l'établissement de nouvelles prairies ou la conservation de celles existantes.

Dans les pays de montagnes, où les étés sont si courts et où domine l'humidité, il est presque toujours impossible de tirer un meilleur parti du sol qu'en le laissant en prairie ou en pâturage. Il y a aussi bien des terrains sablonneux ou calcaires, ou argileux, mouillés ou limoneux, ainsi que certaines plaines où les herbages sont les produits les plus avantageux. Il est souvent difficile et peu sûr de faire autre chose sur des terrains en pente ou sur des terrains fréquemment inondés. Dans toutes les localités humides, il est rare que d'autres cultures donnent un plus haut profit que les prairies. Lorsque le sol se refuse à la production des légumineuses, les prairies naturelles sont indispensables. Il y a des systèmes de culture qui ne pourraient exister sans la présence des prairies naturelles, comme, par exemple, le système triennal pur ou l'agriculture céréale à quatre soles ; enfin, partout où on pourra soumettre la terre à un bon système d'irrigation, il sera presque toujours préférable d'avoir des prairies naturelles.

Le produit des prairies naturelles est beaucoup moins dans la dépendance des accidents de température que celui des autres plantes à fourrage, et on l'obtient avec infiniment moins de peine et de travail.

Lorsqu'une prairie naturelle est une fois bien établie, il ne lui faut plus, à quelques exceptions près, que des soins de conservation assez simples et faciles, puis les frais de récolte. Quand les prairies naturelles sont ainsi à leur véritable place, elles sont une propriété de haute valeur. On distingue les bonnes ou mauvaises prairies par les espèces d'herbes qui y croissent et qui donnent plus ou moins de valeur au foin ; mais la qualité de foin dépend bien aussi de la température générale de l'année, du temps qu'il a fait pendant la fenaison, et de la manière dont le foin a été récolté : ces circonstances sont tellement importantes, que 1 quintal de foin obtenu dans des conditions favorables vaut autant et plus que 2 quintaux en mauvaises conditions. Quant à la valeur nutritive, on estime que 2 kilog. 1/2 du meilleur foin des montagnes, fauché à l'époque de la fleuraison et bien engrangé, équivalent à 1 kilog. de seigle, et on porte dans les mêmes proportions 3 kilog. de bon foin de prairies ordinaires, 4 kilog. de foin long de moyenne qualité, 5 kilog. de mauvais foin acide, avec joncs et roseaux. Le foin des années sèches a toujours plus de qualité que celui des années humides. Quant à la comparaison entre le foin et le regain, les opinions ne sont pas d'accord, malgré les nombreuses recherches faites à ce sujet. Block, Burger et Reichard donnent généralement la préférence au foin ; Thaër et Pabst préfèrent le regain : cette contradiction peut s'expliquer de plusieurs manières. On trouve, par exemple, des prairies qui ont plus de bonnes plantes à la première coupe, et d'autres en ont plus à la deuxième coupe ; dans les contrées septentrionales ou montagneuses, la fenaison des regains est souvent fort difficile, tandis qu'elle est à peu près assurée dans les parties méridionales; quelquefois aussi on remarque un singulier alternat : une année, c'est le foin, et, l'autre année, c'est le regain qui prospère le mieux.

Mais la différence la plus essentielle entre ces deux espèces de fourrage réside dans leur emploi ; alors que tout bon foin convient à l'alimentation de tout bétail, quels que soient son espèce et son âge, le regain, au contraire, peut être nuisible dans bien des cas. On sait d'abord que le regain ne vaut absolument rien pour les chevaux ; il les échauffe, les fait suer, et il est d'autant plus nuisible qu'il est plus frais et qu'il est donné à de plus jeunes chevaux. Quant aux bêtes à cornes, on croit qu'il convient aux vaches et aux veaux ; mais on trouve aussi qu'il échauffe les bœufs de travail. Pour les bêtes à l'engrais, on donne généralement la préférence au regain. Pour les vaches laitières, il est préférable au foin. On peut aussi le donner aux bêtes à laine. Les habitants de Hohenlohe emploient beaucoup le regain à l'engraissement des bêtes à cornes, et, dans ce cas, ils aiment volontiers à le donner à leurs bestiaux, surtout immédiatement après sa rentrée du pré et après la dessiccation.

Le prix marchand du foin est excessivement variable à des distances même fort rapprochées. Dans quelques cantons du Wurtemberg, le taux moyen du quintal wurtembergeois ou des 48 kilog. n'est guère que de 1 fr. 7 c.; dans d'autres, il est de

2 fr. 15 c. : il est toujours plus cher dans le voisinage des grandes villes et des villes à garnison
de cavalerie. Du reste, ce n'est guère qu'une très-
petite partie des récoltes de foin qui entre ainsi
dans le commerce ; la majeure partie reste dans les
exploitations qui l'ont produite. Dans ces exploitations, on se sert, pour la comptabilité, d'un chiffre moyen qui reste invariable : à Hohenheim, on
s'est fixé à 1 fr. 79 c. par quintal wurtembergeois
ou 48 kilog. Dans les années de sécheresse ou autres, où le fourrage manque, le prix du foin monte
rapidement à des valeurs considérables : c'est
ainsi que, dans certaines années, même en temps
de paix, nous avons vu les 48 kilog. de foin à
5 fr. 35 c. et 5 fr. 79 c.

La valeur comparée de l'herbe et du foin doit
être envisagée au point de vue de la dessiccation
et au point de vue de la faculté nutritive ; mais il
est bien entendu que l'herbe qui est venue dans
des conditions humides et aqueuses donne naturellement moins de fourrage sec que celle qui a
crû sous des conditions sèches. On compte, pour
terme moyen, 5 kilog. d'herbe pour 1 kilog. de
foin ; et on estime que, pour égaler 1 kilog. de
foin en valeur nutritive, il ne faut que 4,5 kilog.
d'herbe : d'où il résulte une perte assez notable
dans la dessiccation. On explique cela en disant
que le fourrage tendre et savoureux est plus faci-

lement et plus complétement assimilé par l'animal
que le fourrage sec, parce que, à la dessiccation,
beaucoup de plantes ou de parties de plantes restent à peu près insolubles, et qu'il y a certainement bien des matières qui se volatilisent, comme
nous l'indique l'excellente odeur qui se répand à
la fenaison.

Après avoir parlé de la qualité et de la valeur
du produit des prairies naturelles, arrêtons-nous
un moment sur la quantité; cette quantité est communément estimée en foin. La plupart des prairies
peuvent être fauchées deux fois; mais le rapport
de la première coupe à la deuxième est fort variable, et ne compte généralement qu'en ce sens
que le regain est toujours inférieur au foin. La
proportion, sur quelques prairies, est de 1,600 kilog. de regain pour 4,860 kilog. de foin; ailleurs,
cette proportion va jusqu'à 3,650 kilog. de regain.
Il est excessivement rare de trouver une proportion
moyenne supérieure à ce dernier chiffre; le plus
ordinairement, on compte que le foin est au regain
comme 100 est à 50. En suivant les récoltes de
Hohenheim, nous avons trouvé des produits excessivement différents; mais nous devons faire observer, d'une part, que, dans ces calculs, les voitures n'ont pas été pesées; on les a simplement
évaluées à l'œil; et, d'autre part, que, dans les
années où le regain était trop faible dans certaines

parties, on l'a donné à paître aux bêtes à laine.

En voici le tableau :

1829 — 100 : 53
1830 — 100 : 63
1831 — 100 : 74
1832 — 100 : 40
1833 — 100 : 81
1834 — 100 : 45
1835 — 100 : 27
1836 — 100 : 8
1837 — 100 : 40
1838 — 100 : 34
1839 — 100 : 33
1840 — 100 : 38

Cela ne fait pas encore une moyenne de regain de 50 pour 100 ; cependant on pourrait prendre la moyenne ainsi, eu égard aux divers pâturages dont on a profité de temps à autre. Les prairies naturelles de Hohenheim sont arrosables en partie, et en partie ne le sont point ; il y en a qui ont été fumées et d'autres qui ne l'ont point été ; enfin les unes sont sur des hauteurs et les autres dans des vallées. Leur étendue, avant 1829, était d'environ 94,50 hectares. Depuis, on les a toujours diminuées, de telle sorte que maintenant il n'y a plus que 48,64 hectares. La plus forte récolte a été de 369,650 kilog., et la moindre de 97,280 kilog. Dans les années 1829, 1830 et 1831, on a évalué le produit moyen en foin à 3,860 kilog. par hectare. Depuis lors, on a pris des moyens d'évaluation tout à fait exacts, et on a eu, en 1832, 3,026 kilog. par hectare ; 1833, 2,455 kilog. ; 1834, 3,057 kilog. ; 1835, 2,100 kilog. ; 1836, 3,010 kilog. ; 1837, 3,100 kilog. ; 1838, 3,180 kilog. ; 1839, 3,660 kilog. ; 1840, 2,000 kilog. Moyenne des trois dernières années, 2,670 kilog.

### Classification économique des prairies.

Thaër a formé six classes, basées surtout sur le poids de la récolte, et pas assez sur la qualité.

Première classe.—Prairies qui donnent en deux coupes 5,100 kilog. de foin et plus à l'hectare. — Nous trouvons ici toutes les prairies soumises à des inondations périodiques ou parfaitement irriguées, possédant un sol doux, riche en humus, ainsi que ces prés qui, par leur position, reçoivent immédiatement tous les égouts fertilisants d'excellentes terres en labour.

Deuxième classe.—Près de 3,500 à 4,900 kilog. — Ils ressemblent beaucoup à ceux de la première classe, avec cette différence seulement qu'ils sont moins riches en humus et qu'ils reçoivent moins de matières fertilisantes.

Troisième classe. — Prés de 2,500 à 3,400 kilog. d'un foin doux et fin. — Ce sont, pour la plupart, des prés situés dans des vallées ou dans des lieux bas, et qui ont, par conséquent, une humidité suffisante, mais qui ne jouissent pas des bienfaits d'une inondation ou d'un arrosement.

Quatrième classe. — Prés qui donnent une quantité de foin à peu près égale, peut-être même plus grande; mais un foin dur, grossier, mêlé de mauvaises herbes. — On trouve ici les prairies qui souffrent d'un excès d'humidité, soit par une grande abondance de sources, soit parce que les eaux n'ont pas d'écoulement. On peut aussi ranger dans cette classe les prairies des forêts, qui sont fortement ombragées d'arbres; elles donnent souvent beaucoup de foin, mais ce foin est sans force et sans facultés nutritives.

Cinquième classe. — Prés de 1,700 à 2,300 kilog. — Ce sont surtout ceux qui manquent d'une humidité bienfaisante et qui souffrent facilement des sécheresses.

Sixième classe. — Prés qui donnent moins de 1,700 kilog. de foin, ou dont le produit, s'il s'élève plus haut, est formé d'un fourrage acide, composé d'une multitude de mauvaises herbes. — Ce sont des prés secs ou des prés marécageux. Thaër dit que, avec des soins convenables dans l'entretien, il est facile de conserver sans engrais les divers produits dont nous avons parlé pour chaque classe.

Flotow s'est attaché à former un bien plus grand nombre de classes, et nous pensons qu'il a eu raison ; voici sa classification :

Première classe. — Prés des bas-fonds, exempts de défauts. — On les appelle aussi bonnes prairies de vallées, bonnes prairies de plaines. Deux ou trois coupes du fourrage le plus nutritif, pesant au moins 5,100 kilog., sans aucunes irrigations artificielles ni fumures.

Deuxième classe. — Bons prés de fleuves ou de rivières. — Ceux-ci donnent aussi un excellent foin, mais cependant moins nutritif. On compte deux ou trois coupes de 4,300 à 5,100 kilog.

Troisième classe. — Excellents prés champeaux. — Leur foin, doux et fin, est composé de très-bonnes herbes. On en a deux coupes, 3,900 à 4,300 kilog.

Quatrième classe. — Prés moyens des bas-fonds. — Deux coupes du poids de 4,300 à 5,100 kilog. Le fourrage est encore assez bon, mais cependant un peu grossier, rude, dur, acide, mêlé de prêles et de joncs.

Cinquième classe. — Bons prés ordinaires et bons prés de regains. — Ces prairies sont ordinairement situées à proximité des rivières, intercalées entre des champs, et elles sont un peu humides. Foin de qualité moyenne, donnant un produit de 3,100 kilog. en deux coupes.

Sixième classe. — Prés champeaux moyens. — Ce sont les meilleurs prés des hauteurs. Ils donnent bien encore deux coupes d'un assez bon fourrage ; cependant le produit de la deuxième coupe est généralement faible, surtout lorsqu'il survient des sécheresses qui, alors, l'anéantissent. Produit, 2,300 à 2,500 kilog.

Septième classe. — Bons prés de montagnes et de forêts. — Nous comptons ici les meilleurs prés des bois, médiocres pour le regain. Le foin est d'une qualité moyenne, fin, sec. Le produit en deux coupes est de 2,000 kilog.

Huitième classe. — Prés champeaux fautifs. — Nous devons faire deux subdivisions. (A) Prairies pleines de sources, un peu tourbeuses et humides, donnant un fourrage assez mauvais, dur, acide et maigre. Les deux coupes peuvent fournir 2,300 kilog. (B) Prés situés à proximité de rivières qui se dessèchent l'été. Ces prés fournissent ordinairement une partie de leur foin en bonne qualité ; le reste est sec, maigre, et, en somme, on ne peut pas compter sur un produit de plus de 1,500 kilog. On ne fauche guère ces prairies ici qu'une fois ; mais elles dédommagent généralement par un pâturage de longue durée, qui peut déjà commencer en septembre.

Neuvième classe. — Prés moyens de montagnes et de forêts. — Le foin de ces prés est d'une qualité médiocre, toujours un peu acide, grossier et peu nourrissant. On compte une coupe du poids de 1,500 kilog.

Dixième classe. — Mauvais prés champeaux, mauvais prés de montagnes et de forêts. — Ce sont des prairies très-exposées aux sécheresses, et qui résistent difficilement à leur désastreuse influence. Dans les saisons défavorables, elles ne donnent presque aucun produit. Le fourrage est assez fin ; mais il est maigre et souvent mêlé de mousses et de bruyères. On ne fauche qu'une seule fois, et le produit n'est, en moyenne, que de 800 à 1,500 kilog. Il est très-variable entre ces deux limites, suivant l'influence de la saison. Lorsque la moyenne ordinaire est au-dessous de 1,100 kilog., il sera toujours plus avantageux de les faire pâturer que de les faucher.

Onzième classe. — Prés tourbeux et marécageux; on appelle aussi ces prairies acides. — On ne fait guère qu'une seule coupe, qui produit environ 1,500 kilog. d'un mauvais foin mêlé de joncs.

Flotow établit, ainsi qu'il suit, le rapport de ces diverses prairies entre elles, ainsi que celui qui les lie à sa classification des terres arables.

Première classe. . . . . . . . . — 327

Deuxième classe. . . . . . . . . — 273

Troisième classe. . . . . . . . . — 152

Quatrième classe. . . . . . . . . — 141

Cinquième classe. . . . . . . . . — 108

Sixième classe.. . . . . . . . . — 85

Septième classe. . . . . . . . . — 64

Huitième classe, A. . . . . . . . — 60

    *Id.*,   *id.*,   B. . . . . . . — 55

Neuvième classe. . . . . . . . . — 48

Dixième classe. . . . . . . . . — 23

Onzième classe, avec pâturage. . — 20

    *Id.* ,   *id.* ,  sans pâturage. — 13

La dernière descend jusqu'à. . . 10

Dans l'Allemagne méridionale, on trouve, dans les vallées du Danube et du Mein, d'excellentes prairies qui donnent communément 7,700 à 8,500 kilog. de bon foin sans aucun engrais ; aussi Veith propose d'ajouter quelques classes plus élevées à la classification de Thaër et de Flotow. Une première classe, par exemple, donnera 6,800 à 8,500 kilog. ; la seconde, 6,000 à 6,800 kilog. ; la troisième, 5,100 à 5,900 kilog. : cette dernière est alors égale à la première de l'autre classification. Toutes les classes suivantes, jusqu'à la huitième et dernière, baissent de 800 kilog. ; mais, dans cette combinaison, Veith n'a aucun égard à la qualité du fourrage. Ces deux premières classes sont à trois coupes; la huitième n'a qu'une coupe avec un produit de moins de 1,700 kilog.

Lorsque l'on compare les diverses classes de terres arables et de prairies entre elles, on arrive à ce résultat à peu près général que les prairies ont toujours une plus haute valeur que les terres arables. Nous avons fait à ce sujet des recherches dans un assez grand nombre de pays, et nous avons rencontré partout la même chose. Memminger trouve qu'en donnant aux terres arables du Wurtemberg une valeur moyenne de 850 francs l'hectare on peut estimer l'hectare de pré 1,360 francs. D'après Reichard, l'arpent de terres arables vaut en Bavière 673 francs, et l'arpent de prairies 925 francs. Dans le grand-duché de Hesse, d'après Hundeshagen, le rapport des terres arables aux prairies est comme 103 : 143. Les motifs de cela sont en grande partie dans le peu de travail que demandent les prairies en comparaison des terres arables : d'où il résulte que le revenu net des prairies, par conséquent leur valeur en argent, s'élève plus que le revenu des terres arables. Il y a encore une autre cause qui a aussi ici quelque poids : c'est la foi de l'habitant des campagnes dans l'indispensable besoin des prairies naturelles. Cette foi est très-réelle et très-positive partout où règne le système triennal, lequel ne peut pas se passer du secours des prairies naturelles; mais sur une propriété bien close, et où le cultivateur est maître de son système d'exploitation, les prairies naturelles perdent nécessairement de leur puissance: c'est pour cela aussi que les adversaires du système triennal ont avancé souvent que la haute valeur des prairies, comparée à celle des terres arables dans une localité, est la preuve certaine d'un état agricole fort arriéré. Cette proposition nous paraît aussi fausse qu'il serait peu exact de considérer les achats des terres arables et des prairies comme représentant parfaitement leur valeur. Ces propositions sont toutes les deux trop généralisées, et le cultivateur intelligent qui voudra se rendre un compte exact de la valeur comparée de ses terres et de ses prairies se livrera, pour cela, à une suite de calculs spéciaux, où il fera entrer aussi les circonstances de la localité qu'il habite.

### Section quatrième.

#### PATURAGES.

Nous devons bien nous garder aujourd'hui de rejeter les pâturages d'une manière aussi absolue que le font souvent certains agronomes, qui ne veulent voir partout que la nourriture du bétail à l'étable. Il est vrai que, avec les pâturages plus ou moins prolongés, il y a bien des désordres qui n'existent pas dans la stabulation permanente ; il est vrai que les terres cultivées dans le voisinage courent souvent de grands dangers, que l'on pourrait bien des fois retirer du sol un produit plus élevé, que l'on perd beaucoup d'engrais, enfin que le bétail mal nourri est exposé aux maladies et aux accidents : tout cela est surtout vrai pour les bêtes à cornes et les chevaux, toutes les fois qu'il ne s'agit pas de ces riches herbages que la nature semble avoir créés exprès pour eux.

Mais il faut distinguer ici, comme toujours, l'usage convenable et l'abus de la chose. Il y a bien souvent, sur un domaine, d'assez grandes étendues dont on ne peut tirer un parti plus avantageux qu'avec le pâturage ; il y a certaines natures de terres qu'il est nécessaire de laisser toujours, ou de temps à autre, à l'état de pâturage, afin de leur donner plus de consistance ; il est surtout des conditions économiques où un système extensif d'exploitation est le seul réellement avantageux. Il est difficile alors de se passer de pâturage : dans ce dernier cas, le pacage simplifie toute l'affaire, et épargne considérablement de travail et de capitaux. Avec une exploitation assez intensive même, il est rare d'utiliser complétement, sans le pâturage, toutes les terres et les prairies ; et, si l'on voulait adopter, pour les bêtes à

laine, la nourriture à l'étable, il faudrait considérablement diminuer les troupeaux, ce qui ne
serait nullement avantageux, et, d'ailleurs, la nourriture des bêtes à laine à l'étable sera longtemps
encore une bien rare exception.

Il y a des pâturages bas et humides qui ont une
plus haute valeur que la meilleure terre arable, et
il y a, par contre, des pâturages sur des sols dont
il serait impossible de tirer aucun autre produit.
On trouve sur les Alpes des pâturages que le gros
bétail ne peut fréquenter que pendant trois ou
quatre mois, et des pâturages de côtes, même dans
l'Allemagne septentrionale, qui ne peuvent être
parcourus pendant plus de six mois. Ces grandes
variations rendent l'évaluation des pâturages très-
difficile, sans compter qu'il faut aussi prendre en
considération les diverses races de bétail. Le cultivateur qui est accoutumé à une petite race de
bêtes à cornes, comme celle des bruyères de Lu-
nebourg, qui ne fournit en moyenne que de 93 à
94 kilog. de viande nette, est tout dépaysé quand
il est question de races de Hollande et de Suisse,
d'un poids net de 330 à 370 kilog. : il en est absolument de même pour les moutons de landes,
les mérinos, les leicesters et autres. C'est pour
cela que beaucoup de cultivateurs repoussent toute
classification économique des pâturages comme
dépourvue d'exactitude, et ils prennent une voie

différente : ils prennent le produit spontané d'un pâturage et le fauchent une fois, deux fois, même trois fois, comme s'il était question d'une prairie, et ils le convertissent en foin. D'autre part, ils estiment la consommation journalière en foin d'une tête de bétail nourrie sur le pâturage; ils multiplient alors la somme par le nombre de jours que cette pièce de bétail peut passer au pâturage, et, de cette manière, ils trouvent combien de têtes de bétail on peut y nourrir. Dès que l'on peut trouver avec quelque certitude le produit fauchable, il n'y a aucun inconvénient à cette méthode; cependant l'expérience et la science nous offrent encore d'autres ressources : ainsi on compte d'ordinaire l'étendue du pâturage nécessaire à l'entretien d'une vache, alors même que le pâturage, par sa nature, ne serait profitable qu'aux bêtes à laine, aux porcs et autres. Lorsque le poids d'une vache n'est pas ou ne peut être déterminé, on entend alors une vache d'un poids moyen de 200 à 250 kilog., chair nette : on admet comme équivalent un demi à un tiers de cheval, un poulain et demi, deux tiers à trois quarts de bœuf de travail, deux têtes de jeune bétail, dix bêtes à laine, huit porcs, vingt-quatre oies. Si l'on trouve, dans d'autres contrées, des données différentes, on fera bien de négliger celles-ci, lorsque l'on aura à estimer ou à adminis-

trer dans ces contrées : par exemple, dans les
Alpes suisses, on compte, comme équivalent à
une vache laitière, deux tiers de vache à l'engrais,
deux jeunes bœufs de deux ans, quatre veaux, un
quart de cheval, un demi-poulain de deux ans, dix
chèvres. Ces chiffres locaux expriment toujours
mieux les rapports particuliers tant des pâturages
que des races spéciales de bétail, que la moyenne
générale ci-dessus. Pour ne citer que quelques
exemples, nous ferons observer que, sur un pâturage sec et élevé, douze bêtes à laine subsisteront
plus facilement qu'une vache ; il en sera de même
pour dix à douze porcs dans un endroit bas, humide et bourbeux. Beaucoup de pâturages ne sont
propres qu'à certaines espèces d'animaux et point
du tout à d'autres; il y en a qui conviennent mieux
pour l'engraissement et d'autres pour l'élevage.
On nourrit souvent très-bien douze têtes de bêtes
à laine d'une petite race dans une localité où l'on
aurait peine à entretenir sept à huit mérinos ou
autres sur une égale superficie. Il en est absolument
de même des vaches, et le rapport peut aller jusqu'à trois vaches de petite taille pour une vache
de grande espèce (1).

(1) J'ai vu plusieurs localités, en France, où 25 moutons vivaient
plus aisément qu'une vache ; aussi je m'étonne que, dans les pays
pauvres, on ne s'adonne pas davantage à l'élève des bêtes à laine.

J. R.

Classification économique des pâturages.

Les pâturages forment deux grandes divisions, les pâturages permanents et les pâturages temporaires.

### § 1er. *Pâturages permanents et exclusifs.*

A. Les herbages de haute fécondité et ceux qui sont exposés à de grandes inondations peuvent être réunis dans la même classe : là une tête de gros bétail a besoin, pour trouver sa subsistance d'été, de 25 ares et 30 au plus. En effet, sur les meilleurs herbages, 25 à 30 ares suffisent à un bœuf à l'engrais du poids de 146 à 292 kilog., chair nette. Sur des herbages moins bons, il faut 31 à 50 ares, et l'animal y séjourne nuit et jour, sans abri, pendant six mois, depuis le mois de mai jusqu'au mois d'octobre. Une vache à l'engrais de 170 à 200 kilog. prospère, près de Lippe, sur une étendue de 31 ares; près de la Ruhr, sur 47 ares; près de Munster, sur 63 ares. Une vache à lait de même poids a besoin d'une plus grande étendue : dans le voisinage de la Ruhr, par exemple, il lui faut 50 ares; on compte, dans le Bas-Rhin, 56 ares, et, si le pâturage est sec, il faudra 85 ares. Dans le Bas-Rhin et dans les environs de la Lippe, l'hectare d'un herbage semblable se paye de 2,050 à 3,400 fr., ce qui est le double du prix de la terre arable ; on loue l'hectare de 125 à

170 fr. Une vache maigre, du poids de 194 kilog., arrive, engraissée, à 243 ou 258 kilog.; des bœufs de 194 kilog. atteignent communément au poids de 291 kilog.; il y en a qui vont jusqu'à 388 et 437 kilog.; mais ceux-ci sont rares. Une vache achetée maigre 26 à 71 fr. se vend grasse de 107 à 150 fr.

B. *Pâturages ordinaires des vallées et des terres acides mouillées.* — Il faut à une vache de 50 ares à 2 hectares 52 ares de ces pâturages. De bons pâturages de vallées valent quelquefois les herbages dont nous avons parlé lorsque ces herbages ont quelques défauts.

Des raisons quelconques, comme prix élevés des produits animaux (le bétail), grand développement de la culture, nature particulière du sol, propriété en commun, rapports de justice (procès), etc., excluent quelquefois tout autre emploi de ces terres. Sur de tels pâturages, 48 ares à 1 hectare 25 ares peuvent nourrir une vache. Comme exemple de cette classe de pâturages, on peut citer ici ceux du pays de Munster qui sont consacrés aux vaches à lait. Une vache du poids de 120 à 140 kilog. demande ici de 50 à 75 ares. Lorsque le pâturage est bon, on paye de 20 à 40 francs par vache; et seulement de 8 à 20 francs, si le pâturage est mauvais au point que le cultivateur soit obligé de fournir une ration supplémentaire à l'étable.

Les pâturages acides, tourbeux, marécageux sont de beaucoup inférieurs, et cette infériorité vient surtout de ce que tantôt il y a trop d'humidité et tantôt pas assez. Sur de tels pâturages il faut 1 hectare 89 ares à 2 hectares 52 ares pour une vache; mais on a cherché alors à les utiliser d'une manière beaucoup plus avantageuse avec d'autres bestiaux.

C. *Pâturages de terres sablonneuses et de bruyères.* — Ici on ne rencontre guère d'autres bestiaux que ceux qui y sont nés; ce sont de très-petites vaches et des moutons d'une espèce particulière. Sur les meilleurs pâturages de bruyères il faut à une vache du poids de 97 kilogrammes, chair nette, au moins 1 hectare 20 ares, ce qui ferait de 1 hectare 89 ares à 3 hectares par tête de gros bétail; si celui-ci pouvait y subsister, lorsque cette espèce de pâturages peut être jointe à de bonnes terres arables et à des pâturages humides, il est possible alors qu'elle acquière une valeur qu'elle n'aurait jamais seule.

D. *Pâturages des montagnes.* — Ces pâturages peuvent être assez bons pour que 50 à 60 ares suffisent à une tête de gros bétail, alors surtout que le sol est profond, l'exposition bonne et favorable à la production de l'herbe. Hors de ces deux conditions, on compte de 1 hectare 75 à 2 hectares pour une tête de bétail; si les pâturages sont maigres, pleins de broussailles et laissant de temps à autre les rochers à nu, il faut alors de 2 à 3 hectares. Les beaux pâturages des Alpes suisses, que l'on garnit de préférence avec des vaches laitières, ne peuvent être pâturés que trois à quatre mois par an. Dans le haut pays de Berne, on compte 3 hectares 75 ares pour une vache, et cela s'explique tant par la taille de ces vaches que par les nombreuses places stériles, par les pentes abruptes, rapides, par les rochers et les précipices. On achète le pâturage d'une vache de 170 à 200 francs et plus. Les meilleurs de ces pâturages se louent de 17 à 20 francs; ceux qui sont moins bons et dangereux, de 5 à 6 francs. Les pâturages secs et calcaires de l'Alb de Souabe servent principalement pour les bêtes à laine de haute finesse. Le terme moyen de la location de ces pâturages, pendant l'été, suivant leur bonté, était de 2 à 3 francs par tête; mais, depuis plusieurs années, il s'est élevé de 3 à 4 francs. Il est difficile d'admettre que ces prix puissent se maintenir.

§ 2. *Pâturages temporaires ou accidentels.*

A. *Les pâturages artificiels.* — Ce sont ces pâturages formant des soles distinctes dans les assolements qui ont la plus haute valeur dans cette catégorie. On calcule leur valeur sur la fécondité de la terre, et on conclut de cette fécondité la quantité de fourrage qu'ils peuvent produire, et, par suite, la quantité de bestiaux qu'ils peuvent nourrir. Nous supposons ici des vaches de l'Allemagne septentrionale du poids de 90 à 100 kilogrammes, chair nette, et nous disons qu'il faut les proportions suivantes par tête, en prenant pour base la classification de Thaër :

| | |
|---|---|
| Première classe. . . . . . | de 0,252 à 0,378 ares. |
| Deuxième classe. . . . . . | 0,378 à 0,693 — |
| Troisième classe. . . . . . | 0,504 à 0,788 — |
| Quatrième classe. . . . . . | 0,693 |
| Cinquième classe. . . . . . | 0,582 |
| Sixième classe. . . . . . . | 0,756 |
| Septième classe. . . . . . . | 1,513 |
| Huitième classe. . . . . . | 2,049 |
| Neuvième classe. . . . . . | 3,057 |
| Dixième classe. . . . . . . | 4,601 hect. |

Pour les dernières classes, il vaut mieux remplacer les vaches par les bêtes à laine, et, en comptant dix moutons pour une vache, on mettra, par hectare

| | |
|---|---|
| De la première classe. . . . . | de 25 à 32 bêtes à laine. |
| deuxième classe. . . . | 14 à 25 — |
| troisième classe. . . . | 13 à 19 — |
| quatrième classe. . . . | 14 — |
| cinquième classe. . . . | 11 — |
| sixième classe. . . . . | 8 — |
| septième classe. . . . . | 6 — |
| huitième classe. . . . . | 4 — |
| neuvième classe. . . . | 3 — |
| dixième classe. . . . . | 2 — |

Les premières classes, qui réunissent toutes les conditions d'une agriculture intensive, ne servent pas souvent aux pâturages; mais on en tient compte cependant, à cause de la production herbacée des jachères et des chaumes. Sur les pâturages artificiels de Hohenheim, semés en trèfle blanc et en raygrass anglais, on met, pendant les six mois d'été, seize bêtes à laine par hectare.

B. *Jachère pâturage*. — On en calcule la valeur par comparaison avec celle des pâturages artificiels : ainsi on estime que 3 hectares de pâturage de jachère, de même classe, égalent 1 hectare de pâture artificielle, en supposant, toutefois, que le premier labour de jachère n'a lieu qu'à la fin de juin; mais, si l'on ouvre la terre un ou deux mois plus tôt en raison des besoins de la culture arable, il est évident que la proportion éprouvera quelques changements, et on dira alors qu'il faut 3,50 à 4 hectares de pâture de jachère pour 1 hectare de pâture artificielle.

C. *Pâturage de chaume*. — On estime, en général, qu'il faut 10 hectares de chaume pour égaler 1 hectare de pâture artificielle; mais à Hohenheim, où la charrue suit promptement les récoltes, on ne peut guère compter que 15 hectares (1).

(1) Dans l'ouest de la France, les pâturages sur chaume ont une bien plus haute valeur, et c'est probablement au climat et à la faculté graminifère du sol qu'il faut attribuer les avantages économi-

D. *Pâturages des prairies.* — Thaër et Flotow estiment la valeur de ce pâturage à 7 pour 100 du produit brut en foin sur des prairies que l'on fauche deux fois ; ils l'estiment à 12 pour 100 sur des prairies à une coupe. Koppe donne une valeur plus haute : par exemple, 10 pour 100 dans le premier cas, et 15 pour 100 dans le second cas. Sur les prairies où l'on pâture aussi la première pousse du printemps, la valeur générale du pâturage est d'autant plus élevée que cette pâture dure plus longtemps ; on l'arrête quelquefois au mois de mars, et d'autres fois seulement à la fin d'avril. C'est un calcul que l'on peut faire en recherchant l'accroissement moyen de la pousse de l'herbe dans chaque mois. En évaluant à 100 la croissance totale d'un herbage en Allemagne, on estime qu'elle a lieu, pour chaque mois, dans les rapports suivants :

|  | D'après Meyer. | D'après A. André. |
|---|---|---|
| Du premier printemps à la mi-mai. . | 6 | 7 0/0. |
| Du milieu à la fin de mai . . . . . . | 12 | 17 |
| Juin . . . . . . . . . . . . . . . . | 36 | 38 |
| Juillet . . . . . . . . . . . . . . . | 18 | 16 |
| Août . . . . . . . . . . . . . . . . | 11 | 13 |
| Septembre . . . . . . . . . . . . . | 9 | 7 |
| Octobre jusqu'au froid . . . . . . . | 8 | 2 |

ques de la culture pastorale mixte dans ces contrées. On y rencontre quelquefois des fermes de 30 hectares qui nourrissent l'équivalent de dix têtes de gros bétail, et qui n'ont presque aucun autre moyen d'alimentation que leurs jachères pâturages ou leurs pâtures sur chaume.                                        J. R.

Quoique ces chiffres ne s'accordent pas parfaitement, puisque André a trouvé l'accroissement plus élevé au printemps que Meyer, et que les circonstances de climats et de sols doivent nécessairement y apporter quelques modifications, toujours paraît-il certain que la dépaissance du printemps doit réduire beaucoup le produit total d'une prairie. On pense que la crue réitérée affaiblit les prairies, et peut-être convient-il de ne pas trop les dégarnir à l'approche des chaleurs et de leur laisser le plus longtemps possible leur propre ombrage.

On a calculé que, à Hohenheim, le pâturage de 1 hectare de prairie pouvait entretenir cinq bêtes à laine.

E. *Parcours d'un domaine.* — Indépendamment des moyens d'entretien d'un troupeau dont nous venons de parler, il existe toujours encore, sur un domaine, une foule de ressources qu'on ne pourrait estimer en détail et qui, cependant, ont une valeur réelle. Quand il s'agit, par exemple, du parcours d'un domaine, il est presque impossible de poser des chiffres certains, et il faut s'en tenir à des généralités fort variables d'un lieu à l'autre : dans le bas Wurtemberg, on admet qu'il faut, pour une bête à laine, le parcours de 1 hectare 60 ares, d'après la culture usitée, qui comporte peu de jachères, et en y comprenant les prairies aussi bien que les parties incultes.

F. *Pacage des forêts.* — On admet deux moyens d'évaluation pour le pacage des bois. Générale-ment on estime qu'il faut 6 hectares de forêts pour nourrir une bête de gros bétail, qui y sé-journe nuit et jour pendant tout l'été ( et qui n'a pas d'autre nourriture ) ; on compte 1 hectare 50 ares, quand les bêtes rentrent le soir à la mai-son, et qu'on leur donne un supplément de four-rage. Quelques personnes agissent différemment ; elles prennent d'abord toute la superficie d'une forêt, elles en défalquent les parties non encore défensables, et en calculent le reste comme pâtu-rages artificiels ou jachères pâturages, en suppo-sant, toutefois, qu'il faut 5 à 6 hectares de forêts pour équivaloir en facultés nutritives à 1 hectare des premiers pâturages.

Il est bien entendu que, dans toutes ces estima-tions, nous avons supposé la jouissance isolée et sans partage ; dans le cas contraire, elles seraient sans valeur. Dès que l'on admet un autre troupeau en partage, il faut diminuer ces chiffres au moins d'un quart, et bien plus lorsqu'il s'agit de vaine pâture ou de pâture communale ; dans ce dernier cas, où il n'y a jamais ni règle ni ordre, le gas-pillage entraîne des pertes sans nombre.

## Section cinquième.

### VIGNOBLES.

Il n'existe pas de culture qui donne au sol une valeur foncière et productive aussi élevée que la vigne. Il est entendu que nous ne parlons pas du revenu net; les vignes ne donnent pas trop de bénéfices.

Les meilleurs vignobles de Hohenheim-sur-Mein valent 136,000 francs l'hectare, ceux de Braunenberg sur la Moselle 89,000 à 96,000 francs, de manière qu'un cep de vigne revient à 12 francs pour les premiers et à 8 francs pour les derniers. Près de la Moselle, il n'est pas rare de trouver des ceps à 4 francs ou 46,000 francs l'hectare. Dans la Champagne, un hectare de bonne qualité vaut jusqu'à 46,000 francs; mais les moindres descendent à 27,000 francs. Il faut que sur des propriétés aussi coûteuses la valeur des produits apporte une ample compensation; aussi voyonsnous que les meilleurs vins du Rhin et de la Moselle, après avoir séjourné pendant deux ou trois ans dans les caves, peuvent se vendre depuis 700 jusqu'à 1,250 francs l'hectolitre. Les frais de culture de ces vignobles distingués sont à peu près les mêmes que ceux des vignobles ordinaires. Dans le Wurtemberg, près de Besigheim et de Mundel-

sheim, l'hectare se vend de 10,200 à 13,700 francs.
Les prix moyens à Heilbronn et à Melzingen sur
l'Alb sont de 5,500 à 8,200 francs; au Stromberg
et au Zabergau, ils sont de 3,400 à 5,500 francs.
Les vignobles qui ne valent que 2,700 à 3,400 francs
l'hectare sont situés défavorablement, ou négligés
à tel point qu'ils ne peuvent être mis en rapport
qu'avec des frais considérables, ou bien enfin ils
sont grevés de charges et de servitudes.

Indépendamment des revenus élevés et des recettes d'argent comptant que produisent les vignes,
elles ont encore l'avantage d'occuper une nombreuse population; et c'est une injustice que de
leur reprocher qu'elles enlèvent aux autres cultures
le travail, l'engrais et le sol. Quant à ce dernier
point, il y a beaucoup de vignes placées dans des
situations qu'il serait impossible d'utiliser d'une
manière aussi lucrative de toute autre manière, et
qu'on ne pourrait exploiter qu'en pâturage ou en
taillis. Pour ce qui concerne le travail, nous voyons
partout le vigneron s'occuper en même temps des
autres branches de l'agriculture, puisque ordinairement, avec la culture de la vigne, l'agriculture
d'un pays est prospère.

Cette circonstance répond en même temps à la
consommation d'engrais de ferme dont il faut convenir, mais qui n'est pas si considérable, car on
voit en tout lieu les vignerons occupés de ramas-

ser des matériaux d'engrais dans leur voisinage, sans entamer trop fortement l'engrais nécessaire aux terres arables.

Un inconvénient bien plus réel de la viniculture, ce sont les fréquents revers des mauvaises années de cette culture ; cependant il faut dire que ces revers ne sont éprouvés que par le vigneron qui ne possède pas d'autres terres et qui est trop pauvre pour pouvoir conserver sa récolte pendant quelques années. Toutes les fois que le vigneron peut conserver sa récolte et attendre les bonnes occasions de vente, le niveau s'établit à son avantage. Nous devons encore mentionner, comme avantage de la viniculture, que l'on crée dans le pays un produit qui satisfait aux besoins de la classe aisée, et que la classe pauvre peut se procurer par les qualités inférieures une boisson salubre à bon marché, ce qui vaut certainement mieux que la consommation de l'eau-de-vie.

Le Wurtemberg possède environ 26,475 hectares de vigne, sur lesquels il faut défalquer environ 6,925 hectares qui ne sont pas d'un bon rapport ; il reste donc 19,550 hectares. On a constaté les produits bruts depuis l'année 1827. Dans les douze années qui se sont écoulées jusque et y compris 1838, la moyenne du produit brut a été de 488,600 hectolitres. L'année 1835 a donné le produit brut le plus élevé, soit 971,290 hectolitres ;

le produit brut le plus bas est celui de 1838, soit 157,542 hectolitres. Le revenu brut en argent le plus élevé a été fourni par l'année 1834, soit 21,549,000 francs; le revenu brut en argent le plus bas a été obtenu en 1829, qui n'a donné que 2,154,900 francs : la moyenne du revenu brut en argent des douze années donne 7,387,000 francs. On ne comprend pas dans cette somme les produits accessoires des récoltes intercalées, et pour les produits et revenus bruts il ne s'agit que du moût de vin au sortir du pressoir.

Aucun agronome, à ma connaissance, n'a essayé d'établir une classification économique des vignobles, et l'on se demande même si, avec ces énormes différences de produits, il y a possibilité pratique d'en faire une pour tout un pays.

Il serait peut-être convenable de commencer par en établir une pour des cantons isolés et s'en tenir d'abord à l'évaluation des produits et des dépenses. Les nombres suivants pourront servir à guider dans ce travail.

## § 1. *Produits.*

**A.** *Produit brut en raisin, en moût et en vin.* —
Dans le Wurtemberg, on a, depuis fort longtemps,
la coutume de vendre le moût; mais, depuis quelques années, on vend aussi les raisins de Clewner
pour la fabrication des vins mousseux. On prend
ici pour base la connaissance que l'on a acquise
que 160 kilogrammes de raisin donnent 100 litres
de vin, soit 62 litres pour 100 kilogrammes; et à
l'aide de ce rendement on peut connaître le produit en raisin, et réciproquement. Si l'on paye, par
exemple, dans les bonnes années, 38 francs les
100 kilogrammes de raisin Clewner, le vendeur
reçoit une somme équivalente à 61 francs pour
1 hectolitre de vin.

Le produit brut moyen des vignobles fertiles de
tout le Wurtemberg a été dans les proportions
suivantes :

| | hectol. | | | hectol. litres. |
|---|---|---|---|---|
| En 1827, de | 28,56 | à l'hectare. | En 1833, de | 24,48 à l'hectare. |
| 1828, | 46,05 | | 1834, | 44,30 |
| 1829, | 9,90 | | 1835, | 48,38 |
| 1830, | 8,74 | | 1836, | 16,90 |
| 1831, | 12,82 | | 1837, | 29,14 |
| 1832, | 14,57 | | 1838, | 8,16 |

Ce qui nous donne une moyenne générale de

23 hectolitres 90 litres par hectare. On pourrait peut-être avec raison porter cette moyenne à 28 hectolitres, car les données que l'on a indiquées proviennent de chiffres pris officiellement à la perception de la dîme et autres ; et, dans ce cas, les produits sont toujours diminués plutôt qu'augmentés. Une estimation faite en 1835 peut nous faire juger combien les produits sont variables dans les divers cantons : 1 hectare de la contrée du lac de Constance donne pour moyenne près de 84 hectolitres ; dans le Zabergau, dans le haut Neckerthal et sur la lisière de l'Albtraufe, on obtient 56 hectolitres ; dans l'Enzthal et dans le bas Neckerthal, 51 hectolitres ; dans les vallées de Kocher, de Jags et de Rams, 37 à 42 hectolitres ; dans le Tauberthal, 33 hectolitres.

Il y a toujours, dans les revenus des vignes, de grandes différences dont il faut tenir compte. Le climat, le sol, l'exposition, la méthode de plantation ou de culture, le choix des espèces, les engrais, le temps des récoltes, la manière de récolter le raisin et de préparer le vin, les dangers, les accidents auxquels tel vignoble est plus exposé que tel autre ; toutes ces circonstances apportent de notables variations. Les produits moyens d'une contrée ou d'un vignoble en particulier sont donc tantôt de 20, de 30, de 40, tantôt de 50 hectolitres. Les récoltes abondantes ne sont pas toujours celles qui donnent le plus grand profit ; car bien souvent cette abondance s'obtient aux dépens de la qualité du produit, et la valeur de ce dernier s'abaisse dans de grandes proportions. En général, les crus les plus distingués produisent moins que les crus communs, qu'on ne cultive que pour leur abondance. Du reste, en dirigeant ses vues sur l'amélioration de la qualité des produits, on obtient sur le Rhin un produit moyen de 37 hectolitres par hectare. Dans toutes les moyennes dont on vient de parler, on a tenu compte nécessairement des mauvaises années.

B. *Prix du vin.* — On ne peut indiquer les prix du vin que pour la localité et pour l'époque ordinaire de la vente du moût de vin qui est encore en fermentation, ou du vin nouveau que l'on soutire au printemps suivant, ou enfin du vin vieux de deux à trois ans. Comme on a mentionné plus haut quelques prix très-élevés des meilleurs vins allemands, il convient de citer ici les prix des vins ordinaires de bonne qualité et qui forment la majorité. L'hectolitre de bon vin de Bergstrasse ou de coteau, de l'année 1822, a valu, en 1824, de 18 à 62 et jusqu'à 88 francs ; l'hectolitre de vin du Palatinat ou de la Hardt a valu, à la même époque, de 25 à 74 francs. Dans le Wurtemberg, les prix moyens de tout le pays étaient, par hectolitre,

| En 1827, de 14 fr. 85 c. l'hectol. | | | En 1833, de 14 fr. 40 c. l'hectol. | | |
|---|---|---|---|---|---|
| 1828, | 8 | » — | 1834, | 23 | 60 — |
| 1829, | 7 | 30 — | 1835, | 11 | 27 — |
| 1830, | 22 | » — | 1836, | 17 | 06 — |
| 1831, | 24 | 93 — | 1837, | 9 | 25 — |
| 1832, | 21 | 72 — | 1838, | 16 | 48 — |

On peut donc admettre comme terme moyen le prix de 16 francs l'hectolitre. A la même époque, les vins fins valurent de 40 à 60 et 95 francs, et l'on avait des vins de la dernière classe pour 4 francs l'hectolitre. Il est bien entendu que les prix que nous venons d'énoncer pour le Wurtemberg sont ceux du vin pris au pressoir à l'anche ; ces prix augmentent lorsque le vin a été soutiré et à mesure qu'il vieillit.

C. *Revenus accessoires.* — Dans les meilleurs vignobles, où l'on ne souffre cependant aucune culture intercalaire, il y a toujours quelques produits accessoires à ajouter aux revenus. Ainsi il faut tenir compte du sarment dont on fait de petits fagots, des boutures que l'on peut vendre pour des plantations nouvelles, des mauvaises herbes même qui servent à la nourriture du bétail. On plante souvent des arbres fruitiers dans les vignes de qualité médiocre ; on y sème des haricots, du maïs, etc. Ces cultures ne doivent pas être favorables aux vignes, et l'on ne peut les admettre qu'à certaines conditions ; cependant elles sont très-répandues dans le Wurtemberg, où on leur

donne généralement une valeur de 25 à 30 francs
par hectare. On peut encore mentionner ici,
comme récolte intercalaire, celle que l'on fait souvent entre l'arrachage d'anciennes vignes et une
nouvelle plantation : dans beaucoup de localités,
c'est là un usage reçu, et cette pratique se répète
tous les vingt ou quarante ans; ailleurs elle est
totalement inconnue. Dans tous les cas, pour une
supputation du revenu moyen, et plus encore
pour une estimation à faire en vue d'une vente,
on doit avoir égard à ces diverses considérations.
Lors de la location, il faut surtout avoir égard à
l'âge, à la vigueur, à la durée possible ou présumable des ceps; car, s'il est vrai que ces cultures
accessoires produisent des recettes, il ne faut pas
oublier qu'elles nécessitent aussi des frais, et
qu'en définitive la perte peut dépasser le revenu.

## § 2. *Frais.*

Avant de faire aucun calcul, nous allons rechercher d'abord le prix du salaire d'un vigneron ; ce
salaire est ordinairement plus élevé que celui d'un
laboureur, car l'état de vigneron demande plus
d'application et d'habileté. Dans les environs de
Stuttgard, un bon vigneron reçoit, par jour, de
1 franc 30 à 1 franc 70 centimes, avec 1 ou 2 litres de vin ; mais c'est là un taux privilégié, et

qu'on ne donne pas ailleurs ; à Heilbronn, le vigneron ne reçoit que 1 franc 8 centimes et 2 litres de
vin. Dans la plupart des contrées, c'est 80 centimes avec 1 litre de vin, ou 50 à 60 centimes
avec la nourriture.

#### 1° Frais d'établissement et de plantation d'une vigne.

Il n'est pas toujours nécessaire de calculer ces
frais ; cependant il est bon, dans bien des cas, d'en
tenir compte et de les prévoir, car on se trouve
souvent obligé d'arracher une vigne tout entière,
ou du moins une partie, de la défoncer et de la
planter de nouveau pour en tirer un revenu convenable. Le planteur qui voudra connaître les frais
énormes d'établissement d'une pièce de vigne
devra donc établir les prix de revient que nécessite un établissement nouveau, et répartir ces frais,
avec les intérêts du capital employé, sur le nombre
d'années présumé que la vigne existera. Dans les
localités où il est d'usage de rajeunir continuellement les vignes, ces frais se trouvent compris dans
les dépenses courantes.

A. *Frais de défoncement.* — Ces frais dépendent
de l'état où se trouvait la terre, en raison de la
ténacité du sol, de la profondeur que l'on aura à
donner au défoncement et de la quotité des salaires ; on estime que, dans le Wurtemberg, le
défrichement de 1 hectare de vigne coûte au moins

340 francs. Dans les circonstances les plus favorables, on estime qu'il faut de trois à quatre cents
journées d'homme pour faire un semblable travail.
Quelquefois on traite pour un prix convenu par
cep, et l'on paye au moins 3 centimes pour chaque
cep ; ce qui, à 10,000 ceps par hectare, fait
300 francs ; mais, dans ce cas, la terre n'est bêchée
tout au plus qu'à 70 centimètres de profondeur ;
lorsqu'il faut niveler le sol, ou enfin en extraire
des racines d'arbres, des rochers et des pierres, on
compte alors de 5 à 7 ou 9 centimes par cep, ce
qui fait de 500 à 700 ou 900 francs par hectare.
Encore ne sont-ce pas là des établissements tout
nouveaux, ou de ceux qui présentent des difficultés particulières ; il n'est pas possible, dans ces
cas, d'établir un chiffre moyen. Lorsqu'on se
trouve ainsi dans le doute, avec le désir de faire
travailler à la tâche, il faut se livrer à quelques
expériences en petit, en faisant défoncer diverses
parcelles à la journée, et l'on prend alors un terme
moyen pour faire un accord avec les ouvriers.
Lorsqu'il est question d'établir des murs, des escaliers ou des conduits souterrains, les prix augmentent nécessairement de plus en plus.

B. L'alignement et la plantation exigent, d'a-
près la méthode adoptée sur le Necker, vingt-cinq
journées d'homme, ou coûtent à la tâche 27 francs
par hectare.

**C.** *Frais de plantation ou plutôt prix du plant.*
— Pour trouver ce prix approximativement, il faut
d'abord compter le nombre de ceps que l'on aura
à planter sur 1 hectare d'après le mode d'espacement que l'on a choisi. Si l'on compte 1 mètre de
distance d'un cep à l'autre, on aura 10,000 ceps
par hectare; et 9,500 ceps en faisant abstraction
des espaces laissés pour sentiers; si l'on n'éloigne
les ceps que de 86 centimètres, l'hectare en con-
tiendra 13,500. Sur le versant de l'Alb, près de
Metzingen, l'on a 19,000 ceps par hectare. Dans
les vignobles de haute qualité, où l'on place les
ceps à 1 mètre 15 centimètres de distance, le
nombre se réduit à 7,500 par hectare.

Lorsque l'on aura compté le nombre des ceps,
on décidera si l'on veut planter des boutures, des
vignes à racines ou des provins. Le cent de bonnes
boutures coûte de 35 à 55, jusqu'à 70 centimes;
les vignes à racines de deux à trois ans, de 2 francs
15 centimes à 4 francs 30 centimes; les provins,
que, du reste, on n'obtient pas facilement en grande
quantité, de 85 centimes à 1 franc 5 centimes;
mais cette différence des prix se nivelle en définitive, attendu qu'il faut pour chaque cep deux à trois
boutures et seulement une vigne à racines, et qu'a-
vec ces dernières on récolte souvent une année
plus tôt qu'avec les premières, ce qui compense
largement les frais d'achat plus élevés. Si l'on ad-

ditionne les dépenses faites pour le défoncement, l'alignement, la plantation et la valeur du plant, on trouvera que l'hectare coûte rarement moins de 550 francs, et bien souvent 1,360 francs. .

D. Les chiffres nous manquent pour donner un aperçu des frais de culture qu'exige la nouvelle plantation jusqu'au moment où elle produit. Les manières diverses de soigner la jeune plantation d'un côté, de l'autre les produits variés accessoires que, dans cet intervalle, on a l'habitude d'en tirer, en sont la cause. On peut, du reste, se rendre compte de ces frais par les détails de culture et d'entretien dont nous allons parler.

E. Nous devons encore faire entrer dans les frais d'établissement d'une vigne les échalas ou les treilles, quoique l'on puisse s'en dispenser en adoptant certaines méthodes de culture nouvellement introduites. Lorsqu'on se sert d'échalas, on peut admettre que leur valeur s'élève de 340 à 1,360 francs par hectare. En ces matières, la plus forte dépense est souvent une économie réelle, lorsque cette dépense a eu pour objet la solidité des matériaux. Les échalas de chêne et de châtaignier sont plus chers que ceux de sapin ; mais les premiers durent de vingt à trente ans, tandis qu'il faut remplacer les seconds tous les douze ans environ. Cependant, dans le Wurtemberg, on emploie généralement les échalas de sapin qui coûtent de

2 francs 60 centimes à 4 francs 30 centimes le cent tout façonnés. On en met un, deux ou trois par cep ; à Stuttgard, on en voit même quatre. Un échalassement nouveau demande 19,000 échalas à Metzingen, 34,700 dans le Zabergau, 38,000 à Stuttgard ; on peut admettre en moyenne 25,400 échalas par hectare pour le pays tout entier.

### 2° Frais d'entretien.

Les dépenses annuelles, pour l'entretien d'une vigne, ne peuvent pas être aussi facilement calculées que pour les autres genres de culture, en raison des grandes différences dans la manière de traiter la vigne. Ainsi, dans les localités d'une température favorable ou dans de bonnes expositions, on ne chausse pas la vigne avant l'hiver : ici l'on a des treilles, là des échalas ; dans tel canton, on ne donne qu'une ou deux façons, dans tel autre trois et quatre façons. Beaucoup de vignerons se dispensent de faire des arceaux, ce qui diminue les frais. Tantôt c'est l'usage d'employer des hommes, tantôt des femmes. Aussi les chiffres que nous poserons à ce sujet ne peuvent être que de simples indications, et sont pris dans la culture ordinaire des vignobles du Necker.

Les prix à la tâche sont basés sur un salaire moyen de 85 centimes à 1 franc 30 centimes, sans y comprendre le vin que l'on donne aux vignerons.

On y estime que, pour déchausser, tailler, vendanger, mettre en arceaux, échalasser, houer, etc., il faut de quatre-vingt-quinze à cent trente journées par hectare ; et, en y comprenant comme frais extraordinaires une troisième culture, l'arrachage et l'apointage des échalas, etc., on peut compter sur cent quinze à cent soixante journées par hectare, ce qui fait à la tâche, pour le premier cas, de 120 à 140 francs, et, dans le second cas, de 150 à 180 francs par hectare.

Il arrive bien souvent que le prix de la culture ordinaire des vignobles est établi à la tâche et réglé officiellement pour un canton ; ce prix varie de 109 à 205 francs par hectare et par an. La commune de Mundolsheim, où l'on paye 1 franc 15 centimes et 1 litre de vin pour le salaire d'un homme, nous présente un exemple de la différence de ce prix. On y paye, pour la culture ordinaire de 1 hectare de vignobles, 205 francs dans les endroits les plus escarpés, 164 francs dans ceux qui le sont moins et 109 francs dans la plaine. Du reste, on paye encore à la journée certains travaux qu'on ne peut pas donner à la tâche ; et, en outre, il faut y comprendre les dépenses d'achat de divers matériaux. Ces dépenses comprennent :

A. *Le repeuplement des places vides.*

B. *Les fumiers.* — Dans les bons vignobles et pour certaines vignes, on regarde la fumure comme tellement nuisible à la qualité du vin, qu'on ne consent à fumer qu'à la dernière extrémité. Dans d'autres vignobles et pour certains crus, on emploie le fumier à haute dose lorsqu'on en a à sa disposition, et l'on prétend que cette pratique favorise la quantité et la qualité. Les frais de fumure sont donc fort différents. Après cela, il y en a, dans le Wurtemberg, qui fument tous les ans; d'autres, tous les deux ou trois ans, même tous les six ans. A Rutlingen, par exemple, on fume tous les trois ans lorsque cela se peut; on y compte vingt-cinq voitures à deux chevaux, et l'on paye la voiture 8 francs 60 centimes, ce qui fait, par année, 72 francs par hectare. A Mundolsheim, on fume, tous les ans, avec quarante-huit voitures de fumier de feuilles sèches; ces voitures sont attelées de deux bœufs ou vaches, et coûtent 2 francs chacune. Dans le Zabergau, on compte trente-deux voitures à 2 francs par an, plus 4 francs pour porter le fumier et le répandre.

C. *Les amendements.* — Il s'agit ici de transport de terres, de terreaux et de marne. Quelquefois on transporte les terres du bas à la partie la plus élevée de la pièce pour remplacer celles enlevées par les fortes pluies, pour obvier contre les éboulements occasionnés par les pluies; d'autres fois, c'est pour amender le sol. Dans tous les cas, ce sont là des travaux spéciaux, car dans beaucoup de localités il n'en est point question; et dans certains cantons, au contraire, on estime cette dépense à environ 4 fr. par hectare. Quelquefois on règle le prix de cette opération par charges, de manière à payer de 54 centimes à 1 fr. 8 cent. par cent hottes, selon la distance et la viabilité des vignobles. Chaque pied de vigne reçoit d'une à deux hottées, et cette opération se répète au bout d'un certain nombre d'années. Dans quelques contrées, on compte annuellement de quatre cents à six cents hottes par hectare.

D. *Le remplacement des échalas, les achats de paille et d'osiers.* — Lorsque les échalas sont en sapin, on compte qu'il en faut, chaque année, environ le dixième ou le douzième de ceux existants, et, lorsqu'ils sont d'une essence plus dure, il en faut moins, mais à des prix plus élevés.

Pour les accolures de paille et d'osiers, on estime, dans le Wurtemberg, de 20 à 27 fr. par hectare.

E. *Les frais de vendange.* — Ces frais sont assez difficiles à déterminer, parce que tantôt il y a beaucoup à vendanger, tantôt rien du tout. Plusieurs admettent le prix de 34 fr. par hectare; d'autres, par des récoltes moyennes, comptent de neuf à dix vendangeurs et trois à six porteurs par hectare, plus les charrois selon les besoins. A Heilbronn, les salaires de vendange, officiellement fixés, sont

de 85 centimes pour un porteur, de 70 centimes
pour un fouleur, 55 centimes pour un vendan-
geur; mais il faut y ajouter encore les dîners,
supplément qu'on ne peut estimer à moins de 35 à
70 centimes par ouvrier. Là, aussi, une voiture
pour charroyer la vendange se loue et se paye
1 fr. 8 cent. par voyage pour les vignes les plus
rapprochées, 1 fr. 22 c. pour celles plus éloignées,
et 1 fr. 36 c. pour les plus éloignées. Un vigneron
praticien du Zabergau, et littérateur dans cette
partie, évalue tous les frais quelconques de vendange, jusqu'au moment de la vente du moût, à
une moyenne générale de 55 fr. par hectare, et il
porte l'ensemble de toutes les dépenses par hectare comme il suit :

| | | |
|---|---|---|
| Salaire. . . . . . . . . . . . . . . | 123 fr. | » c. |
| 1,900 échalas de sapin à 2 fr. 15 c. le 100. | 41 | » |
| 32 voitures de fumier à 2 fr. 15 c. la voit. | 68 | » |
| Transport de terres et d'engrais. . . . . | 14 | » |
| Osiers et paille. . . . . . . . . . . . | 27 | » |
| Frais de vendange. . . . . . . . . . | 55 | » |
| TOTAL. . | 328 fr. | » c. |

Dans un calcul des produits, le même vigneron
du Zabergau, et sur une période de trente années,
de 1773 à 1802, établit le prix moyen de l'hectolitre de vin de cette contrée à 22 fr., et il donne
les chiffres suivants :

*Produits en vin*

hectolitres.

| | hectolitres | | francs |
|---|---|---|---|
| dans les deux meilleures années. | 149,20 à 22 f. | . . . . | 3,281 f. » |
| dans les deux bonnes années. . | 112,00 — | . . . . | 2,464 » |
| dans les deux moyennes. . . . | 74,50 — | . . . . | 1,640 » |
| dans les deux mauvaises. . . | 37,30 — | . . . . | 820 » |
| dans les deux plus mauvaises. . | 18,60 — | . . . . | 410 » |
| TOTAL. . . | 391,60 h. | TOTAL. . | 8,615 f. » |

Soit pour une année 39 hectolitres 16 litres, donnant une valeur de. . . . . . . . . . . . . . . . . . . . . 861 fr. 50 c.

A quoi il faut ajouter

| | | |
|---|---|---|
| 470 fagots de sarment à 3 fr. 60 c. . . . . . . . | 17 | » |
| Fèves en cultures intercalaires.. . . . . . . . | 13 | 50 |
| TOTAL. . . . . | 892 fr. | » c. |

Le revenu moyen annuel serait, d'après ces chiffres, de 564 fr. par hectare.

Dans la Bourgogne et sous des conditions autres que celles du Wurtemberg, on estime ainsi les dépenses annuelles par hectare :

| | | |
|---|---|---|
| Arracher les échalas, les apointisser et les mettre en tas. | 11 f. | 60 c. |
| Soigner les provins. . . . . . . . . . . . . . . | 58 | 50 |
| Transport de la terre. . . . . . . . . . . . . . | 35 | 10 |
| Tailler. . . . . . . . . . . . . . . . . . . | 35 | 10 |
| Marer pour la première fois. . . . . . . . . . . | 29 | 20 |
| Marer pour la deuxième fois. . . . . . . . . . . | 19 | 50 |
| Marer pour la troisième fois. . . . . . . . . . . | 18 | 70 |
| Placer les échalas et attacher la vigne. . . . . . | 11 | 60 |
| Accoler et rompre. . . . . . . . . . . . . . | 11 | 60 |
| Entretien annuel des échalas. . . . . . . . . . | 46 | 70 |
| Entretien annuel des accolures de paille et d'osiers. . . | 9 | 50 |
| Frais de vendange. . . . . . . . . . . . . . | 23 | 30 |
| TOTAL. . . . | 310 f. | 40 c. |

On entend ici la vendange sans le pressurage,

parce qu'on a l'habitude de vendre les raisins ; on n'y terrasse pas et l'on n'y fume que très-rarement.

## Section sixième.

### ARBRES FRUITIERS.

Les arbres fruitiers sont communément compris dans les jardins, ce qui se conçoit pour les pays où l'on ne cultive que des fruits de table, qui ordinairement sont cultivés dans les jardins; mais dans les localités où les routes sont bordées d'arbres fruitiers, où l'on trouve ces arbres non-seulement dans les herbages, mais aussi au milieu des terres arables, où le cidre forme la boisson la plus répandue des habitants de la campagne, on ne peut plus comprendre les plantations d'arbres dans les jardins, sans quoi on subordonnerait le principal à l'accessoire. Quand on récolte dans la banlieue d'une petite ville, comme Esslingen, et dans un seul automne, comme en 1822, 177,000 hectolitres de fruits, et qu'on obtient 88,000 hectolitres de cidre, sans compter les fruits consommés et vendus, on peut admettre que c'est une branche d'industrie agricole d'une grande importance.

La culture des arbres fruitiers, en Allemagne, est exploitée sur une grande échelle, outre le Wurtemberg, dans les contrées du Rhin, du Mein, dans les duchés de Saxe, dans la Styrie et dans l'Autriche supérieure. En Suisse, c'est le canton de Saint-Gall qui se distingue parmi les autres ; en France, c'est l'ancienne province de Normandie ; en Angleterre et dans l'Amérique septentrionale, le cidre est une boisson favorite qui, de même que le vin et la bière, limite la consommation de l'eau-de-vie. Cependant, dans les pays où ces produits sont en abondance, on extrait de l'eau-de-vie, tant du cidre que des résidus. Les fruits sont employés à la nourriture, soit crus, soit secs ou cuits.

La culture des arbres fruitiers en grand offre quelquefois des avantages à l'agriculture, en ce que les plantations d'une vaste étendue rompent la violence des vents et conservent l'humidité dans les terres arables, les prairies et les pâturages. Dans bien des propriétés, il y a des terrains qui ne sont profitables que par des plantations, et qui sont impropres à d'autres cultures. Les arbres fruitiers qui bordent les routes ne procurent pas seulement de l'ombre aux voyageurs et une vue agréable, mais ils leur servent aussi de guide précieux en hiver lorsque la campagne est couverte de neige ; enfin, arrivés au terme de leur existence, ces arbres fournissent de bon bois de service et de chauffage.

Nous savons que l'arbre fruitier demande beaucoup de peines et de soins jusqu'à ce qu'il soit en plein rapport, et ce rapport peut devenir incertain ou être amoindri par diverses circonstances préjudiciables. Nous savons aussi que l'arbre fruitier exige des tuteurs coûteux pendant sa jeunesse, qu'il gêne la régularité des labours, qu'il absorbe la fertilité du terrain environnant, ou qu'il exige du fumier qui ne trouve qu'une faible compensation par les feuilles mortes; qu'il peut maintenir trop d'humidité dans certaines pièces, rendre les herbes trop aqueuses et faire verser les céréales, en empêchant l'aération du sol et des récoltes. Cependant il est possible d'éviter, par des dispositions rationnelles, plusieurs des inconvénients que l'on reproche aux arbres fruitiers.

Ainsi on laisse dépérir, sans les remplacer, les arbres isolés qui se trouvent dans les champs. Quant à ceux qui sont en avenues, il convient de les placer à une certaine distance de la route, afin que leurs branches ne dépassent pas les fossés, n'entravent pas la circulation des voitures chargées de récoltes et n'empêchent pas la dessiccation des routes. Ordinairement, on tâche d'élever la couronne des arbres, afin de faciliter les cultures au-dessous et de préserver leurs fruits des entreprises des maraudeurs. Pour les jardins et les endroits abrités de la ferme, on choisit les fruits de table; pour les lieux éloignés, les avenues ou les routes, les fruits à cidre qui rapportent non-seulement davantage, mais qui, pris à l'arbre, sont d'une saveur moins agréable ou non mangeables.

Toutes ces règles, autrefois négligées, sont aujourd'hui observées à Hohenheim. On y remarque bien encore beaucoup de vieux arbres trop rapprochés les uns des autres et qui se nuisent réciproquement; cependant les plantations de cet institut peuvent servir à démontrer la valeur de ce genre de produits et nous donner quelques chiffres qu'on trouverait assez difficilement ailleurs.

En exceptant les pépinières, on comptait :

| | En 1832 | 1833 | 1834 |
|---|---|---|---|
| Pommiers. . . . | 2,713 | 2,849 | 2,613 |
| Poiriers. . . . . | 1,692 | 1,773 | 1,734 |
| | 4,405 | 4,622 | 4,347 |
| Pruniers. . . . . | 941 | 959 | 907 |
| TOTAL. . | 5,346 | 5,581 | 5,254 |

Il n'a pas été fait de dénombrement depuis cette époque ; nous admettrons donc le dernier nombre comme le plus vraisemblable et pour les années suivantes.

Le revenu brut en pommes, poires, prunes et coings, et en argent, se montait,

| En 1832, à | 1,875 hectolitres et à | 7,011 fr. |
|---|---|---|
| 1833, | 817 — | 3,011 |
| 1834, | 1,803 — | 6,300 |
| 1835, | 1,106 — | 3,511 |
| 1836, | 416 — | 4,110 |
| 1837, | 620 — | 6,375 |
| 1838, | 550 — | 4,554 |
| TOTAL. . . | 7,187 hectolitres et à | 34,872 fr. |

Moyenne pour une année, 1,027 hectol. et 4,981 fr. 70 c.

Nous devons remarquer que le nombre d'hectolitres est, en réalité, plus élevé que ne l'indiquent
nos chiffres, parce qu'à Hohenheim les fruits sont
mesurés comble ; du reste, comme ils sont vendus
à un prix plus élevé, il résulte que le revenu est
un point de comparaison plus exact que le produit
brut.

Quant au nombre d'arbres, on peut admettre
que dans une contrée apte à la culture des arbres
à fruit, dans une propriété d'une certaine étendue,
on peut planter de 25 à 32 pieds d'arbres à fruit
par hectare, sans que par là on cause un dommage
réel aux autres cultures, sans que pour cela on
revendique l'espace intérieur des champs.

Dans ce nombre-là sont compris les arbres à
fruit dans les jardins, dans les vergers, dans le
voisinage des habitations, des situations chaudes et
bien exposées aux rayons solaires et aux bords des
chemins d'exploitations, suffisamment espacés.

Si maintenant dans le nombre des arbres il y a
des pommiers, des poiriers, des cerisiers, des pruniers, etc., chaque espèce à sa place convenable,
et que chaque arbre ne donne qu'un produit net de
65 à 70 centimes, cela fera déjà, par hectare, de
16 fr. 25 c. à 22 fr. 40 c., supplément, certes, de
quelque valeur.

## § 1er. Revenus.

Les prix que l'on a obtenus pendant les sept années de 1832 à 1838 ont varié de 3 fr. 20 c. à 10 fr. par hectolitre de pommes ou de poires; en moyenne, 5 fr.

De 3 fr. 60 à 11 fr. 23 par hectolitre de prunes; en moyenne, 4 fr. 20 c.

En 1837, où les fruits se sont vendus au prix le plus élevé, on a obtenu,

| | | | | |
|---|---|---|---|---|
| Pour 1 hectol. de pommes et poires non mûres tombées. | | | 1 fr. | 65 c. |
| 1 | — | — | précoces. . . . . . 11 | 14 |
| 1 | — | — | secouées et abattues. 9 | 36 |
| 1 | — | — | cueillies. . . . . . 15 | » |
| 1 | — | de poires dites de Champagne, à cidre | | |
| doux. . . . . . . . . . . . . . . . . . . 14 | | | | 32 |

Il peut être fort intéressant, dans l'estimation des biens-fonds, de connaître le revenu moyen en fruit d'un arbre. Il y a quelques années, on s'était occupé à trouver le revenu brut d'un arbre fruitier à Hohenheim, et l'on trouva une valeur de 1 fr. 40 c.; mais nous ne savons pas si, à cette époque, on fit entrer tous les arbres dans le calcul, ou seulement les arbres en plein rapport. Les nouvelles recherches faites dans les dernières années, qui comprenaient les arbres de tous âges,

bons ou mauvais, ont donné les résultats suivants :

| | | |
|---|---|---|
| En 1832, 39 litres à 1 fr. 47 c. | En 1836, 10 litres à » fr. 94 c. |
| 1833, 17 — » 68 | 1837, 14 — 1 45 |
| 1834, 41 — 1 44 | 1838, 12 — 1 » |
| 1835, 23 — » 72 | |

Moyenne, 22 litres et 1 fr. 10 c.
La moyenne pour les prunes est de 4 litres et de 18 centimes.

Ce produit moyen surprendra sans doute beaucoup de personnes qui ont vu souvent des arbres
produire de 7 à 9 hectolitres, ou qui ont entendu
parler de ces beaux poiriers qu'on trouve en diverses localités du Wurtemberg, et qui ont produit
de 22 à 28 hectolitres ; mais les nombres que nous
avons donnés sont des chiffres moyens pris sur une
grande quantité d'arbres de tous âges et dans des
situations variées. Si l'on ne voulait faire état que
des arbres en plein rapport, on pourrait certainement élever la moyenne d'un quart en sus.

Nous devons annoter encore comme produit accessoire le bois qu'on obtient des arbres, soit par
l'élagage, soit par les arbres morts. Il a été perçu
pour cet objet, à Hohenheim, pendant les sept
années, de 1832 à 1838, en moyenne environ,
6 centimes par arbre et par an.

En Normandie, on ne plante, sur 1 hectare de
verger de première classe, que 100 arbres à 10 mètres de distance l'un de l'autre, en majeure partie
des pommiers. On y récolte, en moyenne, 160 li-

I.                                          14

tres de fruits par arbre, ou 160 hectolitres par hectare. Le prix de l'hectolitre varie de 3 à 5 fr. ; la moyenne est de 4 fr. : le revenu brut est donc de 6 fr. 40 c. par arbre, ou de 640 fr. par hectare. Dans les vergers de deuxième classe, on plante 150 arbres par hectare, à 8 mètres de distance ; la récolte se monte à 80 litres par arbre, ou 120 hectolitres par hectare, et le revenu à 3 fr. 20 c. par arbre, ou 480 fr. par hectare. Dans les vergers de troisième classe, on plante 200 arbres à 7 mètres de distance ; on en récolte 40 litres par arbre, ou 80 hectolitres par hectare, et le revenu brut s'élève à 1 fr. 60 c. par arbre, ou 320 fr. par hectare. On admet là que le plus grand pommier peut produire 10 hectolitres de pommes.

Outre le revenu de ces plantations d'arbres, il faut ajouter le revenu accessoire du sol, tantôt en herbages, tantôt en prairies; mais, dans l'intérêt des arbres, il serait préférable de cultiver la terre.

Flotow, qui a écrit avec succès sur l'estimation des biens-fonds, propose de compter tous les arbres, excepté les jeunes, d'un diamètre de moins de 5 centimètres, et d'estimer le revenu brut

| | | | |
|---|---|---|---|
| D'un pommier ou poirier fort, de | » fr. 65 c. à | » fr. 80 c. |
| D'un pommier moyen. . . . . . | » 50 | » 65 |
| D'un faible mal venu ou mal situé. | » 32 | » 50 |
| D'un prunier ou cerisier fort. . | » 50 | » 65 |
| D'un prunier moyen. . . . . . | » 32 | » 50 |
| D'un mauvais mal situé. . . . . | » 16 | » 32 |

Pour arriver au produit net, sans autres calculs plus longs, 3 journées d'homme par 200 arbres, et la valeur de 60 tuteurs par 300 jeunes arbres et de taille moyenne. Mais Flotow a écrit dans un pays où les fruits n'ont pas toute leur valeur, puisque la fabrication du cidre y est presque inconnue.

Quand on fait du cidre, on compte, en moyenne, dans le Wurtemberg, 190 litres de pommes et 175 litres de poires par hectolitre de cidre. Il est bien entendu, cependant, que l'espèce de fruits, l'année et l'addition d'une plus ou moins grande quantité d'eau modifient tant soit peu ces chiffres. En Angleterre, on compte de 150 à 190 litres de pommes, et, en Normandie, de 220 à 250 litres par hectolitre de cidre de première et seconde pression. On peut estimer le prix moyen de 1 hectolitre de cidre 9 à 12 fr. pour le Wurtemberg. Lorsque le cidre est mélangé d'eau, le prix est inférieur au plus bas prix ci-dessus; par contre, il dépasse le maximum de ce même prix ( ci-dessus ) lorsque la boisson est de première qualité, par exemple celle préparée avec des poires acerbes dites de Champagne.

## § 2. *Dépenses.*

A. *Frais d'une nouvelle plantation ou d'un remplacement partiel.* — Une fosse pour planter un arbre fruitier, de $0^m,55$ de profondeur et de $0^m,85$ de diamètre, coûte, à forfait, de 4 à 7 centimes. Les prix d'achat d'arbres à haut vent, bien venus et de bonne espèce, sont, pour un pommier, de 1 fr. 30 c. à 1 fr. 50 c.; pour un poirier, de 1 fr. 40 c. à 1 fr. 70 c.; pour un cerisier ou un prunier, de 85 centimes à 1 fr. 10 c. Quelquefois on en trouve à meilleur marché; mais il y a rarement avantage à chercher le bas prix. Sur une grande propriété, il convient, du reste, d'établir des pépinières. Un tuteur en bois de sapin coûte 10 centimes, et en bois de chêne 40 centimes; il en faut un par arbre. Mais si l'on en prend trois, comme cela se pratique assez souvent, et si l'on y comprend le prix des épines et des liens, c'est une dépense qui monte de 1 fr. 40 c. à 1 fr. 70 c. La plantation même de l'arbre coûte encore de 5 à 7 centimes. A l'époque de la plantation de 4,600 arbres fruitiers, qui fut faite sur des terres communales, dans le grand bailliage de Stuttgard, tous les frais compris, chaque arbre planté revint à 1 fr. 40 c. On admet que, pour 30 arbres nouvellement plantés, il en faut un pour remplacer ceux qui ont péri.

B. *Soins d'entretien.* — Dans une culture soignée, les arbres doivent être bêchés tous les ans; il en coûte de 2 à 4 centimes par arbre. Les arbres plantés dans des pièces de terre en culture n'en ont pas besoin. Pour l'élagage annuel nécessaire, on paye environ 4 centimes par arbre ; en compensation, on a le bois provenant de ces élagages. On ne peut rien dire sur l'application de l'engrais, car le plus souvent on n'en donne pas, quoique cela puisse être souvent une pratique avantageuse ; mais il faut encore compter 2 centimes par arbre pour l'échenillage, l'enlèvement de la mousse et de la vieille écorce, et autres menus soins de surveillance.

C. *Frais de récolte*. — On a souvent fait la récolte des fruits, tant tombés spontanément que secoués et abattus, au prix débattu de 15 à 30 centimes par hectolitre ; mais, pour les cueillir, on paye 1 fr. en sus par hectolitre. En 1834, où la récolte des fruits fut abondante, tous les frais, y compris ceux de garde, montèrent à 75 centimes par hectolitre.

D. *Frais de fabrication du cidre*. — Dans quelques propriétés où l'on fait faire le cidre à forfait, on paye de 55 à 73 centimes par hectolitre.

L'ensemble de tous les frais de plantation, y compris les remplacements de sujets manquants, les tuteurs, les soins donnés aux arbres, tant aux jeunes qu'aux vieux, le fumier, la récolte, la vente, une part des gages du jardinier, sans compter toutefois ceux de fabrication du cidre, s'est élevé, à Hohenheim, pour chaque arbre de tout âge, soit pommier ou poirier, soit prunier, pour les années de 1832 à 1838, de 30 à 47 centimes, et en moyenne, à 38 centimes par arbre et par an.

D'après ce qui précède, le revenu brut moyen s'élève, par pommier ou poirier,

Pour les fruits, à. . . . . . . . . . . . . . 1 fr. 10 c.
Pour le bois, à. . . . . . . . . . . . . . . » 06

TOTAL. . . 1 fr. 16 c.
Les divers frais à déduire se montent à. . . . » 38

Il reste pour revenu net. . . . . . . . » fr. 78 c.

D'après un calcul antérieur fait à Hohenheim, le produit brut annuel montait à 1 fr. 44 c.; les frais étaient de 44 centimes : par conséquent, le revenu net s'élevait à 1 fr. par arbre et par an.

Sur le domaine royal d'Achalm, on compte plus de 700 pommiers, poiriers, pruniers, cerisiers et noyers en bon rapport. La moyenne du revenu net de chaque arbre a donné la somme de 1 fr. 8 c. sur une période de plusieurs années ; mais on n'a pas compris dans ce calcul la plantation de 1,000 arbres fruitiers qui n'étaient pas encore en rapport.

### Section septième.

#### JARDINS.

Après avoir traité séparément des arbres fruitiers, nous pourrons encore classer les jardins, renfermant des arbres fruitiers, en

§ 1er, jardins d'agrément et parcs ;

§ 2, jardins potagers ;

§ 3, vergers ;

§ 4, jardins en pleine campagne, portions de terre cultivées à la main ;

§ 5, houblonnières.

On rencontre assez souvent des arbres fruitiers en certaine quantité dans les trois premières classes de jardins : leur produit doit donc être ajouté à celui des plantations des arbres fruitiers, avec déduction des pertes qu'ils peuvent occasionner aux jardins.

## § 1er. *Jardins d'agrément, parcs.*

Ces jardins coûtent généralement plus qu'ils ne rapportent; leur valeur foncière ne peut donc pas être appréciée d'après les revenus, comme c'est le cas pour les biens-fonds. Si l'on veut connaître leur valeur en argent, comme cela est nécessaire lors de l'acquisition d'une propriété dont ces jardins font partie, et qu'ils contiennent d'ailleurs réellement des valeurs échangeables, il faut voir quelle utilité on pourrait tirer de ces terrains, en les convertissant, suivant leur nature, en bois, en pâturages, en prés, en terres de labour, et en les utilisant, comme tels, selon qu'ils conviendraient à l'une ou à l'autre de ces destinations, et

telle sera alors leur valeur économique. Les paye-
t-on au delà de cette valeur, on doit alors attribuer
l'excédant, soit à l'agrément qu'ils procurent, soit
à la perspective de revendre ces jardins à un autre
qui, aussi, mettra un haut prix à l'agrément. Il
arrive, d'ailleurs, souvent qu'un beau parc, avec
un beau site et avec certaines convenances, attire
beaucoup d'amateurs. Si l'on est fermier, on a à
prendre d'autres considérations ; car, en général,
il n'est pas permis à un fermier de faire les changements dont nous venons de parler. Le fermier
peut même être dans l'obligation de veiller à l'entretien et à la culture des jardins d'agrément, de
planter, de remplir les lacunes d'arbres, de soigner
les chemins, peut-être même d'y tenir un jardinier
spécial. Ces dépenses sont donc à apprécier, autant que l'on ne veut pas ou que l'on ne peut pas
jouir soi-même de l'agrément de ces jardins. On
calcule alors ce que peuvent rapporter des parterres
de gazon, soit en les fauchant, soit en les faisant
pâturer ; quels produits peuvent donner les élagages
des bosquets, etc., etc. : on parvient ainsi à se
rendre compte de la valeur de la terre.

### § 2. *Jardins potagers.*

Les jardins potagers sont presque indispensables
à la campagne, car on n'y trouve pas toujours

l'occasion de se procurer les petites provisions dont on a besoin dans le ménage. D'ailleurs, avec une bonne distribution du travail, on les produit souvent à peu de frais ; précisément parce que maints travaux au potager ne se font qu'aux heures qui ne peuvent pas être mieux remplies ailleurs. Les produits des potagers sont si divers et parfois si petits, qu'il n'est guère possible de leur attribuer une valeur résultante des dépenses et recettes ; mais on admet généralement que leur valeur dépasse d'un quart ou de moitié celle des terres arables de même classe, selon la nature du sol, sa fertilité, les améliorations dont il est susceptible, selon son exposition, la proximité de la ferme et de l'eau, et suivant qu'ils sont entourés de clôtures. Il peut quelquefois convenir de connaître la contenance la plus convenable que doit avoir un potager, car il n'est pas prudent de lui donner une trop grande étendue ; tandis qu'il faut, cependant aussi, prévoir les besoins que l'on peut éprouver. Schmalz donne quelques chiffres d'expérience, d'après lesquels une famille qui aurait son propre foyer, que ce soit celle du régisseur, ou du jardinier, ou du forgeron ou autre, qui soignerait elle-même la culture, aurait besoin de 15, 20, 25 ares. Pour le propriétaire, sa famille et ses domestiques, ou bien pour un fermier, il compte 50 ares pour le potager. Dans le voisinage de grandes villes ou de fabriques, il peut être très-profitable de donner de l'extension au potager et de destiner les produits à la vente. Le revenu du potager dépend, outre ses débouchés, l'exposition et la nature du sol, encore particulièrement de l'activité, des connaissances spéciales de la personne qui s'en occupe, et qui est tantôt la maîtresse de la maison elle-même, tantôt un jardinier spécial. Schmalz évalue que 50 ares de potager, cultivés par une personne intelligente, donnent autant de revenu net qu'une vache laitière dans les mêmes circonstances de localité.

## § 3. *Vergers.*

Les vergers, dans la réalité, ne sont que des prairies qui se distinguent des autres par la proximité de la maison de ferme, les clôtures et l'avantage d'être exempts de la vaine pâture. Dans l'estimation d'une propriété, on les considère comme des prairies, en leur tenant compte de ces avantages et des dépenses que peuvent occasionner les clôtures. Les herbes qu'ils produisent sont ordinairement consommées en vert, à cause de la proximité et de l'ombre des arbres fruitiers.

## § 4. *Jardins en pleine campagne, portions de terre cultivées à la main.*

On appelle ainsi ces portions de terrains de petite dimension qui, sans être entourées de clôtures, se rapprochent plus, par leur fertilité et par la culture exclusive à la main, des jardins potagers que des terres labourables ; c'est ainsi que l'on a des genévrières, des terres à choux, à pommes de terre. Ces jardins sont libres de toute entrave dans la culture, le plus souvent aussi du parcours, et sont classés, tant pour ces motifs que pour leur fertilité, dans la première classe des terres cultivées, de manière à égaler en revenu les jardins entourés de clôtures, et souvent même les surpasser.

## § 5. *Houblonnières.*

La culture du houblon tient le milieu entre l'agriculture proprement dite et la culture des jardins ; elle se rapproche beaucoup de celle de la vigne, par les fortes avances que son établissement exige. Il est vrai que, d'ordinaire, une houblonnière rembourse ces avances, ou du moins elle paye bien les intérêts, lorsqu'on est assez riche pour pouvoir attendre, et assez heureux pour faire, dans le courant des années, quelques bonnes récoltes; elle s'en rapproche encore par les fumures abondantes, la masse de main-d'œuvre et les soins minutieux qu'elle exige. On doit avoir égard, dans cette culture, à la dépréciation rapide de la valeur du houblon, lorsqu'on le garde au delà d'une année et à la grande variation dans les prix de vente. Par ces motifs, la culture du houblon ne doit pas souvent recevoir une trop grande extension, et elle convient mieux aux petites et moyennes exploitations qu'aux grandes, où une surveillance spéciale est toujours difficile.

### Produit de la houblonnière.

On évalue le produit brut d'une houblonnière, tantôt par perche, tantôt par hectare. Avec une bonne exploitation, le produit moyen est souvent de 0,250 grammes par perche, ou 770 à 925 kilog. par hectare; il arrive rarement d'obtenir un plus fort rendement moyen sur un grand nombre d'années, car, si l'on tient compte des années mauvaises, les quelques chiffres extraordinaires descendront sensiblement.

En Bavière, on admet comme exact que, sur douze années, on obtient deux bonnes récoltes, six moyennes, quatre mauvaises, et l'on estime alors le rendement moyen

Par hectare de 4,400 perches à 1,130 kilog.
— de 4,700 — à 1,208 —

La plupart des planteurs de houblon du Wurtemberg se contenteraient bien d'un produit de 770 kilog. par hectare de 5,000 perches. Malheureusement, jusqu'à présent, des chiffres, résultat d'expériences authentiques, nous manquent sur ce sujet. Quant aux prix de vente, ceux de Hohenheim peuvent nous suffire ; car, d'après ces prix, la moyenne de quatorze années, de 1826 à 1839, s'élevait à 275 fr. les 100 kilog. En supposant un produit brut de 770 kilog. par hectare et un prix moyen de 275 fr. par 100 kilog. , on peut obtenir encore un revenu net assez considérable, comme on le prouvera plus tard en parlant des frais ; mais si, en moyenne, on n'obtient que 615 kilog. par hectare et que 220 fr. par 100 kilog., alors cette culture n'est plus profitable dans le Wurtemberg ; elle le sera encore en Bavière, où les frais sont moindres.

### Frais d'établissement et de plantation d'une houblonnière.

Il existe sur ce sujet deux comptes de revient basés sur l'expérience, l'un de Hohenheim, l'autre du professeur Veit de Bavière. Dans le Wurtemberg, on a admis pour base des calculs 5,000 perches de houblon, et en Bavière 4,700 par hectare ; on peut donc citer ces deux calculs comme exemples et comme points de comparaison.

A. *Frais de préparation du sol.* — Ils consistent dans un bon défoncement, soit à la bêche, soit à la charrue, de 40 à 70 centimètres de profondeur; ce qui coûte, le premier à la bêche, de 170 à 340 fr., et l'autre à la charrue, là où il est applicable, de 80 à 100 fr. par hectare. Veit compte 253 fr. par hectare pour la façon à la main, et 85 fr. 50 c. pour celle à la charrue.

B. *Frais de la première fumure.* — On prend ordinairement des composts pour cette fumure. En Bavière, on met 435 charretées à 1 mètre cube, au prix de 1 fr. 8 c.; ce qui fait 469 fr. 80 c. par hectare. Le chargement et la conduite coûtent 77 fr. 50 c. A Hohenheim, on se contente de conduire 158 voitures à 0,587 mètres cubes, qui coûtent 342 fr.

C. *L'alignement, la plantation, le nettoyage* et la taille des plants s'élèvent, d'après Veit, à 60 journées d'homme, ou 46 fr. par hectare.

D. *Prix du plant.* — Dans le Wurtemberg, on plante, d'ordinaire, deux boutures ou plançons par pied; en Bavière, de trois à quatre. Le prix de la taille des plançons tirés de sa propre houblonnière revient au propriétaire à 20 centimes le cent, et on les vend 40 c.; mais des plants de Bavière se payent souvent, dans le Wurtemberg, 80 c. à 1 fr. le cent : d'après cela, on peut établir le compte. Veit admet une moyenne 3,5 de plants par pied; pour 4,700 pieds, on aura 16,500 plants par hectare, ce qui, à raison de 65 c. le cent de plants, fait une dépense de 107 fr. par hectare.

E. *L'achat des perches, leur préparation et la conduite sur les lieux.* — Dans une culture rationnelle, on n'emploie que 1 perche par pied. Le prix par perche varie de 15 à 43 centimes. Veit compte 4,700 perches à 21ᶜ,5, ou 1,012 fr. par hectare. A Hohenheim, on les paye 43 centimes, ce qui, pour 5,000 perches, fait un capital de 2,150 fr. par hectare.

F. La première année qui suit celle de la plantation ne donnant, en général, point de produit, ces frais doivent être ajoutés aux frais d'établissement. D'après Veit, ils montent à 20 journées d'attelages et 59 journées d'homme, ou 67 fr. par hectare. Quelquefois on comprend encore dans le compte de ces frais divers ustensiles indispensables, tels qu'un perçoir, une serpette, un levier, une tenaille pour arracher les perches, une brouette. Si on réunit tous ces frais, ils forment un capital assez considérable, qui souvent surpasse la valeur primitive du sol; capital dont il faut non-seulement tenir compte des intérêts, mais que l'on doit encore regarder comme éteint, au moins partiellement, au bout de douze à vingt ans, et qui est à remplacer.

Ce capital s'élève, suivant Veit, par hectare :

Pour le défoncement à la bêche. . . . . . . .   253 fr.

Les composts. . . . . . . . . . . . . . .   469

Le chargement et la conduite des composts.   77

L'alignement et la plantation. . . . . . .   46

L'achat des plants. . . . . . . . . . . .   107

Les perches. . . . . . . . . . . . . . .   1,012

**Les frais de culture de la deuxième année.** .   67

TOTAL. . .  2,031

Cependant, si l'on peut se servir de la charrue pour le défoncement, on fait une économie de 168 fr., et l'établissement d'une houblonnière ne coûte plus que 1,863 fr. par hectare.

A Hohenheim, les frais de premier établissement s'élèvent, les perches non comprises, à. . . . . . . . . . . . . . . . . . . .   875 fr.

Les perches, de 2,150 à 2,188 fr.   2,188

Les travaux de la première année, évalués à. . . . . . . . . . . . . .   72

TOTAL PAR HECTARE.   3,135 fr.

A Moehringen, près Stuttgard, ces frais s'élevèrent, pour le premier établissement d'une houblonnière et pour le travail de la première année, à. . . . . . . . . . . . . . . . . . . .   804 fr.

Pour l'achat de 4,315 perches, à.   1,686

TOTAL PAR HECTARE.   2,490 fr.

**G.** *Travaux annuels d'une houblonnière en plein rapport, de 4,700 à 5,000 pieds par hectare.*

1° Déchausser, tailler et recouvrir les plants, d'après Veit, 65 journées d'homme, et à Hohenheim, d'après le compté de 1823 à 1824, qui a fourni les éléments suivants, y compris la pose du fumier. . . . . . . . . . . . . . . . . . . 43 fr.

2° La pose des perches exige, selon Veit, 47 journées d'homme, à Hohenheim, y compris le redressement des perches renversées par les vents. . . . . . 64

3° Pour éclater les jets, attacher les tiges, selon Veit, 65 journées, à Hohenheim. . . . . . . . . . . . . . . . . . 104

4° Pour trois binages, selon Veit, 89 journées, à Hohenheim, deux binages seulement. . . . . . . . . . . . . . . 80

5° Frais de la récolte, selon Veit, 50 journées pour enlever les perches et les sarments, 53 pour la cueillette du houblon; total 103, à 79 fr. 81 c.

A Hohenheim, en 1824, on paya, par hectare, pour la cueillette, 454 fr.; plus tard, on traita à forfait, à environ 5 c. par pied ou 243 fr. par hectare de 5,000 pieds.

A Moehringen, les frais de récolte s'élevèrent, sur une moyenne de sept années, à 342 fr. par hectare ou à 38 fr. les 100 kilog.

I. 15

Ces grandes variations dans les frais de récolte ne doivent, du reste, pas étonner; elles ont leur cause naturelle dans la plus ou moins abondante récolte, dans le temps qu'il faut pendant la cueillette, dans les procédés qu'on y emploie, et surtout aussi dans l'habitude des ouvriers pour ce travail.

6° Pour sécher le houblon, selon Veit, 10 journées d'homme, à Hohenheim, 8 fr. par hectare, et de plus 14 fr. pour l'emballage.

7° Pour empiler ou dresser les perches, selon Veit, 3 journées d'homme, à Hohenheim, 12 fr. par hectare.

8° Pour recouvrir les pieds, selon Veit, 44 journées; à Hohenheim, on ne recouvrait pas les pieds en hiver.

Si l'on additionne tout d'abord ces frais en retranchant ceux de la récolte, de la dessiccation et des binages, on trouvera par Veit 308 journées estimées à 2 fr. 15 c., et à Hohenheim une somme de 301 fr. par hectare.

Ces travaux se prêtent à des marchés à forfait. Veit rapporte qu'un propriétaire des environs de Munich payait, pour une houblonnière de 50,000 pieds, 170 fr. par hectare de 4,700 pieds. Dans cet accord, tous les travaux étaient compris, à l'exception de la taille des plants, qu'il payait 4 fr. par hectare, et de la cueillette du houblon qui se montait de 70 à 80 fr.

Le total des dépenses allait donc de 244 à 254 fr. par hectare.

Si l'on ajoute au compte détaillé de Veit les frais de récolte et le séchage du houblon, on trouvera 310 fr. ; il fait cependant observer que, en employant la charrue, on peut économiser 38 à 44 fr. par an, et il évalue la moyenne des dépenses annuelles à. . . . . . . . . . . . . . 253 fr.

A cela, il ajoute le prix d'une fumure annuelle de 13,400 kilog. qu'il évalue, y compris le chargement, la conduite et la distribution, au bas prix de 2 fr. 40 c. les 1,000 kilog. . . . . . . . . . . . 32

L'usure des perches, $1/16 = °/_o$. . 63

L'intérêt du premier capital d'établissement de 1,900 fr. à 5 pour 100. . . 95

L'amortissement de ce capital par 1/18. . . . . . . . . . . . . . . . . 105

TOTAL. . . 548 fr.

Dans le résumé des comptes que l'on fit à Hohenheim, on trouva que ces frais s'élevèrent bien plus haut; en voici le détail :

Les mêmes travaux ordinaires coûtèrent. . . . . 301 fr.
La récolte, y compris le séchage et l'emballage. . 476
La fumure annuelle, 25 chariots à 2 chevaux à 7 fr. 28 c. . . . . . . . . . . . . . . . . 182

*A reporter.* 959

|  | Report. | 959 fr. |
|---|---|---|
| Le chargement et la conduite des fumiers . . . . . | | 17 |
| L'usure et l'entretien des perches . . . . . . . . | | 182 |
| L'intérêt du capital d'établissement de 3,140 fr., à 5 pour 100 . . . . . . . . . . . . . . . | | 157 |
| L'amortissement de ce capital en quinze années, qui s'élève à 950 fr., après déduction de la valeur des perches de 2,190 f., et annuellement le 1/15. | | 63 |
| | TOTAL. . | 1,378 fr. |

On a aussi essayé, à Hohenheim, de traiter à forfait pendant plusieurs années, et l'on payait les travaux ordinaires 274 fr. par hectare, plus une gratification. Quelquefois on est venu au secours des travailleurs, en les aidant de la charrue, quand cela se pouvait; en définitive, le prix était à peu près le même.

D'après ce qui précède, il est évident que la culture du houblon en Bavière est plus profitable que dans le Wurtemberg, du moins que dans les environs de Stuttgard, où les prix du houblon ne sont pas assez élevés, et où les frais de culture sont plus chers, principalement les perches, le fumier, la main-d'œuvre. Les ouvriers ne paraissent pas non plus posséder la même aptitude pour les divers travaux d'une houblonnière; et cependant, malgré ces désavantages, la culture du houblon sera encore plus profitable que d'autres cultures, dans toutes les localités où elle trouvera des circonstances favorables.

## Section huitième.

### TECHNOLOGIE AGRICOLE.

L'adjonction d'une ou de plusieurs industries accessoires à une exploitation rurale devient, d'année en année, plus importante, et il y a des contrées dans lesquelles une exploitation ne saurait être maintenue dans sa prospérité sans le concours d'une distillerie, d'une brasserie ou d'une féculerie (1). Cette nécessité n'existait pas autrefois; la simplicité des mœurs n'avait pas fait sentir le besoin de donner une si grande extension aux opérations de l'agriculture. Il faut dire aussi que ces industries se trouvaient, d'un côté, encore dans l'enfance, pour qu'elles eussent pu prospérer entre les mains des agriculteurs; d'un autre côté, l'art de la culture des terres était encore trop peu développé, la jachère nommément, encore trop fréquente, pour avoir pu fournir à ces industries

---

(1) Nous prions le lecteur français de bien réfléchir à ceci, et de peser les avantages qu'il pourrait trouver à augmenter son industrie. En France, généralement, il n'est question, dans toutes les exploitations, que de faire du grain, et toujours du grain. Or, suivant les localités et l'aptitude de chacun, il sera souvent plus avantageux de se livrer soit à une culture industrielle, soit à une culture pastorale, soit à une spéculation particulière de bétail, soit à d'autres combinaisons agricoles, lesquelles, si elles sont bien conduites, donneront presque toujours des profits certains.          J. R.

les nombreux matériaux dont elles ont besoin. Indépendamment de l'intelligence, les capitaux nécessaires manquaient le plus souvent au cultivateur; ces fabriques restèrent longtemps aux mains des industriels des villes. De nos jours, cet état de choses a changé complétement de face, et l'avantage de réunir la production et la fabrication ressort particulièrement dans les exploitations, où le cultivateur fournit non-seulement les matières premières, mais consomme encore les résidus dont il tire parti après la fabrication.

Quant aux autres industries agricoles, telles que tuileries, fours à chaux, moulins à blé, à plâtre, scieries, etc., elles se trouvent de même assez souvent réunies à un faire-valoir; mais leur influence est plus limitée, et tous les avantages qui peuvent être attribués aux premières ne peuvent l'être à celles-ci.

Ces industries techniques-agricoles exercent l'influence la plus heureuse à la fois sur la rente de la terre, la valeur des biens-fonds et la prospérité de l'État; quant à ce dernier, elles lui procurent, tout fabriqués, les objets qu'il serait obligé de tirer du dehors. Quant aux premières, voici en quoi consistent les avantages.

A. Dans les localités où l'on s'adonne à la culture en grand des racines, des pommes de terre, des betteraves, pour les livrer aux fabriques, on augmente la fécondité de la terre par les cultures soignées, les binages et buttages qu'exigent ces plantes, et la valeur locative des biens-fonds s'accroît d'année en année.

B. On se procure un fourrage à bas prix, et, par suite, on peut augmenter le nombre des bestiaux d'une ferme, ainsi que la masse des engrais, et, par conséquent, élever la rente et la valeur foncières du sol ; de plus, on peut très-souvent mieux utiliser des fourrages médiocres, en les mélangeant avec des résidus de fabrique. Un cultivateur qui ne récolte sur des prairies marécageuses que du foin acide, lequel serait refusé par le bétail si on le lui présentait seul, peut le rendre bon et mangeable en le trempant dans des résidus de distillerie.

C. Outre les résidus qui servent de nourriture au bétail, il y a d'autres déchets, des cendres, de la chaux, de la suie et du noir animal qui servent d'amendement.

D. L'écoulement des produits bruts est difficile dans bien des circonstances, tant par l'encombrement des marchés que par l'éloignement des propriétés et le mauvais état des chemins. La conversion des matières premières en fécule, en eau-de-vie et en sucre facilite le transport, car le volume et le poids sont diminués. Souvent aussi la concurrence est plus limitée sous cette forme.

E. Les propriétés qui possèdent en même temps

des forêts élèvent par là la valeur des menus bois, des souches et autres parties souvent peu vendables, en les employant à la consommation de l'une de ces industries.

F. Une petite ferme à laquelle on joindra une industrie nourrira plus facilement une famille que ne saurait le faire la culture seule. Une des circonstances qui favorisent particulièrement ces fabriques agricoles, c'est que la plupart d'entre elles ne sont en activité que pendant l'hiver, époque à laquelle les travaux de l'agriculture chôment généralement un peu ; ensuite elles ont un charme particulier pour l'agronome instruit, qui peut obtenir, par son intelligence, des bénéfices plus considérables.

G. On peut, par là, donner une occupation plus constante aux ouvriers, circonstance plus ou moins importante, suivant les localités. Dans une exploitation à système céréale, on n'occupe habituellement un grand nombre d'ouvriers qu'à l'époque de la moisson. Lors même que, dans ce moment, on n'en manque pas précisément, on pourra cependant avoir à des conditions plus favorables ceux qui sont assurés de trouver sur le domaine de l'occupation et un salaire à d'autres époques de l'année. Une culture étendue de pommes de terre et de betteraves donne de l'ouvrage au printemps et en automne, et un certain nombre d'ouvriers est toujours employé dans la fabrique pendant l'hiver.

H. On trouve, de même, une occupation profitable pour les attelages de l'exploitation, à des époques où, sans ces industries, ils en manqueraient souvent. Les choses peuvent être disposées de manière que tous les transports des matières premières, surtout du combustible, ainsi que celui des produits de la fabrique, soient effectués par les attelages mêmes de l'exploitation. Dans le cas où les attelages du domaine ne suffiraient pas pour une industrie exploitée sur une grande échelle, et que l'on fût obligé de tenir des attelages spéciaux, ces derniers pourront non-seulement être employés utilement dans l'exploitation dans leurs moments de repos, mais ils rendront certainement bien souvent d'éminents services, aux époques où les travaux des champs demandent une si grande activité.

Quelque séduisantes que paraissent toutes ces considérations, il faut soumettre de tels projets à de longues méditations, alors surtout qu'il s'agit de créer et d'organiser une des fabriques dont nous parlons. Indépendamment de la certitude que doit avoir l'entrepreneur de culture de pouvoir réunir toutes les circonstances les plus favorables à la production des matières premières, ainsi qu'un débouché avantageux et constant des produits fabriqués, il doit surtout posséder les capitaux nécessaires pour fonder le premier établissement et pour son entretien, de même que les connaissances techniques indispensables. Plusieurs de ces établissements présupposent aussi l'existence de chutes d'eau comme moteur des machines, ou de l'eau qui ait des propriétés particulières pour la fabrication des produits.

Lorsqu'on fait un devis pour connaître les résultats éventuels d'une de ces industries, on doit bien se garder d'admettre d'autres chiffres que la moyenne des produits que l'on peut obtenir par une marche régulière et constante de fabrication. On ne doit prendre pour base que le produit que l'on peut espérer obtenir avec certitude dans toute fabrique bien dirigée, et jamais les résultats extraordinaires que l'on obtient dans quelques localités, ou qu'obtiennent des fabricants placés dans des positions exceptionnelles.

### 1° Amidonnerie et féculerie.

On emploie ordinairement le froment et l'épeautre pour la fabrication en grand de l'amidon, et les pommes de terre pour celle de la fécule. On admet que 100 kilog. de froment rendent 35 d'amidon sec de première et deuxième qualité, en moyenne 42, et au plus 48 kilog. L'épeautre rend de 50 à 55 d'amidon de diverses qualités. Quelquefois on exprime le produit brut à l'état humide, dont trois parties font environ deux de sèches.

En Allemagne, on admet pour les pommes de terre un rendement de 10 à 12 pour 100 de fécule sèche ; 14 à 16 pour 100 sont considérés comme un produit élevé ; en France, on parle de 17 à 20 pour 100, mais il paraît qu'on ne les obtient qu'avec des tubercules très-farineux, avec des espèces particulières et choisies, cultivées dans un bon sol, et avec des appareils perfectionnés. Le prix de l'amidon et de la fécule varie de 53 à 62 fr. par 100 kilog. Les résidus que l'on obtient de 100 kilog. de froment, convertis en amidon, sont estimés, par Schmalz, à l'équivalent de 90 litres d'avoine. Pabst admet que 150 kilog. de résidus d'amidonnerie et 300 kilog. de résidus de féculerie ou pulpe de pommes de terre forment l'équivalent de 100 kilog. de foin ; du reste, il nous manque encore des données positives sur la valeur nutritive de ces résidus.

Il faut retrancher du produit brut

A. Les intérêts du capital foncier et d'exploitation, que l'on peut évaluer à six mois pour les approvisionnements de matières premières.

B. L'entretien des ustensiles. Schmalz admet une dépense annuelle de 20 fr. pour une fabrication de 5,000 kilog. froment.

C. La main-d'œuvre : Schmalz l'évalue à 80 c.

pour 100 kilog. froment et autant pour la nourriture des ouvriers.

D. L'éclairage : d'après Schmalz, 65 c. [pour
5,000 kilog. froment en travaillant le jour, et autant pour les balais.

E. Les contributions indirectes et le combustible pour chauffer les étuves, si l'on sèche artifi-
ciellement.

### 2° Fabrication du sucre de betterave.

Les expériences sur les végétaux, auxquelles
Margraf s'est livré au milieu du dernier siècle,
nous procurèrent, en 1750, la découverte du sucre
dans la betterave. Cette découverte resta dans le
domaine de la chimie, lorsque, en 1790, Achard
répéta les expériences de son ancien professeur et
établit en Prusse une fabrique sur une grande
échelle pour extraire le sucre de betterave. Son
procédé consistait à traiter à froid le jus de la betterave par l'acide sulfurique, à le neutraliser
ensuite avec de la chaux, et à obtenir le sucre par
la cristallisation lente; il diffère du procédé français, qui consiste à déféquer le jus de betterave à
chaud avec de la chaux vive, à employer ensuite
de l'acide sulfurique lorsqu'on le juge convenable
pour neutraliser l'excès de chaux, et à obtenir le
sucre brut par la cuite. Ce procédé perfectionné
est le plus généralement adopté dans toutes les fa-

briques du continent, et il mérite la préférence sous tous les rapports.

Produits.

Les produits d'une fabrique de sucre de betterave consistent en sucre brut, en mélasse, en pulpe et en déchets. Dans l'état actuel de perfectionnements de cette industrie, on peut admettre sans hésitation un rendement en sucre brut de 5 pour 100 de betteraves fabriquées. Dans plusieurs fabriques, on obtient même de 6 à 8 pour 100 avec des betteraves de bonne qualité, des appareils et des procédés perfectionnés. Les 100 kilog. de sucre brut de première qualité se vendent de 107 à 120 fr.; les qualités inférieures, de 78 à 107 fr. Le sucre brut emballé, de 130 à 140 fr. les 100 kilog.

*Mélasse.* Le poids de la mélasse qu'on retire après la cristallisation du sucre brut est d'autant moins considérable que l'on emploie de bons procédés de fabrication; il varie de 2 à 3 pour 100. Dans les années 1835 à 1837, on le vendit de 48 à 51 fr. les 100 kilog.; depuis, on ne les paye plus que de 25 à 30 fr. : il y a même des contrées où on peut l'avoir à 17 fr. les 100 kilog.

*Pulpes.* La quantité de pulpes se monte, selon l'efficacité des presses hydrauliques et d'autres procédés, de 15 à 30 pour 100. Leur valeur nutritive est au moins égale, en poids, à celle des betteraves, autant qu'elles ne sont pas épuisées plus que d'ordinaire par des procédés particuliers, de manière que 1 kilog. de pulpes et 1 kilog. de betteraves auraient la même valeur nutritive et la même valeur vénale. Plusieurs agronomes admettent même 175 kilog. de pulpes seulement et 275 kilog. de betteraves pour faire l'équivalent de 100 kilog. de foin, et ils calculent leur valeur vénale sur cette base. Si donc un domaine livre à une fabrique toute sa récolte de betteraves, et que celle-ci lui restitue tous les résidus, on peut, d'après les chiffres ci-dessus, déterminer un prix dont les deux partis tireront avantage ; mais, dans la pratique, on ne vend ordinairement, à poids égal, la pulpe qu'à la moitié du prix d'achat des betteraves. Les autres déchets de cette fabrication consistent en cendres, chaux, noir animal, les petites eaux et les déchets des racines au nettoyage, pour lesquels on ne peut pas donner d'évaluation générale.

Il faut déduire du revenu brut

A. L'intérêt du capital, des constructions faites ou achetées.

B. Celui déboursé pour les appareils et ustensiles, dont il faut dresser un inventaire détaillé.

C. L'intérêt du capital d'exploitation. Pouvant admettre que, en général, les produits sont vendus immédiatement à la fin des travaux, on ne compte ici que six mois d'intérêt.

D. L'usure ou l'entretien des bâtiments et du mobilier de la fabrique. Pour le premier, on peut toujours admettre 8 pour 100, pour le deuxième 10 pour 100, de leur valeur.

E. Les appointements du directeur. Si la fabrique a une extension telle qu'elle exige un homme spécial, il faudra compter, pour les appointements, de 1,700 à 2,800 fr.; quelquefois il sera même nécessaire de lui adjoindre un aide, ou bien un comptable aux appointements de 800 à 1,200 fr.

F. Frais de bureau. Plus la fabrication est considérable, plus ces frais, par 100 kilog., seront moindres. Dans une fabrique qui travaille sur un million de kilogrammes de betteraves, on les évalue de 320 à 400 fr.

G. Prix d'achat ou d'estimation des betteraves. En Allemagne, leur prix est de 85 c. à 2 fr. 15 c. les 100 kilog. Lorsque leur prix dépasse 1 fr. 70 c. les 100 kilog., les avantages de la fabrication deviennent douteux.

H. Prix du combustible. Son prix, comme celui des betteraves, exerce la plus grande influence sur la réussite d'une fabrique. Un travail non interrompu nuit et jour et une bonne machine à vapeur en diminuent la consommation. Avec une fabrication en grand, la consommation par 100 kilog. de sucre sera un peu moindre que dans une fabrication en petit.

I. Noir animal. La quantité est à peu près égale à celle du sucre brut que l'on livre. Cela dépend, du reste, de la méthode de fabrication. Si on l'achète, son prix revient de 21 à 26 fr. les 100 kilog. Le fabrique-t-on soi-même et le vivifie-t-on de nouveau, son prix ne sera plus que de 6 à 9 fr. les 100 kilog.

K. Chaux vive, acide sulfurique, beurre. Pour une fabrication de 1 million de kilogrammes, cette dépense peut monter de 750 à 860 fr.

L. Terre à terrer. A Hohenheim, elle coûte 7 fr. les 100 kilog.

M. Prix de l'éclairage, huile à quinquet. Ici, il s'agit de savoir si le travail est non interrompu, ou s'il n'a lieu que le jour. Une fabrique qui, dans les vingt-quatre heures, fabriquait de 10,000 à 12,000 kilog. de betteraves avait pour cet objet une dépense de 6 fr. 50 c. par jour. A Hohenheim, cette dépense était de 1 fr. 7 c. pour une fabrication de 1,900 kilog., en ne travaillant que le jour. Cela prouve de nouveau quel désavantage il y a, sous plusieurs rapports, de fabriquer en petit.

N. Entretien de la force hydraulique ou des attelages pour le manége. La première est moins coûteuse et meilleure, si l'hiver, où le travail est le plus actif, l'eau ne gèle pas, ce qui dispense de machines à briser la glace. Les travaux des attelages sont à calculer sur le nombre de jours d'attelages.

O. **Prix de la main-d'œuvre.** Elle est moindre avec une machine à vapeur qu'avec un feu couvert, moindre avec des pressoirs hydrauliques qu'avec des pressoirs à vis, moindre dans les grandes fabriques que dans les petites. C'est d'après cela et d'après les méthodes de fabrication qu'il faut évaluer la main-d'œuvre.

P. Enfin les contributions directes et indirectes; et, dans les pays où il est établi, l'impôt onéreux dont est grevé le sucre indigène.

### 3° Brasserie.

Les nombres proportionnels qui se rapportent à cette industrie sont, en général, difficiles à indiquer, parce que les qualités de la bière, ainsi que les procédés de fabrication, varient considérablement. Dans une contrée, on ne prendrait pas pour de la bière telle boisson très-estimée dans une autre. Dans telle contrée, on emploie une quantité double et triple de malt par hectolitre de bière que dans telle autre. Dans l'une, le capital de circulation rentre au bout d'un mois; dans l'autre, seulement au bout d'une année. Cependant la fabrication de la bière, considérée, soit comme in-

I.                                    16

dustrie de spéculation, soit comme industrie particulière, destinée à entretenir la consommation
locale, exerce une grande influence sur l'exploitation. Dans la plupart des contrées de l'Allemagne, où la culture de la vigne n'est plus possible, on brasse dans l'exploitation même la bière
nécessaire pour la consommation de la maison,
soit pour toute l'année, soit au moins pour l'é-
poque de la moisson et de la fenaison. Dans le
Wurtemberg, on trouve cet usage établi, ainsi que
dans la haute Souabe et dans le pays d'Ellvangen, etc. Dans ce cas, c'est ordinairement de la
bière dont la fermentation a lieu par la bonde, et
qui est destinée à être consommée immédiatement.
Cette bière est, de jour en jour, remplacée, dans
les grandes brasseries de l'Allemagne, par la bière
à fermentation sous bonde, laquelle s'améliore par
la conservation.

Relativement à la force de la bière, on peut la
classer

A. En bière légère ou petite bière, pour laquelle on prend moins de 32 litres de malt par
hectolitre, et on n'emploie que peu ou point de
houblon ; cette bière ne se conserve pas longtemps
et est consommée immédiatement sous le nom de
bière blanche.

B. En bière ordinaire ou de force moyenne,
pour laquelle on emploie de 32 à 54 litres de malt,

et de 100 à 800 kilog. de houblon par hectolitre. On comprend dans cette classe la bière de table de la Prusse, la bière commune de Wurtemberg et de Bavière, consommées été et hiver; de même aussi la bière blanche de Prusse et de Bavière. Pour la bière de table de Prusse, on prend 46 litres de malt d'orge, 3 à 4 hectogrammes de houblon par hectolitre, et pour la bière blanche de Berlin, 46 litres de malt de froment et d'orge et 240 kilog. de houblon.

C. En bière forte ou bière double, pour laquelle on prend plus de 54 litres de malt par hectolitre et du houblon en proportion. On range dans cette classe les bières doubles de la Saxe, de Thuringen, de Prusse, de Bavière, pour lesquelles on emploie de 75 à 105 litres de malt et 640 à 800 kilog. de houblon par hectolitre; les porters anglais, brassés avec 60 jusqu'à 88 litres de malt; l'ale anglais, la plus forte de toutes les bières connues, brassé avec 88 jusqu'à 130 litres de malt et 640 à 1,100 kilog. de houblon par hectolitre. Indépendamment de ces bières, on obtient encore de la petite bière ou bière légère, dite de deuxième trempe, en versant de l'eau sur le malt qui a servi à fabriquer la bière forte, et qui fournit une boisson pour les ouvriers pendant la moisson.

Passons maintenant à l'examen des moyens de connaître les produits de cette industrie. Flotow admet qu'il n'est guère possible d'établir un compte détaillé estimatif, mais que l'on doit obtenir un revenu net de 1 fr. 20 c. à 1 fr. 50 c. par chaque hectolitre de malt employé, sous déduction de tous frais généraux et intérêts de l'inventaire et du capital d'exploitation, ainsi que des frais d'entretien et de réparation des bâtiments de la brasserie, en exceptant cependant le produit de la vente des drêches et des cendres.

Les renseignements suivants, puisés en majeure partie en Bavière et en Wurtemberg, pourront servir à établir un compte de revient d'une grande brasserie, où l'on ne fabrique la bière qu'avec de l'orge maltée.

### Recettes. Valeur de la bière produite.

A. Dans ces contrées, on fait une distinction entre la bière d'hiver ou de cabaret, que l'on consomme habituellement dans les deux premiers mois de la fabrication, et qui finit avec le mois de mai, et la bière d'été ou de mars, que l'on brasse de même pendant l'hiver et le printemps, mais qu'on ne livre à la consommation que lorsque la bière ordinaire d'hiver est épuisée, et qui doit suffire à la consommation pendant l'été, jusqu'à ce qu'on puisse fabriquer de la bonne bière ordinaire, et enfin la bière blanche légère que l'on brasse pendant toute l'année, mais dans quelques contrées seulement en été. On ne brasse pas de cette dernière dans les pays à vin et à cidre.

Selon les circonstances, on s'adonne à brasser tantôt l'une, tantôt l'autre de ces sortes de bière; cependant, assez souvent, les brasseurs qui fabriquent les deux premières sortes de bière, c'est-à-dire la bière ordinaire d'hiver et la bière de mars, que l'on nomme bière brune, ne brassent pas de la bière blanche légère et réciproquement. La bière ordinaire d'hiver donne, malgré son bas prix, un profit plus considérable que la bière de mars, parce qu'elle prend peu d'emplacement dans la cave et parce que le capital roulant rentre plus vite.

Pour déterminer la quantité de bière que l'on peut obtenir dans une brasserie, il faut connaître le volume et le nombre des brassins. La contenance de la chaudière, qui doit se trouver en harmonie avec les autres appareils, nous fournit le premier moyen. Dans une chaudière de 60 hectolitres, on peut brasser 70 hectolitres de bière. Lorsque la température est favorable et que le débit est assuré, on peut brasser annuellement de 130 à 135 fois de la bière d'hiver ou de mars, et souvent même de 170 à 180 fois, en y comprenant les brassins de bière blanche. On emploie, pour la bière d'hiver, de 38 à 45 litres de malt et 240 à 400 kilog. de houblon par hectolitre, et, pour la bière de mars, de 45 à 55 litres de malt et de 400 à 800 kilog. de houblon , suivant le temps qu'elle doit rester sur chantier. En Bavière, on prend pour cette dernière, selon Maier, environ 40 litres de malt et de 100 à 160 kilog. de houblon. On peut obtenir, en outre, de 1 hectolitre de malt, selon qu'il a été plus ou moins bien macéré, de 30 à 70 litres de petite bière; et , si on ne fait point de petite bière, la dernière trempé est alors livrée à la distillerie.

Le prix ordinaire de 1 hectolitre de bière , à la vente en gros , varie de 10 à 12 fr. pour la bière d'hiver, de 12 à 13 fr. pour la bière de mars, et de 6 à 7 fr. pour la petite bière. On accorde quelquefois une remise aux débitants qui règlent exactement leurs comptes.

Lorsque , dans une brasserie , on débite la bière en détail , on doit prendre pour base du calcul des recettes le prix de détail, qui varie de 16 à 20 fr. par hectolitre, en tenant compte des dépenses que le détail occasionne.

B. Les menus grains qui surnagent dans l'eau du bac où l'on trempe l'orge , destinés à être convertis en malt , sont livrés en majeure partie aux bêtes à l'engrais ; à la vente, ils ne valent que le quart ou le huitième du prix de l'orge de bonne qualité. Leur volume s'élève de 2 à 4 pour 100, selon la qualité de l'orge. Veit évalue que 60 kilog.

de ces menus grains forment l'équivalent de 100 kilog. foin.

C. Les germes d'orge sont employés ou à la
nourriture du bétail, ou bien immédiatement à la
fumure en couverture. On en obtient de 3 à 8 hectolitres par 100 hectolitres de malt d'orge. L'hectolitre de ces germes se vend de 1 à 2 fr. Veit estime 125 kilog. de germes d'orge aussi nutritifs
que 100 kilog. de foin.

D. On obtient de 1 hectolitre de malt, employé
à faire de la bière, environ 65 kilog. de dragues
humides, telles qu'on les distribue au bétail, ou
bien 80 litres à la mesure, mais sans les compri-
mer. Dans le Wurtemberg, comme partout ailleurs, on les vend habituellement, soit au baquet
ou au tandelin, au prix variable de 60 c. à 1 fr.
l'hectolitre de drague, ou 1 fr. 10 c. par 100 kilog., selon le prix vénal des autres fourrages, soit
par brassins à raison de 65 à 80 c. par hectolitre
de malt employé ; quelquefois on les vend à meilleur marché. Pour les vendre à leur juste valeur,
il faudrait prendre leur équivalent en foin; mais
on est très-peu d'accord sur ce chiffre. Les uns
accordent à 125 kilog., d'autres à 300 kilog. de
dragues une valeur nutritive égale à 100 kilog. de
foin. On admet à Hohenheim que le premier nombre est le plus juste.

E. On obtient environ 2 litres de cendres de

1 stère de bois blanc, et de 4 à 5 litres de 1 stère de bois dur. L'hectolitre de cendres se vend de 1 fr. 30 c. à 2 fr. 50 c.

F. Enfin une partie de la levûre se vend dans le pays, et le surplus, principalement la seconde quâlité, la moins pure, est livré, avec d'autres résidus, à la distillerie, où alors sa valeur est déterminée. Une brasserie de 3,000 hectolitres peut vendre pour 315 fr. de levûre lorsque la concurrence n'est pas grande, et seulement pour 105 fr. lorsque la concurrence des brasseries est très-grande. Le houblon que l'on retire du brassin est jeté sur le fumier.

### Dépenses.

Les frais qu'entraîne une brasserie se composent de l'intérêt du capital employé aux bâtiments, au mobilier et à la circulation. Le premier résulte de l'estimation des bâtiments ou du prix du loyer, et l'intérêt des deux autres de l'inventaire estimatif que l'on doit faire annuellement.

Une brasserie nouvellement construite à neuf dans le Wurtemberg, à la campagne, d'après les meilleurs principes, et sur une fabrication annuelle de 5,000 à 5,300 hectolitres de bière, a coûté 77,500 fr., y compris les caves pour la bière de mars. Le prix du mobilier s'est élevé à 25,860 fr., et le capital circulant, qui comprenait les provisions d'orge, de malt, de bois à brûler, de houblon, de bière, ainsi que le salaire des ouvriers, à 51,717 fr.; il faut aussi y comprendre l'entretien et la réparation des bâtiments, des conduites d'eau et du mobilier, ainsi que les frais généraux.

Les appointements du contre-maître d'une grande brasserie s'élèvent de 1,000 à 2,000 fr.; quelquefois on est obligé de tenir aussi un commis pour la tenue des livres et pour l'administration de l'établissement.

G. Les provisions en houblon et en orge nécessaires à une brasserie peuvent être calculées sur les renseignements décrits dans les produits, où l'on a indiqué les quantités de malt que l'on emploie. L'hectolitre d'orge donne un volume égal au malt, quoique 100 kilog. d'orge ne donnent que 80, tout au plus 90 de malt. La façon est comprise dans la main-d'œuvre de la brasserie; mais, dans le cas où l'on serait obligé d'acheter ou de vendre du malt, il est bon de savoir que les frais de conversion de 1 hectolitre d'orge reviennent au brasseur à peu près à 1 fr. 20 c., et qu'il compte par hectolitre de malt 2 fr. de plus que le prix de l'hectolitre d'orge. On emploie dans une brasserie environ 35 kilog. de goudron pour goudronner les tonneaux nécessaires à la conservation de la bière obtenue de 100 hectolitres de malt.

H. Le combustible sert à sécher le malt et à

faire la bière. Pour les tourailles à feu nu, on accorde la préférence au bois dur; il en faut 1 stère pour 15 à 25 hectolitres d'orge, selon l'état de dessiccation à l'air de l'orge germée, ou selon la température extérieure et du degré de séchage que doit obtenir le malt. On peut se servir de toute espèce de combustible pour les tourailles chauffées à l'air chaud, que l'on adopte presque généralement.

Sur la touraille anglaise de la brasserie des actionnaires, à Stuttgard, on sèche 30 hectolitres d'orge par stère de bois; ailleurs, on parvient à sécher jusqu'à 40 hectol. d'orge avec 1 stère de bois.

Lorsque la chaudière est bien construite, on brûle 7 stères de bois de sapin par 100 hectolitres de bière, et 1/2 stère de plus pour la bière de mars. On n'en brûle que 5 stères lorsqu'on travaille en grand et d'une manière assez continue pour que le foyer de la chaudière ne puisse pas se refroidir; mais il faut 10 stères de bois pour 100 hectolitres de bière, lorsque le travail est intermittent.

Si l'on additionne le combustible brûlé pour sécher l'orge germée et pour brasser la bière, ainsi que celui que consomme un alambic de distillerie, on trouve qu'il faut 6 stères de bois de sapin pour 100 hectolitres de bière.

A la brasserie par actions, on compte 75 c. par

hectolitre pour le séchage et la fabrication de la bière.

I. **Luminaire.** Dans une brasserie de 1,330 hectolitres de malt, on consomme de 96 à 144 kilog. de chandelles. Le luminaire de la brasserie des actionnaires de Stuttgard, qui brasse annuellement 15,000 hectolitres de bière, s'élève à 500 kilog. de chandelles, au prix de 650 fr. On n'économise pas beaucoup dans les brasseries en se servant de lampes à huile.

K. Quant au salaire, on estime en Bavière que, pour une fabrication d'environ 1,400 hectolitres d'orge, il faut engager quatre à cinq garçons brasseurs, indépendamment du contre-maître; pour 2,800 hectolitres, sept à huit, et, pour 4,000 hectolitres d'orge, de neuf à dix garçons.

Dans une brasserie du Wurtemberg où l'on brasse annuellement 3,000 hectolitres de bière, on paye

| | Par semaine, avec la nourriture. | Par mois, non nourri. |
|---|---|---|
| Au premier garçon. . . . . . . | 11 fr. » c. | 78 fr. |
| Au deuxième garçon. . . . . . | 7 50 | 71 |
| Au troisième garçon. . . . . . | 5 40 | 60 |
| Au quatrième garçon. . . . . . | 4 30 | 54 |

Dans la plupart des cas, on engage encore un charretier. L'un de ces ouvriers exerce en même temps l'état de tonnelier. Une partie d'entre eux est occupée pendant toute l'année; mais, quand on ne brasse pas, pendant l'été, de la bière blanche, on peut se passer d'un tiers, depuis le 1ᵉʳ avril jusqu'au 1ᵉʳ octobre.

Aux gages indiqués des garçons, il faut joindre les pourboires lors de la livraison de la bière à la clientèle, pourboires souvent assez considérables; plus, 5 à 7 litres de bière pour leur boisson journalière. Une autre dépense de main-d'œuvre consiste à concasser le malt; elle s'élève de 32 à 36 centimes par hectolitre. Dans les grandes brasseries, il faut faire état des frais des chevaux, dont l'entretien doit être compté avec celui des charretiers; ceux-ci soignent le transport du combustible à la brasserie, de la bière à la cave ou à la clientèle, celui du malt au moulin et de là à la maison, et ainsi de suite.

L. Les menues dépenses se sont montées, dans une brasserie de 15,000 hectolitres de bière, sur une moyenne de plusieurs années, à 1,000 balais à 14 fr. . . . . . . . . . . . . . . . . . . 140 fr.

40,000 bondons et bouchons à 1 fr. 10 centimes. . . . . . . . . . . . . . . . 440

100 kilog. d'étoupes pour les bondons à 70 c. . . . . . . . . . . . . . . . 70

Sacs. . . . . . . . . . . . . . . . . 80

Tuyaux en cuir ou en fil. . . . . . . . 85

Brosses pour nettoyer les ustensiles. 105

_____

*Report.* 920 fr.

|  | | |
|---|---|---|
| *A reporter.* | 920 | fr. |
| Pelles en bois pour préparer le malt. . | 20 | |
| Bois de genièvre pour échauder les cuves. . . . . . . . . . . . . . . . | 20 | |
| TOTAL. . . | 960 | fr. |

Ensuite il s'agit de savoir si les tonneaux sont cerclés en fer; car, dans le cas où ils le seraient en bois, cela entraînerait encore une dépense considérable, tant pour le tonnelier que pour les cercles en bois, dépense qui peut s'élever annuellement de 2,000 à 2,500 fr. pour une brasserie de 1,500 hectolitres de bière.

M. Les contributions en Bavière et en Wurtemberg consistent dans la patente et dans l'impôt prélevé sur le malt. La première s'élève, en Bavière, à 110 fr. pour une brasserie de 1,300 hectolitres de malt, et, en Wurtemberg, à 650 fr. pour une fabrication de 4,400 hectolitres de malt.

L'impôt du malt se paye, sur une déclaration faite au meunier assermenté, en Wurtemberg, à raison de 3 fr. 25 c. par hectolitre, et, en Bavière, à 4 fr. 80 c. par hectolitre de malt. La brasserie de Stuttgard paye, en outre, une licence de 43 fr. pour sa distillerie, qui ne travaille que ses propres résidus.

4° Distillerie.

Aucune profession technique, jusqu'à présent, n'a été aussi utile à l'agriculture que la distillerie, et, en particulier, la distillerie des pommes de terre. Si l'usage de l'eau-de-vie se réduisait à la consommation sous forme de boisson, on pourrait certainement mettre en doute si le préjudice qu'une telle boisson occasionne, en général, ne surpasse pas l'avantage qu'en retirent quelques cultivateurs en particulier. Mais l'usage de l'eau-de-vie est si varié, comme médicaments, comme combustible, comme moyens de conservation de substances animales, comme matière première pour la fabrication du vinaigre, selon les nouveaux procédés, comme substance indispensable à certaines industries, que, dans l'état actuel de nos besoins, on ne peut s'en passer.

La distillerie emploie des substances farineuses, sucrées et alcooliques. Les deux premières, principalement les grains et les pommes de terre, prédominent dans les grandes distilleries. La petite distillerie, qui s'occupe des matières sucrées et alcooliques, mérite aussi, sous le rapport agricole, une attention particulière, parce qu'elle fournit l'occasion d'extraire un produit de substances qui n'auraient servi qu'à la nourriture du bétail ou à faire du fumier. Ces substances, après en avoir retiré de l'alcool, rendent souvent, par les manipulations et les additions, un volume d'aliments et de fumier dont la valeur est égale à celle qu'elles avaient avant la distillation. Sans la petite distillerie, on perdrait souvent presque entièrement les résidus de la fabrication du cidre, du vin, du sucre, de la bière, ainsi que les menus grains et une quantité de fruits.

Les eaux-de-vie se distinguent entre elles, soit par leur force alcoolique, soit par leurs propriétés particulières. Ainsi on obtient ordinairement un prix plus élevé pour l'eau-de-vie de cerises — kirschenwasser — que pour l'eau-de-vie de pommes de terre de force égale, d'abord à cause de son goût particulier si recherché par les amateurs, ensuite à cause de l'expérience acquise qu'elle convient mieux à certains usages. Il en est de même de l'eau-de-vie de marc, à laquelle on attribue aussi des propriétés que ne possèdent pas les autres boissons alcooliques. Par contre, pour d'autres usages, on peut accorder la préférence à l'eau-de-vie de pommes de terre rectifiée.

La force alcoolique de l'eau-de-vie qui ne contient pas de sucre ou autres ingrédients peut être appréciée très-exactement par l'alcoomètre centésimal de Gay-Lussac.

L'eau-de-vie ordinaire marque de 45 à 50 degrés centésimaux, et l'eau-de-vie de cerises — le kirschenwasser — quelques degrés de plus. L'eau-de-vie qui ne doit pas laisser de l'eau après sa combustion marque environ 70 degrés et plus. Il est quelquefois plus avantageux de produire de l'eau-de-vie d'une force plus ou moins grande ; car, à qualité égale, sa valeur vénale ne se trouve pas toujours en rapport avec la richesse alcoolique.

### Produits.

On admet généralement que, dans une distillerie bien organisée, on peut obtenir

Eau-de-vie à
50° centésim.

55 litres de 100 kilog. froment, ou 42 litres par hect. de 75 kil.

| 45 — | — — | seigle, | — 32 | — | 70 — |
|---|---|---|---|---|---|
| 44 — | — — | avoine, | — 20 | — | 45 — |
| 43 — | — — | orge, | — 28 | — | 65 — |

On ne destine que rarement d'autres espèces de grains à la distillation. Ce sont principalement les menus grains non marchands que l'on y emploie comme addition à de bons grains. On peut estimer leur valeur sur le rendement de grains de bonne qualité, qui s'élève à

Litres à 50°.

50,3 par 100 kilog. de sarrasin, ou 30 litres par hectol. à 60 kil.

| 50,3 | — | maïs, | — 35 | — | 70 — |
|---|---|---|---|---|---|
| 50,3 | — | lentilles, | — 40 | — | 80 — |
| 53,1 | — | féveroles, | — 43 | — | 80 — |
| 55,46 | — | vesces, | — 44 | — | 80 — |
| 56,6 | — | pois, | — 45 | — | 80 — |

On admet, en Prusse, qu'il faut 15 à 16 kilog.

de malt d'orge pour 100 kilog. de seigle. L'eau-
de-vie de grains se vend plus cher que celle de
pommes de terre ; mais rarement au delà de 12 à
20 pour 100.

*Eau-de-vie de pommes de terre.* — Dans une distillerie ordinaire qui travaille depuis la récolte jusqu'au
printemps, c'est-à-dire à des époques plus ou moins
favorables, on obtient, en moyenne, des pommes
de terre, de 10 à 12 litres d'eau-de-vie à 50° de
l'alcoomètre centésimal, par sac de 80 kilog., sans
compter celle qui résulte de l'addition des grains
maltés ou non maltés. Dans une estimation préalable, on ne peut pas admettre davantage pour le
sud-ouest de l'Allemagne ; mais dans le nord de
l'Allemagne, où l'art de la distillerie et son organisation sont passés à un haut degré de perfection, on obtient, en moyenne, 16 litres d'eau-de-
vie par 100 kilog. de pommes de terre, et quelquefois davantage.

L'addition indispensable de grains maltés pour
la distillation est ordinairement plus forte dans les
pays où l'impôt est prélevé sur la contenance de
l'alambic, ou des cuves de fermentation, que dans
ceux où l'addition de malt forme la base de l'impôt de cette industrie, comme cela se pratique
dans le Wurtemberg. Ici on cherche à économiser
le malt, ce qui se fait principalement par une addition de grains non maltés.

I. 17

Ainsi, tandis que dans les premiers pays l'on ajoute 2, 4 à 6 kilog. de malt à 100 kilog. de pommes de terre, on se contente, dans les derniers, de 1 à 2 pour 100, en employant, par exemple, 1 kilog. de malt d'orge et 4 à 5 kilog. de seigle concassé pour 100 kilog. de pommes de terre; ou bien encore 22 litres de malt et 22 à 44 litres de grosse farine de menus grains, d'épeautre, d'avoine, de seigle, de vesces, etc., pour 6 à 7 hectolitres de pommes de terre.

Pour connaître le rendement total de la distillation, on ajoute le rendement probable des grains, que l'on calcule d'après les données mentionnées plus haut, à celui des pommes de terre.

Il résulte, de la comptabilité de deux grandes distilleries situées dans les environs de Heilbronn, que l'eau-de-vie de pommes de terre, à environ 50°, a été vendue en gros, dans les années de 1830 à 1839, de 22 à 44 fr., et, en moyenne, au prix de 32 fr. l'hectol. A la vente en détail, on obtient de 40 à 48 fr. l'hectol., et 40 à 50 cent. par litre.

*Eau-de-vie de cerises — kirschenwasser.* — On évalue qu'un tonneau de la contenance d'environ 300 litres et rempli de cerises peut rendre de 29 à 33 litres de kirsch, soit de 10 à 12 litres par 100 litres de cerises, que l'on distille ordinairement d'une force de 55 à 60°. Le prix moyen de a vente en gros s'établit à 120 fr. l'hectol., et celui de la vente en détail, de 1 fr. 75 c. à 2 fr. 40 c. le litre, selon qu'il est plus ou moins vieux.

*Eau-de-vie de prunes.* — On la distille aussi forte que celle des cerises ; on en obtient 12 litres par hectolitre de prunes. En gros, on la vend de 80 à 100 fr. l'hectolitre, et, en détail, de 80 centimes à 1 fr. par litre. On prépare de l'*eau-de-vie de pommes et de poires* dans une partie de la haute Souabe, où l'on obtient de 6 à 8 litres par hectolitre de pommes, et de 10 à 12 litres par hectolitre de poires. On prépare aussi dans la forêt Noire de l'*eau-de-vie de myrtilles, de framboises et de mûres,* dont l'hectolitre de fruits rend de 3 à 4 litres d'eau-de-vie qu'on ne vend qu'en détail, savoir : celle des myrtilles, de 1 fr. 40 c. à 1 fr. 75 c., et celle des deux autres, de 1 fr. 90 c. à 2 fr. 40 c. le litre. Selon les notices de voyage de Langerkes, on obtient, dans le Westerwald, de 8 à 10 litres d'eau-de-vie de 1 hectolitre de myrtilles, selon que l'année a été pluvieuse ou chaude.

*Eau-de-vie de marcs, de fruits à cidre.* — Quoiqu'elle soit très-répandue, on n'a pas de données exactes sur son rendement. Suivant l'ancien restaurateur de l'école des valets, à Hohenheim, on a obtenu des marcs de 265 hectolitres de cidre, de poires et de pommes, dont on avait séparé la majeure partie des pepins, destinés à être semés en pépinières, 7 hectol. 35 litres d'eau-de-vie, dont la qualité a été améliorée par une addition de pruneaux, de sorte qu'elle a été vendue au prix de 80 centimes le litre.

Sur les bords du Rhin, on obtient de 7 à 10 litres d'*eau-de-vie de marcs* par hectolitre de marcs de raisin, que l'on paye 35 centimes : on paye le tonneau de marcs, de la contenance de 11 hectolitres, environ 3 fr. 75 c.

L'*eau-de-vie des résidus de brasseries* est obtenue des petites eaux de la partie mucilagineuse qui se trouve à la surface des dragues, du dépôt qui se trouve dans le double fond de la cuve à tremper, dans le rafraîchissoir et dans les auges des tonneaux de fermentation, ainsi que de la levûre de bière qui ne peut pas être employée plus utilement. On estime qu'on peut obtenir 1/2 litre d'eau-de-vie à 45° par hectolitre de bière fabriquée, ou 1 à 2 litres par hectolitre de malt employé.

On obtient 1 litre d'*eau-de-vie de mélasse de sucre de betteraves* à 45°, d'un volume égal de cette mélasse.

Il faut observer, relativement à ces dernières matières, à partir de l'eau-de-vie de cerises, qu'elles sont le produit de petites distilleries mal tenues, qui pourraient obtenir une plus grande quantité d'eau-de-vie et de meilleure qualité, si elles étaient montées avec de bons appareils distillatoires et dirigées avec plus d'intelligence.

La quantité de résidus que l'on obtient de la distillation dépend de la proportion d'eau employée à la saccharification des matières premières. On obtient, en moyenne, de 1 hectol. de pommes de terre distillées, de 275 à 330 litres de résidus.

Il existe des opinions très-diverses sur la valeur nutritive de ces résidus, comparée à celle du foin, qui doit servir de base ; elle dépend de la qualité, de la plus ou moins grande fluidité des résidus, de la quantité d'eau employée au rinçage des appareils, de la perfection des procédés de fermentation et de distillation ; car les résidus sont d'autant moins nourrissants qu'on obtient plus d'eau-de-vie et de l'addition plus ou moins grande de grains pour la distillation des pommes de terre ; enfin dans la convenance de cette distribution, c'est-à-dire dans la proportion de fourrages secs qu'on donne avec ces résidus.

D'où résultent les évaluations si diverses.

Flotow estime la valeur nutritive des résidus de seigle distillé à la moitié de celle du foin ; soit 200 kilog. de résidus pour 100 kilog. de foin. Koppe et Pabst admettent, pour 100 kilog. de résidus de grains, l'équivalent de 100 kilog. de foin.

Flotow et la plupart des anciens agronomes admettent que 6 kilog. de résidus de pommes de terre forment l'équivalent de 1 kilog. de foin.

Pabst et Koppe admettent 4 kilog de résidus pour 1 kilog. de foin de bonne qualité, et 3 kilog. pour 1 kilog. de foin de qualité moyenne.

La valeur nutritive des résidus d'autres substances n'a pas été déterminée.

Dans la distillerie du Hipfelhof, près Heilbronn, on a obtenu 9 litres de cendres par stère de bois mélangé.

La vente de levûre artificielle forme quelquefois un accessoire d'une distillerie; mais on doit la considérer plutôt comme une branche d'industrie particulière, et on n'en fera pas cas dans la plupart des comptes.

### Frais.

A. De même que pour les autres industries agricoles, les dépenses d'une distillerie se composent de l'intérêt de la valeur des bâtiments, des caves et autres constructions.

B. De l'intérêt du mobilier : sa variété à l'infini, tant pour la forme que pour les matériaux dont il se compose, ne permet d'établir aucun prix moyen.

C. Elles comprennent aussi l'intérêt du capital de circulation pour six mois.

D. L'entretien et les réparations des bâtiments.

E. Et des appareils, ainsi que les frais généraux,

qui sont peu importants et compris en majeure partie dans ceux de l'exploitation agricole.

Schmalz calcule que, pour 55 hectol. de seigle et 155 hectol. de pommes de terre, il y a une usure (de 25 à 33 fr. ?) pour les ustensiles en cuivre, et une usure (de 4 fr. 20 c.?) pour ceux en bois.

F. Dans les grandes distilleries du nord de l'Allemagne, on engage souvent un régisseur spécial pour cette branche ; ailleurs, elle se trouve sous la surveillance immédiate du chef de l'exploitation : il n'y aura donc à compter que la main-d'œuvre que nous mentionnerons plus bas.

G. La valeur des matières premières destinées à la distillation , telles que les pommes de terre , les grains, etc., peut être calculée selon l'importance de la production.

H. La consommation du combustible varie d'une manière étonnante, selon que la construction du foyer est plus ou moins économique, que le foyer de l'alambic est isolé , ou qu'il sert en même temps à cuire les pommes de terre ; que le travail est continu ou intermittent, ainsi de suite.

On compte de 1/2 à 1 stère de bois de hêtre pour cuire les pommes de terre nécessaires pour distiller 100 litres d'eau-de-vie à 50°. A Hipfelhof, on a trouvé, d'après des expériences exactes, que, pour travailler 850 litres de pommes de terre qui ont rendu 100 litres d'eau-de-vie de 50 à 60°, il a fallu 108 kilog. de bois de sapin pour la cuisson des pommes de terre par un foyer séparé, et 216 kilog. pour leur distillation, avec l'appareil de Pestorius; ce qui fait un total de 324 kilog. ou 0ᶜ,85 de bois de sapin.

Schmalz admet une plus grande quantité, savoir : 0 ,16 de bois de sapin pour 1 hectol. de pommes de terre, et 0ˢᵗ,32 pour 3 hectol. de seigle.

I. Dans une grande distillerie du Wurtemberg, on accorde au distillateur 1,50 kilog. d'huile à quinquet par hectolitre d'eau-de-vie.

K. Schmalz compte 40 à 80 centimes de levûre pour 177 litres de seigle, et 14 à 40 centimes de levûre pour 177 litres de pommes de terre.

Selon Kretschmer, on emploie 2ˡⁱᵗ,2 de levûre pour 100 kilog. de pommes de terre, et 1ˡⁱᵗ,4 pour 100 kilog. de seigle.

Dans une distillerie du Wurtemberg, où l'on prépare la levûre aussi longtemps que la saison le permet, et où l'on n'achète de la levûre fraîche que de temps à autre, l'on paye au distillateur 16 centimes par hectolitre d'eau-de-vie obtenu.

L. Dans les distilleries à seigle de la Prusse, on estime que la main-d'œuvre de 100 hectol. de seigle, non compris la mouture du grain, forme l'équivalent de 8 hectol. de seigle.

Dans la même distillerie du Wurtemberg, où

l'on travaille environ 8 hectol. de pommes de terre par jour, et où l'on vide l'alambic de Pestorius douze fois en douze heures, on engage un distillateur qui reçoit 4 fr. 30 c. par semaine avec la nourriture et le logement, et un ouvrier à 70 c. par jour.

Dans les distilleries où l'on engage un distillateur à l'année, que l'on emploie à d'autres travaux pendant l'été, on lui paye de 160 à 180 fr. avec la nourriture.

A Rothenfels, on paye pour tous les travaux, y compris le transport des pommes de terre des silos à la distillerie, ainsi que la mouture du malt, 4 fr. 40 c. par hectolitre d'eau-de-vie à 55° centésimaux.

Ordinairement, on règle à part le prix de la mouture des grains, qui vaut de 24 à 32 centimes par hectolitre, ou bien on accorde, comme cela se pratique en Prusse, un vingt-quatrième de la valeur des grains concassés.

M. Selon Kretschmer, on peut évaluer les mêmes dépenses d'une distillerie qui travaille sur 250 hectolitres de seigle, telles que la chaux pour blanchir ou la paille pour échauder les cuves de fermentation, le ramonage des cheminées, l'entretien des sacs, des aréomètres et des alcoomètres, etc., ainsi que l'éclairage, à l'équivalent de 1 hectol. de seigle.

**N.** Les impôts se prélèvent, dans le Wurtemberg, sur les grains maltés, à raison de 3 fr. 20 c. par hectolitre, et, en outre, sur la vente de l'eau-de-vie, à raison de 3 1/3 pour 100 fr. On avait établi autrefois (en 1819) en Prusse un impôt sur les alambics; mais on savait l'éluder si souvent, qu'il a été converti (en 1820) en un impôt de vinasse, qui s'élève à 67 c. par chaque hectolitre, de contenance d'une cuve de fermentation. On y compte sur 90 litres de vinasse et sur 10 litres de volume pour le chapeau, qui se forme pendant la fermentation.

Les autres industries, telles que la tuilerie, les fours à chaux, les scieries, les moulins à huile, à blé et à plâtre, sont assez souvent exploitées, concurremment avec une exploitation agricole; mais elles ne se trouvent pas avec celle-ci dans un rapport aussi immédiat, qu'elles ne puissent être considérées comme des industries indépendantes et qui peuvent être estimées par les gens de l'art.

La fabrication du vinaigre se rattache plus intimement à l'agriculture; mais comme elle travaille le plus souvent sur des résidus peu importants et dont on ne tient guère compte, et qu'elle a été modifiée considérablement par la nouvelle invention de la fabrication accélérée du vinaigre, qui consiste à acidifier l'alcool à l'air et à une température élevée, que l'on **exerce** en partie

encore en secret, il nous manque des renseignements suffisants pour établir un calcul.

## Section neuvième.

### BOIS ET FORÊTS.

Il est très-avantageux et très-agréable, pour un
entrepreneur de culture, de produire sur son
exploitation le bois dont il a besoin: Par là, il se
soustrait à toutes les variations de prix d'un article
de première nécessité. Il achète de lui-même à
bon marché, quelque rigoureuse que soit la comptabilité établie pour toutes les parties de l'exploitation, parce qu'il connait mieux la qualité de sa
propre marchandise que celle des autres marchands
de bois, parce qu'il peut employer dans son exploitation le bois d'une qualité inférieure, lequel ne
se vend pas facilement, et économiser sur le prix
du transport, qui, surtout pour le bois, est si considérable. Il peut s'arranger de manière que la
coupe et le transport ne coïncident pas avec les
autres travaux de culture. Souvent aussi il y a,
avec le bois, d'autres revenus, tels que des pâturages et des litières.

Il arrive même quelquefois que ce genre de
revenu est plus considérable que celui des forêts
en plaines, comme, par exemple, lorsqu'il y a
des bouquets d'arbres de distance en distance, ou
bien des arbres isolés de haute futaie, ou des tê-

tards qui garnissent les pâturages, le bord des chemins, des rivières, des ruisseaux. On se procure ainsi, sans qu'il y paraisse, le bois de chauffage et de service d'une exploitation. Il y a même des pays, comme les Pays-Bas, qui n'ont point de forêts proprement dites et qui se procurent, par cette méthode, le bois de chauffage dont ils ont besoin.

### 1° Forêts proprement dites.

On élève assez souvent la question de savoir si la substitution de la silviculture à l'agriculture présente de véritables avantages, et dans quelles circonstances cela peut avoir lieu. Pour résoudre cette question, il convient d'examiner les considérations suivantes.

Un terrain étant donné, on doit rechercher à quoi il convient le mieux, en consultant le débouché des produits, ainsi que les autres considérations relatives à l'état du sol. Si l'on admet que la culture appliquée n'est pas généralement le résultat d'une bonne administration, mais les conséquences d'une foule de circonstances accidentelles, le propriétaire qui dispose d'un domaine doit toujours examiner chaque parcelle de son terrain, pour savoir le mode d'exploitation qui devra offrir les plus grands avantages. Il se demandera s'il vaut mieux en faire un bois, une terre

arable, un pâturage ou une prairie, et souvent il
trouvera des motifs fondés à opérer des changements. Dans cet examen, il devra naturellement
éviter de préférer un profit momentané par le défrichement d'un bois à un revenu plus constant.
Nous devons dire cependant qu'il existe un grand
nombre de localités où la conversion des forêts en
terres arables peut procurer un avantage incontestable; mais il résulte principalement de cette
investigation qu'il trouvera avantageux de défri-
cher des parcelles isolées de bois, situées au milieu des terres arables et des prairies, et qui leur
nuisent par l'ombre ou par l'humidité, etc. Par
contre, il est certain qu'on utilise mieux les terrains bas et humides par une plantation d'aunes,
les sols arides, sablonneux ou pierreux par des
pins ou des sapins, les pentes abruptes par des
bois de diverses essences, plutôt que de les laisser
en culture.

Il est vrai que les dépenses considérables qu'entraînent les plantations d'arbres et le cumul des
intérêts, jusqu'à la première coupe du bois, ne sont
pas aussi engageantes que les revenus annuels
obtenus par une exploitation. Par ce motif, il ne
convient guère qu'à de riches propriétaires, ou à des
compagnies qui se trouvent dans le même cas, de
convertir des terres en forêts. Quant aux propriétaires qui n'ont qu'une fortune médiocre, ils doi-

vent songer à augmenter leurs ressources par d'au
tres procédés.

Une autre investigation qui mérite d'être prise
en considération consiste à savoir si, dans certaines circonstances, il n'est pas nécessaire de réunir la silviculture à l'agriculture pour qu'un domaine puisse prospérer; il paraît que cette réunion
est indispensable dans les contrées montueuses,
rudes et élevées.

L'agriculture seule n'occupe pas assez un homme
actif et son personnel, s'il ne tient pas à sa disposition une pareille occasion pour le travail et le
salaire.

Les revenus de l'agriculture sont, d'ailleurs,
dans ces circonstances, très-petits et souvent impossibles à atteindre, lorsqu'on ne peut pas disposer de pâturages et de litière que l'on trouve dans
les forêts. On conçoit, d'après ce qui précède, que
l'on trouve des parcelles de forêts réunies à presque
toutes les exploitations rurales, même aux petites,
de la forêt Noire ou de la forêt de Welsheim.

Il faut aussi savoir si, lorsque l'agriculture peut
se suffire à elle-même, il est avantageux de conserver cette réunion. On cite, en faveur de cette
opinion, que le propriétaire se ménage ainsi une
recette assurée, car la vente du bois l'indemnisera
lorsque les produits de l'agriculture seront faibles
ou à bas prix. On dit encore que des circonstances

fortuites peuvent procurer un avantage extraordinaire à la vente du bois, par exemple lorsqu'un
incendie éclate dans le voisinage, et que le bois de
construction renchérit beaucoup pendant un ou
deux ans. Par contre, Hundeshagen fait observer
que l'on doit bien prendre en considération le capital dont on peut disposer. Il dit : « Lorsque les
forêts qui dépendent d'un domaine occupent une
contenance de 250 à 500 hectares, elles comprennent un capital foncier et matériel très-considérable, qui, avec la meilleure exploitation, ne rapporte que 3 à 5 pour 100 d'intérêts ; et, sauf la
façon de l'abatage du bois et le transport, point
d'autre gain. Quoique les occasions de boisement
à bon marché soient une haute valeur pour l'industrie agricole, on ne peut cependant pas les
comprendre parmi les propriétés convenables à des
agronomes qui tiennent à obtenir, par leur activité
et leur intelligence, l'intérêt le plus élevé de leurs
capitaux ; mais elles conviennent très-bien à de
riches propriétaires, qui gèrent eux-mêmes leurs
affaires et qui en retirent un revenu aussi élevé
que celui qu'ils obtiennent d'une exploitation agricole louée à un fermier. Une telle propriété en forêts exige, dans tous les cas, une administration
particulière, ne pouvant nullement être accordée
ou ne pouvant l'être que sur un inventaire du matériel très-soigné, très-circonstancié et très-sur-

veillé, à cause de l'aliénation facile et imperceptible du capital mobile du bois sur pied ; dans ce cas, le fermier n'a pas besoin d'augmenter son capital d'exploitation, mais aussi il ne fera pas de grands bénéfices. »

Lorsqu'il s'agit de faire l'acquisition d'une forêt qui fait partie d'une exploitation agricole, on doit s'adresser à des hommes compétents pour en faire l'estimation.

##### 2° Plantations éparses et de peu d'étendue.

On comprend dans cette catégorie,

1° Les bouquets d'arbres placés aux endroits qui y sont propres et qui ne conviendraient à aucune autre culture, ou au moins qui, de cette manière, rapportent le plus ;

2° Les plantations d'arbres faites sur des terrains susceptibles encore d'être utilisés pour d'autres usages de l'agriculture, par exemple des arbres isolés de haute futaie, des têtards qui se trouvent sur des pâturages : on peut y comprendre aussi les plantations d'arbres des parcs ;

3° Les plantations le long des ruisseaux, des rivières, des chemins : dans plusieurs contrées de l'Allemagne, outre le bois de chauffage et de service, il faut encore prendre en considération les feuilles et les branches pour la nourriture du bétail, surtout pour les bergeries ;

4° Les haies et les arbres de haute futaie, qui quelquefois s'y trouvent. Les haies des **Pays-Bas** sont à citer dans ce genre. En coupant tous les cinq ans ces haies, on accordera une rotation de vingt, au plus de vingt-cinq ans, aux arbres de haute futaie, et qui consistent en peupliers, en chênes, en ormes, en hêtres, en saules, distancés de 5 à 8 mètres, car en les laissant plus long-temps ils pourraient nuire aux champs voisins. Les haies profitent au fermier, et le bois au propriétaire.

Les haies, qui sont en usage dans une partie de l'Allemagne, et qui consistent en noisetiers, charmes, bouleaux et chênes, donnent, à la septième année, selon Sprengel, sur une longueur de 20 mètres, une masse de bois d'environ 1 mètre cube.

3° **Plantations pour des emplois techniques et agricoles, notamment des oseraies et taillis pour cercles.**

On peut obtenir de très-beaux revenus de ces plantations lorsqu'elles se trouvent dans une bonne situation, dans un sol un peu humide, et qu'elles sont bien tenues. Jusqu'à présent, on les trouve le plus souvent dans les pays vignobles, où la consommation des liens d'osier est très-considérable. Ailleurs on les trouve surtout là où, par quelque cause que ce soit, la culture du seigle n'est pas

admissible ou n'est que forcée, et où, par conséquent, on préfère lier les gerbes avec des saules,
dont la livraison dans les forêts de l'État devient
de jour en jour plus difficile. On donne la préférence à l'osier blanc, à cause de sa flexibilité.

Les résultats qui ont été publiés sur la culture
du saule sont en partie incomplets, et ne s'appli-
quent qu'à quelques localités isolées; ils indiquent cependant suffisamment le haut rapport de
cette culture, là où elle est convenablement faite.
Une grande oseraie, au village de Weil, a donné,
en moyenne, les neuf premières années, un revenu
brut annuel de 140 fr. par hectare, et probablement elle aurait donné 170 fr. par hectare si l'on
en avait vendu les produits à l'enchère, au lieu de
les livrer à prix fixe. A Rommelshausen, on admet
qu'une oseraie, dans un bon sol et en année favorable, peut produire annuellement par hectare, à
partir de la troisième année de culture,

| | | |
|---|---|---:|
| 50,000 pièces d'osier pour les tonneliers, à 1 fr. 10 c. le 100. | | 550 f. |
| 50,000 — de liens de gerbes, à 72 centimes le 100. . . | | 360 |
| 15,000 — de liens d'osier pour les vanniers, à 12 c. le 100. | | 33 |
| 15,000 — de liens de fagots, à 22 c. le 100. . . . . . . | | 33 |
| 130 bottes de liens d'osier pour les vignes, à 1 fr. 25 c. le 100. | | 164 |

TOTAL PAR HECTARE. . . 1,140 f.

En outre, au pied, on récolte encore de l'herbe.
Les dépenses d'établissement s'élèvent à Weil,

pour défoncer le sol à 0<sup>m</sup>,60 de profondeur. 230 f.

L'achat de 10,000 boutures. . . . . . 100

La main-d'œuvre. . . . . . . . . . 40

TOTAL DES FRAIS PAR HECTARE. 370 f.

A Rommelshausen, pour défoncer le sol simplement à la bêche, opération qui demande vingt-cinq journées d'hommes à l'hectare, à 1 fr. 44 centimes. . . . . . . . . . . . . . . . . 36 f.

Pour l'achat de 14,000 brins ou boutures d'osier, à 72 centimes. . . . . . . . . 100

136 f.

Les frais annuels comprennent, indépendamment de la part des frais de premier établissement, la culture à la houe, qui monte, pour Weil, à 16 fr., et la taille des saules, que l'on évalue à 30 fr. par hectare.

### Section dixième.

#### TOURBIÈRES.

Il existe assez souvent sur un domaine des terrains tourbeux qui peuvent donner plus de profit lorsqu'on les exploite régulièrement en tourbières. Par ce moyen, on peut

1° Se procurer le combustible nécessaire pour

ses propres besoins, en employant les ouvriers et les attelages de la ferme dans leurs moments de loisir;

2° Se créer un revenu par la vente de la tourbe;

3° Des cendres que l'on peut employer à l'amendement des terres du domaine;

4° Réunir à l'industrie de l'agriculture des industries agricoles qui consomment du combustible, dans le cas où la vente du superflu ne serait pas assurée;

5° Convertir ensuite une tourbière épuisée en prairies ou en plantations d'arbres, qui rapporteront plus que la tourbière n'aura produit jusqu'alors.

Lorsqu'on veut faire l'estimation d'une tourbière existante ou un devis pour un premier établissement, on doit examiner les considérations suivantes.

D'abord on doit déterminer, aussi exactement que possible, l'étendue et l'épaisseur des couches de tourbe, ce que l'on peut obtenir avec une sonde, en perforant jusqu'au sol imperméable. Il est rare que l'on puisse exploiter une tourbière, si elle n'a pas au moins de 3 à 4 mètres; il existe, du reste, des tourbières de 6 à 7 mètres et au delà.

On doit surtout examiner si la tourbière peut être assainie complétement jusqu'à la partie inférieure, car on ne pourra l'exploiter qu'autant que cet assainissement soit praticable. Une tourbière perd, de même, beaucoup de sa valeur, si son desséchement annuel ne peut pas avoir lieu dès le mois de mai, de manière à pouvoir commencer dès lors l'extraction de la tourbe.

Lorsque l'épaisseur et l'étendue d'une tourbière ne permettent de l'exploiter que pendant un certain nombre d'années, il est convenable, au moment de l'acquisition, de déduire les intérêts du revenu futur; car 100 fr. de revenu dans la troisième année ne valent momentanément que 90 fr., et, à la quatrième année, seulement 85 fr.

Quand on connaîtra l'étendue et l'épaisseur des couches de tourbe et la durée présumable de la tourbière, il sera nécessaire d'examiner la qualité de la tourbe, sa valeur comparée à celle du combustible employé dans la localité, ainsi que la probabilité d'une vente assurée. Le poids de la tourbe sèche donne un moyen assez certain de juger de sa bonté, en tant que ce poids ne soit pas le résultat de parties étrangères, telles que pierres, sable et argile. Ces matières la rendraient peu profitable; car, tout en diminuant sa faculté de brûler et de donner de la chaleur, elles nuisent aussi à la solidité, à la liaison des mottes, circonstance importante pour obtenir beaucoup de marchandise vendable, facilement transportable, facile à conserver.

Le prix de 1,000 briques de tourbe prises à la
tourbière varie de 2 à 4 fr. : on admet que 1,000 à
1,400 briques donnent une chaleur égale à celle
produite par 1 stère de bois de hêtre en bûches.
La tourbe en briques moulées se vend ordinairement un quart, ou moitié en sus du prix
de la tourbe tirée au louchet. Dans les contrées où l'on n'a pas l'habitude de brûler de la
tourbe, on ne doit pas estimer son prix relativement à sa valeur calorifique, car l'inexpérience des
consommateurs dans l'usage de ce combustible,
leurs préjugés, leur aversion contre sa mauvaise
odeur, le manque de locaux convenables pour sa
conservation, la moins-value des cendres, comparativement aux cendres de bois, les changements
nécessaires dans la construction des foyers dépré-
cient, dans les commencements, le prix de la tourbe,
jusqu'à ce que l'expérience se prononce en sa faveur. Il est à désirer qu'il se trouve dans le voisinage des fabriques qui consomment beaucoup de
combustible et qui puissent employer la tourbe,
car on y calcule mieux que chez les particuliers,
et ordinairement ce sont ces fabriques qui sont les
premiers acheteurs, et qui, par là, la mettent en
vogue.

**Produits.**

Les produits bruts consistent dans les briques

de tourbe entières et dans les briquaillons, car les déchets et les déblais sont rejetés dans la tourbière épuisée.

On peut calculer le nombre de bonnes briques que l'on peut tirer de 1 hectare, préalablement assaini, par l'épaisseur des couches de tourbe, la dimension des briques et les déchets inévitables. En Prusse, on donne généralement aux briques de tourbe une dimension de $0^m,315$ de longueur, de $0^m,130$ de largeur et de $0^m,105$ d'épaisseur; ce qui fait un volume de $4^{déc},300$ cubes pour une brique fraîche.

On y compte que, sur une profondeur de $0^m,10$, on peut obtenir environ 165,000 briques sèches de tourbe vendable par hectare, ou 1,650,000 briques sèches de tourbe vendable sur une profondeur de 1 mètre, ou 16,500 par are.

Ailleurs, les briques sont plus ou moins grandes; les entrepreneurs particuliers ne se tiennent à aucune mesure fixe. La réduction de volume qui résulte de la dessiccation d'une brique de tourbe est si variable, que les briques tirées des couches supérieures, qui contiennent encore beaucoup de végétaux non décomposés, ne perdent quelquefois qu'un dixième de leur volume primitif, tandis que la tourbe très-aqueuse et limoneuse conserve à peine la moitié, souvent que le quart de son volume primitif après la dessiccation; cette réduction est, du reste, indifférente, lorsque la vente se fait à la pièce. L'incinération des briquaillons et des déchets non vendables rend quelquefois autant par les cendres que les briques vendues.

On ne peut pas indiquer le volume de cendres que l'on obtient d'une quantité donnée de tourbe; il dépend entièrement des matières étrangères qu'elle contient. Dans une tourbière de la Prusse, on a obtenu 10 kilog. de cendres de 100 kilog. de tourbe sèche.

### Frais.

Pour connaître les frais d'extraction, on procède de la manière suivante.

A. Il s'agit d'abord d'assainir les tourbières : ces frais sont quelquefois peu considérables; on n'a qu'à tirer quelques fossés qui eux-mêmes fournissent déjà de la tourbe, et l'écoulement des eaux se fait au fur et à mesure que l'on extrait de la tourbe. Mais quelquefois aussi les travaux s'accumulent, et l'on est obligé de creuser des canaux dans la terre ferme pour y déboucher les fossés de la tourbière, de perforer des terrains élevés ou de les contourner pour donner de l'écoulement aux eaux; ensuite il est très-important d'arrêter par des digues l'irruption des eaux étrangères qui pourraient gêner les ouvriers.

B. Les frais pour faciliter le transport de la

tourbe. Souvent ces transports exigent l'établissement de ponceaux, de chemins de fascines ou de rondins.

C. Quant au mobilier, il se compose de l'achat, des intérêts et de l'entretien des ustensiles nécessaires, tels que les bêches, les louchets, les brouettes, les planchers des chariots, quelquefois aussi des hangars pour la conservation de la tourbe pendant l'hiver et la saison pluvieuse; et, pour la tourbe moulée, des formes dans lesquelles elle est façonnée, dans le genre de celles des tuiles.

D. Souvent on est obligé d'enlever des déblais en terre ou en tourbe de mauvaise qualité, et de les conduire à un endroit convenable, quelquefois à une certaine distance.

E. L'exploitation de la tourbe, son séchage, l'empilement et l'emmagasinage. En Prusse, on compte environ 48 centimes pour déblayer la terre et extraire environ 1,000 briques de tourbe; 42 centimes pour les sécher et les empiler; et, en masse, pour tous les travaux mentionnés ci-dessus, 1 fr. 50 c. En Wurtemberg et dans le grand-duché de Bade, de 1 fr. 44 c. à 2 fr. 60 c. par 1,000 briques de tourbe.

Dans la tourbière de Sindelfingen, près Stuttgard, on a payé, sur une moyenne de vingt-huit ans, 7 centimes pour l'assainissement, 1 fr. 80 c.

pour l'extraction et le séchage, et 53 centimes pour l'administration; en tout, 2 fr. 40 c. pour 1,000 briques de tourbe.

En Bavière, on compte, pour extraire 4,000 briques de 500 kilogr. à l'état sec, une journée d'homme.. . . . . . . . . . . . . . 1 fr. 30 c.

Pour les enlever et les sécher, trois journées de femme à 72 centimes. . 2    16

Pour le transport en magasin, deux journées de femme à 72 centimes. . 1    44

Pour l'assainissement, les hangars, le survcillant, en un mot toutes les autres dépenses. . . . . . . . . . 1    94

TOTAL. . . 6 fr. 84 c.

De ces 4,000 briques, il en restera au moins 3,200 : 1,000 briques coûteront donc 2 fr. 14 c.

Les constructions nécessaires à un desséchement difficile peuvent devenir si coûteuses, que l'extraction de la tourbe ne présente plus de bénéfice et entraîne même à des pertes, à moins que la conversion du sol de la tourbière exploitée en une prairie irrigable ne dédommage amplement. On ne peut compter sur la formation de nouvelles tourbières que sur des sols de peu de valeur; car, d'après les expériences de l'Allemagne septentrionale, il faut près de deux siècles pour la formation d'une nouvelle couche de tourbe de 1$^m$,50 d'épaisseur.

Le système d'exploitation qui consiste à travailler irrégulièrement, c'est-à-dire à ne rechercher que les places les plus riches et d'abandonner les places pauvres, est un véritable attentat au bien public. Là, il n'est pas question d'une nouvelle formation de tourbe ni d'une utilisation quelconque du sol. Ces tourbières isolées présentent du danger pour les hommes et les animaux, et sont, par ce motif, défendues dans la plupart des pays.

### Section onzième.

#### RIVIÈRES, ÉTANGS.

L'utilité que les eaux peuvent procurer à un domaine consiste dans la force motrice appliquée aux constructions hydrauliques; dans leur emploi pour les irrigations, si celles-ci sont praticables; dans l'avantage d'abreuver et de baigner les animaux domestiques; de laver les bêtes à laine lors de la tonte; dans la sécurité en cas d'incendie, et dans la pêche. Cette dernière doit être soumise à une estimation préalable de son revenu, lorsqu'il s'agit d'un achat ou d'un bail.

On divise la pêche en pêche libre et en pêche privée. La première se fait dans les fleuves, les rivières, les ruisseaux et les lacs; si elle a été affermée précédemment, le prix du bail pourra servir de base pour en faire l'estimation, dans la supposition que ce prix n'a pas été fixé trop bas, et qu'il sera probablement couvert par les produits. Ce qu'il y aura de mieux à faire, c'est d'affermer derechef la pêche, sous la condition d'une fourniture déterminée de poisson pour la consommation du ménage; car l'administration privée donnera rarement du profit. Le salaire du pêcheur et l'entretien des ustensiles absorbent presque toujours l'excédant des revenus qui pourrait surpasser le prix du bail. Il sera, avec cela, prudent de fixer la durée du bail à long terme, sans quoi les eaux pourraient être dépourvues de poissons et d'écrevisses, malgré les conditions restrictives que l'on pourrait imposer à l'amodiation.

La pêche privée se pratique dans les petits lacs et dans les étangs qui donnent encore d'autres revenus; de sorte que l'industrie de la pêche dans les étangs occupe assez souvent un rang important dans une exploitation agricole. Les étangs bien tenus donnent presque toujours, à contenance égale, un plus grand revenu que leur sol s'il était soumis à la charrue; mais pour ceux dont le sol est tourbeux, dont les eaux sont froides ou exposées à l'ombre des forêts environnantes, il est peut-être plus avantageux de les dessécher. Mais, avant de faire un changement, on doit bien prendre en considération que les gros roseaux peuvent être livrés au commerce pour diverses industries; les petits roseaux et les joncs font de la litière; l'herbe des bords, malgré sa dureté, peut être distribuée comme supplément de nourriture, en la trempant dans des résidus de distillerie, ou consommée d'une autre manière convenable. Le limon, que l'on peut extraire périodiquement pour fumer les terres; la mise en culture de l'étang pendant plusieurs années, combinée avec un alternat régulier de pêche, donnent souvent plus de profit que si l'on abandonnait entièrement et pour toujours l'exploitation de l'étang.

Les emplois accessoires que nous venons de mentionner pénètrent si essentiellement dans l'organisation et dans la marche d'un domaine, que cette mise en culture a été diversement controversée par les cultivateurs. Les partisans de la mise en culture, qui commence avec la sixième, neuvième ou douzième année, et qui dure alors ordinairement de deux à cinq ans, disent en sa faveur.

1° Après un dessèchement ainsi prolongé et une mise en culture, les poissons réussissent mieux, et on peut obtenir en deux ans un aussi haut produit qu'autrement en trois. D'autres admettent un produit plus élevé en poissons d'un quart dans les premières années, après la mise en culture.

2° On obtient une grande quantité de produits

végétaux, surtout en paille et en fourrages, sans aucun engrais de la ferme.

3° L'étang se conserve plus exempt de plantes aquatiques que lorsqu'il est continuellement sous l'eau.

4° On a le temps de faire les réparations nécessaires, d'abord dans l'étang même, puis aux digues, aux écluses, et ainsi de suite.

Les adversaires de la mise en culture répliquent que, outre la perte de la pêche pour quelques années, il y a 1° les frais de desséchement et de la conservation des étangs à l'état sec, ce qui nécessite souvent l'établissement de fossés spéciaux, afin de donner aux eaux une autre direction; que, de plus, les frais de labour et de moisson sont considérables; 2° souvent le produit en grain est faible : des céréales d'une croissance trop luxueuse grènent mal, la paille et le fourrage des étangs n'ont pas, à beaucoup près, la même valeur que ceux d'autres localités; 3° les digues des étangs mis à sec sont minées et endommagées par les mulots, les taupes; les ouvrages de bois sont constamment détériorés et volés.

Si l'on prête de nouveau l'oreille aux partisans de la mise en culture contre ces objections, on les entend dire qu'il existe des moyens pour obvier aux détériorations causées par les animaux; que les bois, pendant la durée du desséchement, peuvent être mis en lieu de sûreté, s'ils sont exposés à être volés; que les produits agricoles, quoique inférieurs en qualité, compensent largement ce défaut par leur quantité et leur influence sur toute l'économie, à laquelle ils fournissent des matériaux de fécondité, sans rien leur enlever.

D'ordinaire, l'exploitation des étangs pour la pêche est basée sur la production des carpes.

Pour une exploitation régulière de la pêche des étangs, il faut au moins trois espèces d'étangs; cela vaut encore mieux lorsqu'on en a quatre et cinq, et même au delà, qui donnent l'un dans l'autre. Si on en a moins de trois, il faut alors pouvoir acheter les poissons de l'âge que l'on ne peut pas élever soi-même. L'un des étangs se nomme étang à frayer; là, on tient l'alevin durant le premier été. Les carpes à frayer ont de cinq à huit ans, du poids d'environ 1,50 à 2 kilog. Ces étangs n'ont pas besoin d'être grands; mais il leur faut une exposition chaude, découverte, des bords plats, une facile protection contre les oiseaux qui mangent du poisson, de plus un sol un peu maigre, sans quoi les poissons destinés à la propagation prennent trop de chair et la multiplication en souffre; en outre, ces étangs ne doivent pas renfermer trop de plantes aqueuses. S'ils étaient trop grands, comparativement aux autres, on pourrait ajouter aux poissons à frayer une certaine quantité d'autres poissons, de ceux qui doivent venir après; ceux-ci alors prennent une partie des substances nutritives des premiers. D'ordinaire, on transporte en automne, dans un réservoir d'hiver, les carpes à frayer et l'alevin, et ils y restent jusqu'au printemps suivant.

La deuxième espèce d'étang s'appelle étang de croissance; là le jeune poisson doit s'étendre et croître. Les poissons ne restent là qu'un été ou deux, et d'ordinaire, en automne, on les transporte dans le réservoir d'hiver.

Les poissons du premier été s'appellent alevin du premier été ou alevin de deux ans; ceux du deuxième été sont l'alevin de deuxième été ou alevin de trois ans : ils conservent toujours ces dénominations jusqu'au printemps suivant. Quelfois on ne laisse les poissons qu'un an dans l'étang à croissance, et on les transporte déjà alors dans l'étang principal. Ailleurs, on tient deux étangs de croissance, chacun séparé, si toutefois il y a possibilité de les établir, l'un pour l'alevin d'un été, l'autre pour celui de deux étés. Pour étangs de croissance, on prend les étangs qui conviennent le moins pour étangs à frayer et pour étangs principaux. Leur grandeur et leurs qualités nutritives n'ont besoin que d'être moyennes. Les étangs à frayer et les étangs à croissance réunis se nomment aussi étangs à propagation.

La troisième espèce d'étangs se nomme étangs d'exploitation, de revenu; là on met d'ordinaire les poissons au troisième printemps, pour y rester jusqu'à ce qu'ils soient assez grands pour la vente : ce n'est qu'arrivés dans ces étangs qu'on les appelle carpes. Un tel étang est vidé, ou bien tous les ans, ou tous les deux ans, rarement tous les trois ans. Un bon étang d'exploitation doit avoir un sol fertile, plutôt argileux que léger, et recevoir le limon de terres riches ou autres matières nutritives ; il doit être à découvert et accessible au soleil, au moins du côté du levant, du midi et de l'ouest : un abri contre le nord lui est salutaire. On en trouve qui renferment des sources d'eau chaude, d'autres reçoivent régulièrement des eaux de rivières et de ruisseaux ; alors ils n'ont pas besoin d'être alimentés par la rosée ou par la pluie. Il ne faut pas qu'il y ait beaucoup de joncs ni de roseaux. Pour les étangs d'exploitation, on prend les plus grands et les plus profonds ; cependant leur bonté n'est pas précisément en rapport avec leur profondeur. Leur bonté augmentera s'ils sont passablement plats et s'ils ont une grande masse d'eau.

La quatrième espèce d'étangs se nomme réservoirs d'hiver; c'est là qu'on hiverne le jeune poisson, qui est transporté au printemps suivant seulement dans les étangs, où il doit passer l'été. Les réservoirs d'hiver ne sont pas partout d'une

absolue nécessité ; car il y a des étangs dans lesquels les poissons peuvent hiverner sans danger
pour leur vie. Dans ce cas, le transport des poissons
d'un étang dans l'autre peut avoir lieu déjà en automne ; mais, dans les localités même où l'on peut
s'en passer, on estime beaucoup ces réservoirs
d'hiver comme moyen économique, car l'ordre
exige de connaître, chaque automne, l'effectif des
poissons à propagation, leur nombre devant diminuer à mesure qu'ils grandissent, pour devenir
marchandise vendable.

Les réservoirs d'hiver offrent aussi l'avantage
de permettre que l'on mette à sec les autres étangs
pendant le temps de la glace ; par là, aussi, la surveillance et les soins qu'exigent les poissons, durant l'hiver, sont simplifiés. Pendant l'été, on
laisse les réservoirs d'hiver à sec ; cette opération
leur est profitable. Ces réservoirs n'ont pas besoin
d'être bien grands, mais ils doivent avoir au moins
une profondeur de $1^m,75$ à $2^m,50$, et renfermer
des sources ou avoir un courant d'eau non interrompu, ne fût-ce qu'un filet d'eau de 1 pouce.

Dans de grandes pêcheries, on a deux réservoirs
d'hiver, dont l'un renferme les carpes à frayer et
l'alevin d'un été ; l'autre, le fretin et le nourrain de
deux étés. Dans de très-grandes pêcheries, chaque
âge a son espèce particulière ; dans les petites, au
contraire, tout se trouve réuni.

Population des étangs et valeur des poissons qui s'y trouvent.

D'après Teichmann, on estime la population de
1 hectare d'étang ainsi qu'il suit :

En supposant qu'on ait un étang à alevin, deux
étangs à croissance et un étang principal ou d'exploitation,

On mettra, dans l'étang à frayer,

| | 1re CLASSE. | 2e CLASSE. | 3e CLASSE. |
|---|---|---|---|
| Des carpes à frayer, de . . . . . . | 19 à 22 | 13 à 16 | 9 à 11 pièces par hect. |
| *Dans le 1er étang à croissance.* | | | |
| De l'alevin . . . . . . . . . . | 3,172 | 2,537 | 1,900 — |
| *Dans le 2e étang à croissance.* | | | |
| De l'alevin d'un été. . . . . . | 1,586 | 1,269 | 951 — |
| *Dans l'étang principal.* | | | |
| De l'alevin de trois ans . . . . . | 254 | 206 | 159 — |

Il estime la souche de réserve

A 3 fr. 75 c., une carpe à frayer ;
A 1 fr. 70 c., 100 pièces d'alevin ;
A 7 fr. 70 c., 100 pièces d'alevin d'un été ;
A 31 fr. 30 c., 100 pièces d'alevin de deux étés.

Estimation du croît.

D'après Flotow et Koppe, de six carpes, dont
un tiers est mâle et deux tiers femelles, on peut
admettre de 1,800 à 2,400 pièces de bon alevin

pour la translation dans les étangs à croissance, ou pour la vente, après le déchet des petits poissons, qui est assez considérable.

Teichmann estime, lorsque l'alevin est de bonne qualité et pas trop petit,

Que, dans le premier étang à croissance, l'alevin d'un été atteint le poids de $0^k,117$ à $0^k,155$ pièce ;

Que, dans le deuxième étang de croissance, l'alevin d'un été, devenu alevin de deux étés, a le poids de $0^k,467$ à $0^k,700$ pièce ;

Et que, dans l'étang principal, l'alevin de deux étés, devenu carpe de table, donne un poids de $0^k,821$ à $1^k,40$ pièce.

Il suppose en même temps que les carpes sont vendables à l'âge de trois ans six mois.

Suivant l'âge des poissons et la bonté de l'étang principal, il faut 60 à 100 carpes pour faire 100 kilog. ; s'il faut plus de 90 pièces pour faire 100 kilog., alors la valeur de la marchandise diminue dans une forte proportion : ce défaut peut provenir ou de mauvais étangs ou d'une trop forte population.

### Estimation du déchet.

On ne compte l'alevin que lors de la première pêche d'automne, car alors le déchet a atteint son terme à peu près.

Puis la perte est, la première année, d'un cinquième, un sixième la seconde; sur les carpes de l'étang principal, on estime, la première année, un déchet d'un dixième, la deuxième d'un vingtième, la troisième d'un trentième. D'autres, pour l'étang principal, admettent en tout une perte annuelle en poisson de 4 à 5 pour 100.

### Valeur du poisson vendable.

Souvent on a occasion de vendre directement du poisson à propagation, c'est-à-dire de l'alevin, pour peupler les étangs de ceux qui n'ont pas une exploitation complète en ce genre : cette vente alors a lieu au printemps, après la tenue d'hiver, tandis que la vente des poissons de table tirés des étangs principaux se fait en automne.

Dans le voisinage des villes, il vaut la peine d'établir des réservoirs particuliers, d'où on peut vendre toute l'année en détail.

Mais ceci n'est qu'une exception; aussi, si cette manière de vendre n'est pas spécialement commandée par les circonstances, on ne suppose le plus souvent, dans les estimations, que la vente en gros. Dans ce cas, il faut s'informer le plus exactement possible des prix locaux.

Teichmann donne les prix suivants, pour lesquels il reste avec intention bien au-dessous du prix d'estimation du capital primitif, qui est représenté par les poissons des étangs, et cela parce qu'on ne vend pas le meilleur. Il estime 100 pièces de frai vendable à 86 fr. ; 100 pièces de nourrain d'un été à 9 fr. 40 c. , 100 pièces de nourrain de deux étés à 18 fr. 80 c, ; il estime en même temps les 100 kilog. de carpes du poids de $0^k,934$ pièce à 60 fr.

Schmalz, pour les environs de Leipsick, estime les 100 kilog. de carpes de $1^k,167$ pièce à 53 fr.

### Frais d'une pêcherie d'étangs.

1° L'intérêt du capital de mise de fonds des poissons existants; ce capital résulte de l'estimation de l'effectif. Si l'exploitation n'est pas complète, et a-t-on à acheter du frai ou du nourrain, il faut mettre en ligne de compte, et les dépenses pour cet objet, et les intérêts du capital engagé. Teichmann suppose des étangs de différentes espèces, d'une étendue de 19 hectares, et estime ce capital à 1,900 fr. ou à 100 fr. l'hectare.

2° L'entretien des digues, des grilles, des fossés, des conduits, etc. D'après Teichmann, cet entretien serait, sous la supposition précédente, de 4 fr. par hectare; d'autres l'estiment à 17 fr. 50 c. et même jusqu'à 20 fr. ; différence, à la vérité bien grande, mais qui s'explique par l'étendue des étangs et leur établissement.

3° Intérêt et entretien du mobilier de la pê-
cherie, tel que canots, filets, tonneaux, etc. Pour
pouvoir déterminer l'intérêt, il faut d'abord connaître le capital engagé. Teichmann suppose ce
capital de 430 fr. pour une superficie d'étangs de
19 hectares; il estime l'entretien annuel à 22 fr. 60 c.
D'autres demandent, pour l'usure et l'entretien,
un cinquième ou un sixième du capital employé;
d'autres enfin veulent compter, pour les intérêts
et l'entretien du mobilier, 9 fr. par hectare.

4° Les frais d'administration, particulièrement
les gages du gardien des étangs, là où ce poste
est nécessaire. Ordinairement, ce gardien a encore
d'autres occupations. De cette manière, on explique comment Teichmann ne porte au total la dépense de 19 hectares d'étangs qu'à 64 fr. 40 c.

5° Les frais de la pêche et du repeuplement, y
compris le transport des poissons d'un étang dans
l'autre, ainsi que dans la tenue d'hiver. Si l'on
veut se rendre compte du détail de ces frais, il faut
observer que le prix des journées, pour cette occupation, est toujours plus élevé que les prix ordinaires du pays pour les travaux de culture. Lorsqu'on ne peut obtenir ces détails, il faut s'en tenir
à des chiffres généraux : on regarde, par exemple,
alors tous les étangs comme étangs principaux, et
on compte pour frais de 2 fr. 15 c. à 3 fr. par
cent pièces de repeuplement de carpes, suivant que

la pêche est facile ou difficile. Teichmann, pour toute la pêche de 19 hectares, qui, avec une tenue d'hiver, se répète au printemps et en automne, compte 34 fr., pour le transport 45 fr.; au total, 79 fr. Le produit net que Teichmann admet pour une exploitation en grand est d'environ 64 fr. 50 c. par hectare. En supposant que ce produit net soit ailleurs beaucoup inférieur, il en résulte cependant que cette branche de l'industrie agricole peut devenir plus productive qu'on l'estime ordinairement.

## Section douzième.

### MINES ET CARRIÈRES.

Les mines et les carrières peuvent former, pour un domaine, une addition d'une certaine valeur. Le droit d'extraction des métaux appartient ordinairement à l'État, qui en fait la concession à des compagnies industrielles, en déterminant exactement les limites et la durée de la concession. Pour connaître la valeur de ces mines, on doit s'assurer de la quantité de minerai qu'elles peuvent produire, de la qualité, du prix et des débouchés, des difficultés et des frais que peut occasionner son entretien.

Plusieurs de ces mines, par exemple celles de
houille, dont l'exploitation est compliquée, conviennent plutôt à des mineurs et à des capitalistes
qu'à des agriculteurs; elles exigent souvent des
capitaux si considérables, que l'agriculteur, qui ne
veut pas se livrer à des spéculations hasardeuses,
ne peut que s'intéresser à son exploitation si elles
se trouvent sur sa propriété. Les carrières à chaux
et à plâtre servent à vendre les matériaux bruts et
à former des industries à part. Le cultivateur
trouve un notable avantage à se procurer sur les
lieux, et à bas prix, des matériaux pour l'amendement de ses terres.

Les carrières qui fournissent des pierres de
construction ont d'autant plus de valeur pour
l'agriculteur, lorsqu'il a besoin de ces matériaux
pour son propre usage, qu'il serait peut-être obligé
de les chercher à de grandes distances. Ils ont
même de la valeur lorsqu'on ne peut pas les vendre, car on s'en sert pour les routes et les chemins; il est impossible d'indiquer des données
générales à ce sujet.

Les carrières de terre glaise, de sable calcaire et
de sable fin peuvent engager à fonder des établissements industriels et à vendre les matériaux bruts
ou à les employer économiquement pour leur propre usage.

Les marnières de bonne qualité exercent la plus

grande influence immédiate sur l'exploitation d'un domaine; par ce motif, on doit se mettre à leur recherche, si l'on peut espérer d'en trouver dans la formation du sol.

# CHAPITRE IV.

## DES RAPPORTS QUI FONDENT L'ÉQUILIBRE D'UNE EXPLOITATION RURALE.

Lorsqu'une exploitation agricole doit continuer à produire le revenu le plus élevé, il faut qu'elle soit organisée de telle manière que la fécondité du sol, les engrais et les récoltes se trouvent dans un rapport convenable. Les terres qui peuvent se passer de fumure sont des exceptions. Comme le fumier produit par les animaux domestiques forme l'engrais le plus précieux, que ce fumier est le résultat de la consommation des fourrages et des litières, que ces litières sont surtout composées de paille, et que la plus grande partie provient des prairies et des pâturages, plusieurs agronomes ont cru pouvoir résoudre la question difficile de l'équilibre d'une exploitation agricole, ou bien en cherchant à trouver, dans de grandes moyennes prises dans des surfaces considérables de territoire, ou bien par la voie de la théorie, certaines formules pour connaître les rapports qui doivent exister entre les terres arables, les prairies et les pâturages. Ces formules devaient indiquer comment une exploitation, par la vente des grains et des plantes commerciales, peut obtenir le revenu le plus élevé, sans compromettre la constance de ce revenu par l'épuisement du sol.

Mais on est convaincu maintenant qu'il n'existe pas de ces formules algébriques et générales, et que l'on peut tout au plus indiquer sommairement la nécessité des prairies et des pâturages pour la conservation de la fécondité des terres arables. On a aussi étudié les cas où il n'existe ni prairies ni pâturages, et enfin ceux où il n'y a pas de terres arables, comme les herbages, consacrés uniquement au bétail, qui forme alors le seul revenu.

Une terre arable où les récoltes fourragères et les racines sont assurées peut exister d'une manière indépendante, c'est-à-dire sans prairies ni pâturages, surtout lorsqu'on est libre dans l'adoption des assolements; mais si l'on est obligé de suivre l'assolement triennal, et si l'on n'a pas de ressources du dehors, en achats de fumier ou en parcours, alors la chose devient difficile, sinon impossible.

Pour des terres fortes qu'on ne peut cultiver que par l'assolement triennal avec jachère, il faut beaucoup de prés et de pâturages : il en est de même d'une terre légère et peu fertile, où la culture du trèfle n'est plus assurée; mais un sol léger peut se suffire à lui-même, toutes les fois qu'il n'est pas astreint à un système unique et qu'on peut cultiver alternativement des récoltes fourragères.

On trouve aussi parfois des propriétés qui ne consistent qu'en prairies; elles ont une grande valeur dans les environs des villes peuplées, où le lait et le beurre se vendent à des prix élevés. On trouve plus souvent des prairies et des pâturages réunis; les premières fournissent pour l'hiver la nourriture du bétail, qui, ici, est le principal but, et les pâturages donnent la nourriture pendant l'été. On rencontre ces rapports tant dans les pays montagneux que dans les pays plats et humides; mais on y est obligé de prendre des dispositions convenables, tant pour économiser la litière que pour se la procurer à bas prix dans les forêts, les étangs et les terres à bruyères.

De bons prés qui, sans fumier, donnent de belles récoltes, ce qui peut avoir lieu ou par des débordements ou par irrigation, sont un véritable trésor pour toute exploitation agricole. Les prairies acides même, qu'on ne peut pas utiliser autrement, peuvent être d'un grand secours avec un emploi convenable de leur fourrage, car elles contribueront toujours à entretenir un plus grand nombre de bestiaux. Quant aux prairies élevées que l'on est obligé de fumer régulièrement, il est convenu de s'assurer s'il ne vaudrait pas mieux les soumettre à la charrue pour en tirer un plus grand revenu. Les bons pâturages des montagnes et les herbages sont aussi très-précieux, même sans agri-

culture. Les pâturages dans les terres marécageuses, sablonneuses et tourbeuses le sont moins ;
cependant ils peuvent contribuer à la prospérité
d'une exploitation agricole et à l'entretien du bétail, dans les moments où la nourriture vient à
manquer dans les exploitations continuellement en
culture.

Souvent aussi on peut y enlever la bruyère et
les gazons, et soumettre les meilleures places périodiquement à la charrue.

Les vignobles, les grands jardins et les plantations d'arbres fruitiers, qui consomment du fumier
sans rendre une quantité correspondante de matériaux pour en produire, nécessitent la culture des
plantes fourragères et des plantes qui produisent
de la paille pour litière ; tandis que la possession
de forêts où l'on peut faire pâturer et enlever de
la litière, l'exploitation des étangs, des tourbières,
des marnières, des carrières à chaux et à plâtre,
enfin des industries agricoles qui donnent beaucoup
de résidus, ainsi que le droit de parcours, peuvent
fournir tant de matériaux d'engrais, qu'on n'a pas
à s'inquiéter pour l'organisation du reste de l'exploitation agricole.

Comme il est constant, d'après ce qui précède,
que la question ne peut pas être résolue généralement, et qu'elle change pour chaque petite contrée et même pour chaque exploitation, l'entre-

preneur de culture doit rechercher les moyens qui conviennent le mieux à son exploitation agricole.

Pour les connaître, il doit étudier les questions suivantes :

1° Quelles sont les plantes qui, après leur culture, enrichissent, maintiennent ou appauvrissent le sol?

2° Quelle espèce d'engrais, dont il peut disposer, remplace le mieux l'épuisement occasionné par les récoltes; dans quelle quantité faut-il employer ces engrais, et, quand on a le choix, dans quelle proportion peut-on remplacer les uns par les autres?

3° Comment calcule-t-on, dans une exploitation, la quantité de fumier que l'on peut obtenir des bestiaux?

4° Quel rapport réciproque existe-t-il entre les récoltes et les fumures?

### Section première.

#### DIMINUTION OU AUGMENTATION DE LA FÉCONDITÉ DU SOL PAR LES PLANTES.

Toutes les plantes cultivées enlèvent au sol une partie de sa fécondité; plusieurs d'entre elles lui rendent, après leur végétation, quelques-unes des parties absorbées. Il peut même arriver que le sol reçoit plus qu'il n'a donné, car les plantes ont d'autres ressources pour leur nutrition que la terre, et le cultivateur n'enlève des champs que ce qui lui est profitable, en abandonnant au sol maints détritus qui profitent aux récoltes suivantes. Quelle est cette valeur? Le problème de savoir si, après l'enlèvement des récoltes, la fécondité du sol a augmenté ou diminué, ou est restée stationnaire, est, pour le cultivateur, d'une haute importance. Plusieurs agronomes de nos jours se sont longuement occupés de cette question, sans avoir pu parvenir encore à la résoudre. Il est essentiel que l'on ne sépare pas les influences favorables ou défavorables qu'une plante exerce sur les récoltes suivantes, telles que l'ameublissement et la propreté de la terre, l'enlèvement hâtif de la récolte, etc. ; ensuite, que l'on tienne compte des substances nutritives, matériaux d'engrais fournis par les plantes, car une plante peut être épuisante de sa nature, et améliorante pour l'ensemble de l'exploitation.

En outre, certaines plantes peuvent exiger une grande fécondité de la terre, sans, pour cela, être épuisantes. Une plante n'est pas épuisante en proportion de la fécondité qu'elle exige dans le sol, car il y a des végétaux qui se contentent de peu et qui cependant épuisent, et d'autres qui demandent beaucoup, mais qui laissent autant dans le sol et même davantage. On conclut ordinairement, de l'état des récoltes de céréales, de l'influence qu'exercent les récoltes précédentes sur la fécondité du sol. Quoique l'on soit souvent à même de faire ces observations en Allemagne, où la production des céréales est la plus importante des productions de la terre, on ne doit cependant pas trop prendre cette donnée à la lettre et se garder d'en faire un point de départ unique.

Comme principes généraux, on peut admettre

A. Qu'une plante épuise d'autant plus le sol qu'elle enlève davantage de matériaux sans rien y laisser, soit pendant la végétation, soit après la récolte. Les feuilles tombées, les racines, le chaume, les tiges, qu'on laisse habituellement sur place, sont à déduire de la fertilité enlevée, et même dans la proportion de leurs quantité et qualité; car, quand on n'enlève rien des plantes qui couvrent un champ ou qu'on laisse toute la récolte sur pied pour l'enfouir, on laisse à la terre plus de fécondité que la plante ne lui en a enlevé pendant la végétation.

B. Une plante est d'autant plus épuisante que, par sa conformation, elle ne puise sa nourriture que dans la surface du sol. Les plantes qui, par l'abondance de leurs feuilles, ont la propriété d'absorber des substances nutritives dans l'atmosphère, ou par leurs racines, dans un sous-sol profond et

impénétrable aux autres plantes, sont moins épuisantes, ou peuvent être fertilisantes.

C. Le moment où la plante épuise le plus le
sol est à partir de la floraison jusqu'à la maturité
des graines; à l'époque de la formation des graines,
la plante concentre à cette formation tous les sucs
qui se trouvent dans les tiges et les racines, et
n'y laisse que des fibres ligneuses, dont la valeur
est moindre que celle des racines et tiges vertes.

D. Les mêmes espèces de plantes, par exemple
les céréales, épuisent le sol dans la proportion de
leur valeur nutritive. Cette comparaison ne s'applique pas aux plantes de genres différents, par
exemple entre les céréales et les plantes à cosses
ou les racines. On doit tenir compte aussi non-
seulement de la valeur nutritive des grains, comme
on le fait ordinairement, mais aussi de celle de la
paille.

E. Une plante qui couvre le sol de son ombre
pendant longtemps l'épuise moins que si elle ne le
couvrait que peu de temps.

L'exposé de ces principes démontre combien
étaient incomplètes les évaluations antérieures, d'a-
près lesquelles on calculait l'épuisement d'une récolte, uniquement par la place qu'elle occupait, à
partir de la dernière fumure.

En supposant un assolement triennal avec une
fumure en six ans, on prétendait que la première

récolte, faite après une fumure, absorbait huit seizièmes, la deuxième quatre seizièmes, la troisième deux seizièmes, la quatrième un seizième, et qu'il fallait toujours conserver un seizième si l'on ne voulait pas épuiser le sol complétement par les récoltes.

Thaër, dans ses écrits, fit un pas en avant, en admettant quatre dixièmes pour la première récolte, céréales d'hiver, deux dixièmes pour la deuxième récolte, céréales de printemps, trois dixièmes pour la troisième récolte, céréales d'hiver, et un dixième pour la quatrième récolte, céréales de printemps; mais, plus tard, il fit d'autres modifications.

Récemment, on a admis la classification suivante :

| *Schwerz.* | *Pabst.* |
|---|---|
| 1° Plantes fertilisantes. | 1° Plantes fertilisantes. |
| 2° Plantes améliorantes. | 2° Plantes non épuisantes. |
| 3° Plantes non épuisantes. | 3° Plantes modérément épuisantes. |
| 4° Plantes épuisantes. | 4° Plantes épuisantes. |
| 5° Plantes très-épuisantes. | 5° Plantes très-épuisantes. |

Du reste, trois classifications suffiront amplement :

1° Plantes améliorantes ;

2° Plantes non épuisantes ;

3° Plantes épuisantes.

La même plante peut devenir épuisante ou très-

· épuisante, etc., selon le sol, la place qu'elle occupe dans la rotation, sa culture et son développement.

Les céréales qui parviennent à maturité sont
épuisantes : leurs feuilles minces, qui se fanent
assez vite, ne sont pas aptes à prendre beaucoup de
nourriture dans l'atmosphère ; elles tirent toute
leur substance du sol et principalement de la couche supérieure, et n'y laissent que des racines
sèches et des éteules ; enfin elles épuisent dans la
proportion de leurs produits et des matières nutritives qu'elles absorbent, de sorte qu'une bonne
récolte épuise plus qu'une mauvaise, 1 hectolitre
de froment plus que 1 hectolitre de seigle, etc.

Les céréales mélangées, les méteils de froment
et de seigle, de froment-locar et d'épeautre, d'orge
et d'avoine, semés ensemble, épuisent le sol plus
que si ces grains étaient semés seuls. Le sarrasin
épuise moins que les céréales, ce qu'il faut attribuer tant à ses feuilles larges et résistantes qu'à
l'ombre qui couvre la terre. Le maïs est compris,
de même, dans les plantes épuisantes.

Les plantes granifères, telles que le seigle,
l'escourgeon, le sarrasin, semées pour fourrages
et fauchées en vert pendant la floraison pour la
nourriture du bétail, sont peu épuisantes ; leurs
détritus, pleins de séve, rendent au sol autant que
les plantes ont absorbé. Les plantes à cosses, par-

venues à maturité, sont épuisantes, cependant
moins que les céréales ; elles supposent un sol
assez riche et ne réussissent pas sans lui, mais elles
abandonnent encore beaucoup, même par une récolte abondante de paille et de grains. Les céréales qui les suivent réussiront bien mieux qu'a-
près elles-mêmes, cependant pas aussi bien qu'après
une jachère complète. On devrait supposer qu'elles
épuisent davantage le sol par la masse de matières
nutritives qu'elles fournissent ; mais comme leurs
feuilles nombreuses tirent beaucoup de l'atmosphère, qu'elles se conservent longtemps, que leurs
racines restent molles et creuses, qu'elles portent
de l'ombre au sol et le conservent frais, meuble et
humide, qu'elles empêchent l'évaporation de substances fertilisantes, peut-être même de substances
qui s'y sont formées et conservées sous leur couverture, ce qui est constaté par l'avantage remar-
quable que l'on obtient en rompant le sol immédiatement après l'enlèvement de la récolte, on n'en
sera pas plus étonné que de l'expérience requise
que les légumineuses, bien venues et drues, épuisent moins le sol que lorsqu'elles sont faibles et
claires. On peut considérer de même les féveroles
comme épuisantes, quoique Schwerz les classe,
sur un sol argileux, parmi les améliorantes, parce
qu'elles modifient la ténacité de la terre. Quoique
les céréales qui leur succèdent réussissent très-

bien, elles ont dû absorber plus de fertilité que les détritus restés sur place n'en rendent au sol. Des plantes à cosses fauchées en vert sont égales aux céréales fauchées en vert, sous le rapport de l'épuisement.

Le trèfle rouge qui ne vient pas à sa maturité agit comme améliorant, et cela d'autant plus améliorant qu'il a été plus beau et plus propre, et d'autant moins qu'il a été plus maigre et sale; de manière qu'un mauvais trèfle est classé parmi les plantes non épuisantes. On peut augmenter son amélioration en le laissant croître avant de le rompre. Le chevelu abondant de ses racines encore succulentes, les éteules fraîches, l'ombre qu'il donne au sol, et la masse de feuilles mortes qui se trouvent à la surface d'un champ de trèfle bien venu, exercent une si grande influence, que, malgré une abondante et riche récolte, il reste encore plus de fertilité dans le sol qu'auparavant. Le trèfle porte-graine, en raison de la production de la graine, arrête l'amélioration. Il est constaté que les places venues à graine se reconnaissent par le mauvais état des récoltes qui succèdent. Les racines deviennent plus ligneuses; mais comme d'ordinaire on ne fait porter graine qu'à une coupe, et que les autres circonstances restent les mêmes, on pourra considérer le trèfle porte-graine comme peu épuisant, et non pas comme épuisant.

Ce qui précède s'applique, à plus forte raison, au sainfoin et à la luzerne, car ces plantes possèdent plus de moyens pour puiser leur nourriture dans le sous-sol. En outre, elles occupent longtemps le sol, de sorte que l'amélioration augmente d'année en année, et quelquefois la fécondité est trop grande pour les récoltes de céréales qui leur succèdent.

Les racines et les tubercules épuisent le sol; cependant on a exagéré leur épuisement. Ils fournissent, à la vérité, beaucoup de substances nutritives, et ils rendent peu de résidus au sol; mais, par contre, leurs feuilles puisent beaucoup dans l'atmosphère. Les topinambours, plantés dans un sol peu fertile, peuvent donner des récoltes satisfaisantes pendant dix ans et plus, et ils ne demandent qu'une petite quantité de fumier ou de purin. On peut citer de même les pommes de terre, si souvent attaquées, et dont on réduit souvent les produits en coupant leurs fanes. Ce qui les a le plus discréditées, c'est leur influence nuisible sur le seigle qui leur succède. La réussite parfaite des céréales de printemps, qu'on leur fait succéder, laisse à supposer qu'il existe quelque autre cause particulière à la non-réussite du seigle. On a, de plus, déjà observé que les pommes de terre plantées dans du fumier frais en absorbent beaucoup; mais elles en consomment moins en

deuxième ou troisième récolte après la fumure,
et donnent encore d'assez belles récoltes.

Les betteraves ont été considérées comme plus
épuisantes encore; mais les agronomes français ne
l'admettent pas, car ils prétendent qu'on peut les
faire succéder à elles-mêmes pendant six à huit
ans sans fumure, pourvu que, lors de la récolte,
on laisse sur place les feuilles coupées. Quand
bien même on n'admettrait cela que pour des terres
de bonne qualité, on ne peut dès lors pas considérer la betterave comme très-épuisante. Les navets en deuxième récolte sont considérés, par
Schwerz, comme plus épuisants que les mêmes
sur jachère, parce que les céréales de printemps et
le lin réussissent mal après eux. Les choux pommés épuisent de même que les navets, en proportion de leurs produits, tandis qu'on a remarqué
que, après des pommes de terre bien venues, les
récoltes qui les suivaient étaient plus belles qu'a-
près des pommes de terre mal venues.

On considère les plantes commerciales comme
épuisantes, mais à divers degrés. Parmi les diverses espèces de colza et de navette, nous choi-
sirons le colza d'hiver pour les représenter, et il
donnera en même temps un exemple de l'influence
variée que la même plante peut exercer sur un sol.
Il épuise la terre, mais non au même degré qu'on le
prétendait autrefois, sans quoi on ne pourrait pas

obtenir immédiatement après lui de si belles récoltes de froment et d'orge. Lorsque le sol n'est pas riche et que le colza n'est pas beau, il épuise plus que dans le cas contraire. Un colza fort bien venu dépose sur le sol, pendant l'hiver, ses feuilles luxuriantes d'automne, l'ombrage l'année suivante, et lui donne une masse de grosses racines et de fortes éteules, tandis qu'un colza mal venu n'abandonne presque rien à la terre et met à contribution la fertilité du sol pour la formation de ses graines. Il est notoire qu'une pépinière de colza épuise considérablement le sol, tandis que la terre dans laquelle on le repique, où il fleurit et mûrit, n'exige pas autant de force et n'en perd pas autant. Cette contradiction apparente, contraire au principe général, que l'épuisement a lieu principalement entre l'époque de la floraison et de la maturité des semences, se résout complétement en examinant la question de plus près. La terre qui doit produire les plants de colza doit être riche, sans quoi ils ne réussiraient pas. Lorsque les plants sont parvenus à une certaine grosseur, on les arrache entièrement, sans aucune restitution ; le sol se trouve donc beaucoup appauvri, tandis que la terre dans laquelle on repique ces plants reçoit en compensation les feuilles mortes, les racines et les éteules, à la formation desquelles elle n'a presque pas contribué, puisqu'on les y a transportés à l'état de plant. Un colza fauché en vert pour la nourriture du bétail, soit en automne, soit au printemps, sera peu épuisant, tandis que celui qui sera enterré en vert, à la charrue, agira comme améliorant.

Le tabac est considéré par plusieurs agronomes comme améliorant, par d'autres comme épuisant; il est présumable que ce dernier cas sera le plus vrai, quoique le tabac soit ordinairement suivi de belles récoltes de céréales d'hiver. La garance, le chanvre et le lin, qui n'abandonnent à la terre ni racines ni éteules, sont épuisants; il en est de même du pastel, de la gaude et des cardères.

### Section deuxième.

#### CONSOMMATION DU FUMIER.

1° On suppose un fumier d'étable mélangé dans un état de décomposition moyenne. Le poids du mètre cube de ce fumier, frais ou presque frais, est de 720 kilog., celui du fumier demi-consommé est de 850 kilog., et le poids moyen varie entre 750 et 900 kilog.

On admet, pour les terres arables, que

| | | |
|---|---|---|
| 15,000 kilog. de fumier par hectare sont une fumure | — | très-faible; |
| 15,000 à 24,000 kilog. | — | faible; |
| 24,000 à 34,000 kilog. | — | bonne; |
| 34,000 à 46,000 kilog. | — | forte: |

La dernière de ces fumures ne convient plus à

une terre fertile par elle-même, qui doit recevoir immédiatement une semaille de céréales, parce que celle-ci verserait ; mais cette fumure conviendra aux récoltes sarclées, au tabac, au chanvre, au colza, etc.

Lorsqu'on tient compte de la durée d'une fumure, par conséquent de sa répétition dans une période donnée, ce qui est plus exact, on peut dire qu'une fumure de 30,000 kilog., répétée tous les trois ans, est très-bonne ; si on la répète tous les quatre ans, elle sera moyenne, et elle sera faible si on la renouvelle tous les cinq ou tous les six ans.

À 3 ans, 1 hect. aura reçu annuellement 10,000 k. = très-bonne ;
À 4 ans,    —       —       —       7,500  = très-moyenne ;
À 5 ans,    —       —       —       6,000  =      faible ;
À 6 ans,    —       —       —       5,000  = très-faible.

Toutefois il ne s'agit ici que du fumier ordinaire obtenu avec de la paille ; mais si ce fumier est très-décomposé, s'il est question de fumier de bergerie, qui est plus actif, on admet que 2,000 kilog. équivalent à 3,000 kilog. des quantités ci-dessus indiquées.

Par contre, il faut prendre un tiers en sus lorsque le fumier est ou trop pailleux, ou tout frais, ou composé de litière des forêts.

Dans les localités où l'on fume les prairies, on

y conduit de 12,000 à 26,000 kilog. de fumier à l'hectare; cette fumure est répétée tantôt tous les ans, tantôt tous les deux ans, le plus souvent tous les trois ou quatre ans. Comme on râtèle au printemps toute la paille du fumier étendu sur les prairies, on ne doit pas porter la valeur entière au débit du compte des prés, et tenir compte à ceux-ci de ce qu'on leur enlève. Ordinairement, il reste d'autant moins de débris que le fumier était plus consommé au moment de son emploi, qu'il a été conduit de bonne heure, et que la température a été plus variable en neige, en gelées ou en pluie. Block admet que les parties qu'on enlève équivalent au tiers de la fumure appliquée, lorsque le fumier a été mis dans un état frais, tel qu'il est quand on le sort des étables pour le placer sur le tas de fumier. Cette évaluation paraît très-élevée pour du fumier, qui, chez lui, reste pendant trois à six semaines dans les écuries.

D'après les expériences de Hohenheim, on a trouvé que le poids des parties enlevées s'est élevé, pour du fumier resté sur les prés pendant vingt-deux semaines, à 2,2 pour 100 du poids primitif; pour treize semaines, de 3,3 à 7,6 pour 100, et, pour du fumier qui ne restait que neuf semaines, à 9 pour 100 de son poids primitif, conduit et étendu.

La valeur vénale du fumier est très-variable; son

prix s'élève quelquefois seulement à 2 fr., souvent de 8 à 10 fr. par 1,000 kilog.

Dans le Rheingau, où l'on achète beaucoup de fumier pour les vignes, on paye de 10 à 12 fr. pour une charge de 1,000 kilog., et dans l'Eger-thel, pour fumer les houblonnières, 12 fr. par voiture de 1,000 kilog.

A Hohenheim, on compte 7 fr. 60 c. pour une voiture de fumier à deux chevaux de 1,500 à 1,600 kilog., et 10 fr. 80 c. pour une voiture à quatre chevaux de 2,000 à 2,200 kilog.; ce qui établit le prix de 5 fr. les 1,000 kilog. (1).

2° *Quantité de fumier de parcage à appliquer.* — Pour les terres arables, on admet qu'un parcage est fort lorsque 10,000 bêtes à laine ou plus parquent 1 hectare pendant une nuit, qu'un parcage est moyen quand il y a 7,500 bêtes, et qu'i est faible quand il n'y a que 5,000 bêtes par hectare et par nuit. Plusieurs cultivateurs préfèrent calculer d'après l'espace que l'on assigne à chaque tête de bête à laine et d'après le nombre de changements de parcs pendant la nuit ; mais on n'est pas d'accord sur l'adoption d'une unité. Block ne veut pas admettre plus de 40 à 50 centimètres

---

(1) A l'école de Grand-Jouan, nous avons trouvé les mêmes chiffres, et nous estimons à 5 fr. les 1,000 kilog. de fumier.

J. R.

carrés par tête; ailleurs, on n'accorde pas moins de 80 centimètres et pas plus de 1 mètre par tête. Au reste, les pièces sont parquées d'autant plus inégalement que l'on accorde un plus grand espace de terrain au troupeau.

En supposant un troupeau de trois cents bêtes à laine, et en accordant à chaque bête un espace de 1 mètre carré, sans changer le parc pendant la nuit, il faudra, pour 1 hectare de 10,000 mètres carrés, trente-trois nuits un tiers pour le fumer aussi fortement qu'il a été indiqué plus haut. Lorsqu'on ne donne à chaque tête de ce troupeau qu'un espace de 80 centimètres carrés, sans changer le parc pendant la nuit, on parquera 1 hectare en quarante-quatre nuits, et l'on obtiendra une fumure excessivement forte, pareille à celle que l'on obtiendrait de 12,500 bêtes à laine par hectare en une nuit; de sorte qu'on ne pourra y cultiver que du chanvre, du tabac, des choux ou du colza. Mais si, avec ces 80 centimètres carrés, on change de parc une seule fois, il faudra vingt et une nuits qui équivaudront à peu près à un parcage de 6,250 bêtes, parcage d'un effet moyen. Lorsque, dans les mêmes circonstances, on change le parc deux fois de place, il ne faudra que quatorze nuits, ce qui équivaut à un parcage simple de 4,166 bêtes par hectare en une nuit, par conséquent très-faible pour des terres arables.

En parquant, on doit prendre en considération la durée des nuits, pour lesquelles on admet les moyennes suivantes. On compte ordinairement pour une nuit de parcage,

| En avril. . . . 9 heures. | En août. . . . 9 heures. |
|---|---|
| En mai. . . . . 8 — | En septembre. . 11 — 1/2 |
| En juin. . . . 7 — | En octobre. . . 13 — 1/2 |
| En juillet. . . . 8 — | En novembre. . 15 — |

On doit observer, de plus, que le pâturage est ordinairement plus faible dans les courts jours des deux derniers mois, et que, par conséquent, la différence variera entre 7 et 12 heures. Il y a plus d'égalité lorsque, en été, on fait parquer le troupeau à midi, comme cela se pratique dans beaucoup d'exploitations agricoles; de cette manière, on peut obtenir dans cette saison, en supposant que le troupeau soit bien nourri, un parcage qui sera aussi fort que ceux de printemps ou d'automne.

Le parcage des prairies est beaucoup plus faible; on ne compte que de 3,200 à 3,800 bêtes à laine par hectare en une nuit.

Thaër admet que le parcage d'une nuit de 400 bêtes à laine équivaut à 1,000 kilog. de fumier.

La valeur vénale du parcage ne varie pas seulement d'une contrée à l'autre, mais aussi dans la même contrée, selon la saison; de telle sorte que le parcage de 100 bêtes coûte, dans la même localité, tantôt 60 centimes, tantôt 4 fr. 30 c. En Würtemberg, on paye ordinairement 1 fr. 50 c. pour le parcage de 100 bêtes pendant une nuit.

Dans quelques localités, où les troupeaux de bêtes à laine ne sont pas entretenus par des propriétaires, mais bien par des bergers libres, on fait un accord avec eux : ils reçoivent en compensation du parcage du troupeau, indépendamment de la nourriture pendant la durée du parc, un tiers du foin et du regain récoltés la première année sur une prairie parquée, ou bien le tiers de la première récolte obtenue sur un sol arable.

3° *Engrais liquides, purin, lizée.* — Le purin et la lizée sont plus ou moins délayés avec de l'eau, ou enrichis par des excréments; de là des opinions diverses relativement à la quantité à conduire sur une surface donnée, à leur valeur comparée à celle du fumier des étables et à la quantité produite. En moyenne, on peut admettre que 1,000 litres ou kilogrammes de cet engrais liquide équivalent de 350 à 450 kilog. de fumier. Lorsqu'on conduit de 300 à 375 hectolitres de purin par hectare, cela équivaut à une fumure de 12,340 à 15,420 kilog. de fumier; et, si l'on conduit 750 hectolitres, c'est un équivalent de 24,675 à 30,840 kilog. de fumier. La première fumure est faible, la deuxième est bonne, vu surtout l'effet rapide de cet engrais.

A Hohenheim, où l'on se livre à la préparation de la lizée, on conduit ordinairement dans les champs 112 tonneaux de 5 hectolitres chaque, soit 560 hectolitres par hectare; le tonneau est évalué à 1 fr. 25 c., soit 2 fr. 50 c. les 1,000 kilog. ou litres. On emploie cinq chevaux à ces transports, et l'on estime que la lizée, ainsi transportée, possède la même force végétative que le fumier conduit par deux chevaux.

Quant à la préparation de la lizée, on évalue, en Suisse, qu'avec des constructions convenables on peut obtenir d'une tête de gros bétail et par jour, avec une addition de deux tiers ou de trois quarts d'eau, environ 100 kilog. ou litres de lizée. Dans des expériences directes faites à Weisenstephan, une vache de 500 kilog., poids vif, nourrie avec 60 kilog. de trèfle vert, a donné journellement 80 litres de lizée, ce qui fait environ 300 hectolitres par an. Du reste, cette vache n'a pas reçu de litière, et l'on n'a employé que la quantité d'eau nécessaire pour dissoudre complétement les excréments solides et pour provoquer une fermentation régulière.

On ne peut connaître la quantité de purin que lorsqu'on connaît celle de la litière; car celle-ci peut être si abondante, qu'elle absorbera tous les liquides. A Weisenstephan, on a obtenu de la même vache, avec laquelle on a fait l'expérience de la lizée., et avec la même nourriture, mais avec une addition journalière de 2,250 kilog. de paille pour litière, 30 kilog. de fumier à demi décomposé et 8 litres de purin.

4° *Composts.* — La quantité que l'on emploie dépend entièrement de sa composition. Un compost qui contient, indépendamment d'une proportion modérée de végétaux et de bonne terre, beaucoup de déjections d'animaux, principalement des vidanges de latrines ou du limon fertile, ainsi que de la chaux et des cendres, et qu'on change plusieurs fois de place, en l'arrosant de purin, peut produire, en plus petite quantité que du fumier, de plus grands effets que ce dernier; tandis qu'il faut employer deux et trois fois plus de compost que de fumier, lorsqu'il est formé de terre stérile et de substances végétales, sans ou seulement avec une petite addition de matières animales ou de chaux. Dans le premier cas, il faudra conduire 16 à 20 tombereaux, et, dans le deuxième cas, de 100 à 130 tombereaux de compost sur 1 hectare de prairie pour obtenir un effet sensible. A Hohenheim, on évalue à 2 fr. la valeur d'un tombereau de compost d'une contenance de 1 mètre cube.

5° *Marne.* — Il en est de la marne comme du compost, sa qualité dépend de sa composition; plus elle est riche en calcaire, moins il en faut. En France, on emploie de 20 à 40 ou 50 tombereaux de 1 mètre cube de marne pure par hectare. Lorsque la marne ne contient pas beaucoup de chaux, on peut admettre que 30 à 60 tombereaux sont un amendement faible, que 120 à 180 tombereaux sont un amendement moyen ; cette dernière quantité, au contraire, sera un amendement fort si la marne renferme beaucoup de chaux; mais, lorsqu'elle est argileuse et que l'on a surtout intention d'améliorer mécaniquement le sol, il en faudra de 210 à 300 tombereaux de 1 mètre cube par hectare.

Quand on connaît les éléments de la marne et qu'on veut incorporer une certaine quantité de chaux, par exemple 2 à 3 pour 100, il sera facile de calculer le volume de la marne qui doit être mélangé avec le sol d'une profondeur donnée pour atteindre le but.

Lorsqu'on amende une terre à des intervalles réguliers, on n'a pas besoin de marner aussi fortement que si on ne marnait qu'une seule fois et pour la première fois.

6° *Plâtre.* — On répand de 3 à 6 hectolitres de plâtre cuit par hectare ; cette quantité dépend de sa pureté, de son prix, et aussi de l'habitude de plâtrer la même plante en une ou deux fois. Dans ce dernier cas, on emploie environ 1 hectolitre de plus que lorsqu'on se borne à un plâtrage simple. A Hohenheim, on répand sur la luzerne, le trèfle et les vesces vertes 450 litres de plâtre cuit par hectare. On l'achète en poudre, à 1 myriamètre de distance, au prix de 75 centimes à 1 fr. l'hecto-litre, et en y comprenant le transport de 40 à 50 centimes; il revient de 1 fr. 14 c. à 1 fr. 64 c. rendu à domicile.

Dans la haute Souabe, on paye jusqu'à 4 fr. l'hectolitre, qui pèse 150 kilog. (1).

7° *Chaux*. — La chaux est employée à saupou-drer les semailles ou à chauler les terres. Dans le premier cas, on ne répand que de petites quantités de 6 à 9 hectolitres; dans le deuxième cas, la quantité varie de 30 à 110 hectolitres par hectare. En Westphalie, selon Schwerz, on répand sur le trèfle 6 hectolitres par hectare, et sur les terres en jachère nue 3,000 kilog. par hectare. A Hohen-heim, en 1832, on a chaulé un huitième de la pièce de la chaussée, pour des vesces en vert sui-vies de colza, à raison de 56 hectolitres de chaux par hectare, qui ne manquèrent pas leur effet. Selon l'agriculture anglaise de Thaër, on emploie, en Angleterre, la chaux dans de grandes propor-tions, au moins à 85 hectolitres par hectare, et même sur des terres argileuses compactes, à la

_____

(1) A Grand-Jouan, l'hectolitre de plâtre cuit revient à 10 fr., et l'hectolitre de chaux à 2 fr.

J. R.

dose de 340 à 420 hectolitres, qui produisent des effets merveilleux.

Plus le sol est léger, moins on y met de chaux. Le prix de la chaux dépend de celui du combustible et de la distance des carrières et des fours ; il est, par conséquent, très-variable à de petites distances. A Hohenheim, on paye 2 fr. 20 c. pour 1 hectolitre rendu sur les lieux ; l'hectolitre pèse 100 kilog.

8° *Cendres.* — On répand sur les prairies de 24 à 28 hectolitres de cendres de bois par hectare, et même plus, avec avantage : on les compte, à Hohenheim, au prix de 1 fr. 30 c. l'hectolitre ; en cendres de tourbe, on met de 28 à 30 hectolitres. D'après les expériences consignées dans les annales de Sprengel, on a répandu jusqu'à 225 hectolitres de cendres de tourbe par hectare de pommes de terre, de betteraves, etc., ce qui serait trop coûteux en Wurtemberg, où on les paye de 65 centimes à 1 fr. 30 c. d'hectolitre.

Thaër dit que l'on peut répandre de 40 à 70 hectolitres de cendres lessivées par hectare, et qu'on en ressent encore leur effet au bout de six à huit ans.

Dans les Pays-Bas, on en répand même jusqu'à 200 hectolitres par hectare. Dans les environs de Stuttgard, on paye de 1 fr. 80 c. à 2 fr. 30 c. pour un tombereau de la contenance de 1 mètre cube ; souvent même on les obtient pour rien,

lorsque les blanchisseurs en sont encombrés et
qu'ils n'ont pas d'emplacement pour les loger.

9° *Sel et engrais salins.* — En Angleterre, on
considère un amendement de 4 à 7 hectolitres de
sel de cuisine comme faible, de 8 à 13 hectolitres
comme bon, et de 14 à 18 hectolitres par hectare
comme très-fort ; mais, pour la jachère complète,
pour les pommes de terre et les navets, ce dernier
n'est pas considéré comme trop fort. 1 hectolitre
de sel pèse 110 kilog. ? Le sel blanc coûte 30 fr.
par 100 kilog. en Wurtemberg et en Autriche,
25 fr. en Prusse, 20 fr. en Saxe, et seulement
15 fr. dans le duché de Saxe. Le sel gris coûte
23 fr. dans les salines de Wurtemberg, et le sel
dénaturé 3 fr. 70 c. par 100 kilog. ; mais on est
obligé de le mélanger avec un poids quintuple
d'autres substances, de sorte que son emploi est
très-entravé. Parmi les résidus des salines, on comprend ceux qui résultent de la combustion des
fagots et ceux que l'on retire des chaudières à évaporation ; les premiers coûtent à Sulz 5 fr. 20 c., et
les derniers 2 fr. 60 c. l'hectolitre. On les répand
sur les prairies dans la proportion de 3 à 4 hectolitres, et, sur les terres arables, dans celle de 4 à
6 hectolitres par hectare. On emploie la terre sa-
line de Sulz comme le plâtre ; on la paye, prise sur
place, 1 fr. 50 c. l'hectolitre.

10° *Rognures de cornes et os pilés.* — On répand

de 900 à 1,200 kilog. de rognures de cornes minces et grosses par hectare ; on les achète à 3 fr. 60 c. l'hectolitre, qui pèse de 20 à 25 kilog., soit 15 à 18 fr. les 100 kilog.

En Angleterre, la dose ordinaire d'os pilés est de 20 à 21 hectolitres ; on regarde comme un fort amendement la dose de 27 à 28 hectolitres, et comme un amendement faible celle de 14 hecto-litres par hectare. L'hectolitre d'os pilés pèse de 75 à 90 kilog., soit 110 à 135 litres par 100 kilog., qui coûtent de 9 à 13 fr. dans le Wurtemberg.

11° *Tourteaux.* — Dans les Pays-Bas, on ap-plique au colza, au lin, etc., de 1,100 à 1,300 pains d'huile du poids de 1$^k$,200 pièce ; au fro-ment et au seigle, on met la moitié : le cent y coûte de 10 à 11 fr.

12° *Touraillons.* — On les répand tantôt sur les prairies, tantôt au pied des tiges de maïs ou de pommes de terre, dans la proportion de 35 à 55 hectolitres par hectare : l'hectolitre coûte de 1 à 2 fr.

13° *Suie.* — On répand ordinairement de 22 à 28 hectolitres ; en Angleterre, de 20 à 40 hecto-tolitres par hectare.

14° *Chiffons.* — On en répand au pied des ceps de vigne de 2,500 à 3,100 kilog. par hectare, dont 100 kilog. de chiffons forment l'équivalent de 600 à 800 kilog. de fumier ; on leur suppose une durée de trois ans, et ils coûtent de 4 fr. 50 c. à 5 fr. 20 c. les 100 kilog.

### PRODUCTION DU FUMIER.

Autrefois on cherchait à calculer la quantité de fumier que l'on espérait obtenir en comptant par pièce de bétail entretenue, et l'on admettait à peu près les nombres suivants. Un cheval qui reste à l'écurie à midi, pendant la nuit, les dimanches et les jours de fête, produit annuellement de 5,000 à 7,500 kilog. de fumier; une vache en stabulation, de 7,500 à 10,000 kilog.; un taureau, autant; les génisses et les bêtes d'élève d'un à trois ans, la moitié; une bête à laine pendant l'hiver, de 250, 500 à 600 kilog., et, lorsqu'elle passe les nuits d'été à la bergerie, de 750 à 800 kilog.; et une truie qui reste dans sa loge, 750 kilog.

Cette manière de calculer a été abandonnée dans les localités où l'on possède les moyens d'en appliquer une plus exacte; cependant, quand ces moyens manquent, on est obligé de recourir à elle; par ce motif, l'une des données les plus récentes, celle de Hundeshagen, trouvera bien ici sa place. Selon lui, on obtient de

Un cheval de travail, de 10,000 à 10,500 kilog. de fumier;

Un bœuf de trait, de 10,000 à 10,500 kilog. de fumier ;

Une vache en stabulation, bien nourrie, de 10,000 à 13,000 ;

Une vache qui va au pâturage, de 7,500 à 11,500 ;

Une bête à laine, de 350 à 500.

Les variations qui, dans les nombres cités, sont frappantes et qui ont leur cause première dans la taille des bestiaux, les soins donnés à leur nourriture et à leur litière, le séjour plus ou moins long dans les étables, le pâturage et le temps consacré au travail, ont conduit à essayer d'autres méthodes de calcul qui ont été adoptées après avoir reçu la sanction de l'expérience. On n'y tient pas compte du nombre de têtes de bétail, et même pas de la composition des bestiaux ; mais on calcule la quantité de fumier que l'on espère obtenir immédiatement par les récoltes de fourrages et de paille fournies par l'exploitation. Cependant on n'est pas encore tout à fait d'accord sur ce point.

Afin de pouvoir apprécier et appliquer les diverses méthodes de culture, il faut prendre en considération les conditions suivantes :

1° Connaître la quantité des fourrages ou substances alimentaires qui sont consommés dans une exploitation ;

2° Savoir constater la quantité de substances sèches et d'eau qu'ils contiennent ;

3° Savoir apprécier leur valeur nutritive (relative) en les comparant au foin ;

4° Pouvoir estimer les matériaux de litière que l'on a à sa disposition ; mais comme dans la plupart des exploitations agricoles on fait consommer une partie de la paille produite, et qu'elle est convertie en fumier d'une autre manière et dans une autre proportion que la paille distribuée en litière, il est nécessaire de

5° Savoir distinguer convenablement la paille consommée de celle destinée à la litière.

### QUESTIONS PRÉLIMINAIRES POUR CALCULER LE RENDEMENT EN FUMIER.

#### § 1er. *Recherches des produits en fourrages.*

On produit les fourrages sur les prairies, les pâturages et les terres arables. Celui des pâturages est connu par leur classification et par le nombre de têtes de bétail que l'on y entretient pendant l'été ; il est essentiel, par conséquent, que l'on connaisse le temps pendant lequel on doit entretenir ce bétail à l'étable, ou bien s'il est nécessaire de lui distribuer encore un supplément de nourriture pendant le pâturage.

On peut de même apprécier, par la classification, la quantité et la qualité des foins des prairies. Quant au fourrage récolté sur les terres arables, il dépend du choix des plantes que l'on y cultive, de l'assolement qu'on y suit et de la fertilité de la terre relativement aux plantes qui servent de nourriture aux bestiaux ; mais on ne doit pas oublier de soustraire tout ce qui reçoit une autre destination, par exemple les pommes de terre de semence ; les pommes de terre, les carottes, etc., qui doivent être vendues ou consommées par les hommes.

On enseigne dans l'agriculture proprement dite la moyenne des récoltes de fourrages et des récoltes sarclées, selon qu'elles ont été faites sur des terres fertiles, moyennes ou pauvres.

## § 2. *Poids de la substance sèche et de l'eau contenue dans les fourrages.*

Plusieurs agronomes adoptent pour base de leurs calculs (de réduction) le poids de la substance sèche contenue dans les fourrages ; par ce motif, on doit savoir les réduire. Les grains, les fourrages secs et la paille sont admis entièrement pour de la substance sèche. On compte, pour l'herbe et les diverses espèces de trèfle en vert, de 20 à 25 pour 100 de substance sèche ; pour les pommes de terre, de 25 à 30 pour 100 ; pour les topinambours, 22 pour 100 ; pour les rutabagas, de 18 à 22; pour les betteraves et carottes, de 13 à 15; pour les navets, de 9 à 11; pour les feuilles de chou, 10 pour 100 de substance sèche.

§ 3. *Réduction des divers fourrages en foin, ou équivalents des fourrages en foin.*

La réduction des divers fourrages en foin n'a pas seulement de valeur pour le calcul du fumier, mais aussi pour la distribution des provisions aux animaux domestiques ; il en résulte de grandes difficultés.

L'entrepreneur de culture qui veut se rendre un compte exact ne peut prendre pour bases que des expériences fondées sur une longue observation et des essais exacts. L'analyse chimique des substances alimentaires ne donne pas des moyens qui s'accordent entièrement avec la pratique. — Le même fourrage possède une valeur très-variable, selon les diverses circonstances dans lesquelles il a été cultivé, produit, récolté et conservé. — Il peut être meilleur, mauvais ou impropre pour certains genres d'animaux, même pour des animaux de même genre, mais qui diffèrent entre eux par la race, l'habitude et l'âge ; ensuite il s'agit de savoir si le principal but de la tenue du bétail consiste à obtenir de la viande, du lait ou de la laine fine. — Le mélange des fourrages dans une certaine proportion, et leur distribution simultanée ou consécutive, exercent une grande influence sur leur valeur nutritive.

Plusieurs agronomes ont proposé le seigle en place de foin, pour servir d'échelle de comparaison des fourrages. Dans les contrées où il représente la valeur d'une monnaie (fictive), l'adoption du seigle peut être convenable; mais, là où il n'a pas même toute sa valeur comme grain pour la fabrication du pain, ce serait à tort qu'on l'emploierait soit comme monnaie fictive, soit type des équivalents, et l'on préfère adopter le foin dans ce but. Du reste, il est facile de réduire le seigle en foin.

Les indications de *Pabst*, qui, sous ce rapport, s'est livré à beaucoup d'expériences comparatives, sont les plus complètes, et se distinguent par les détails : du reste, on ne doit pas les considérer comme infaillibles; aussi ont-elles quelques lacunes, et, pour les remplir, on a réuni au tableau quelques autres données; savoir : dans la colonne *anciennes adoptions*, celles de Thaër, Germurshausen, Reiter, Weber; dans celle de *Veit,* celles contenues dans son ouvrage, *De l'administration des domaines ruraux*, 1838; enfin celles de *Hohenheim.*

Il en résulte qu'on est loin d'être d'accord sur ce sujet.

# TABLEAU comparatif de la valeur nutritive de divers fourrages.

## 100 kilogrammes de bon foin forment l'équivalent de

| | SELON PABST. | SELON les ancienn. indicat. | SELON VEIT. | SELON HOHENHEIM | OBSERVATIONS. |
|---|---|---|---|---|---|
| **I. FOURRAGES SECS.** | | | | | |
| Foin de trèfle blanc. . . . . | 90 | | | | |
| — de sainfoin. . . . . | 90 | 90 | | | |
| — de spergule. . . . . | 90 | | | | |
| — de luzerne. . , . . . | 95 | 90 | 90 | 100 | Block admet 102. |
| — de trèfle rouge. . . . . | 100 | 90 | | 100 | |
| — de vesces. . . . . . | 100 | 90 | | 100 | |
| — de millet. . . . . . | 100 | | | | |
| — de mauvaise qualité. . | | | | | |
| **II. FOURRAGES VERTS.** | | | | | |
| Maïs. . . . . . . . . | 275 | | | | Block admet 366. |
| Spergule. . . . . . . . | 325 | | | 500 | |
| Sainfoin. . . . . . . . | 400 | | | | |
| Tiges et feuilles de topinamb. | 400 | | | 500 | |
| Trèfle rouge. . . . . . . | 425 | | | | |
| Sarrasin. . . . . . . . | 425 | 400 | 450 | | |
| Millet. . . . . . . . . | 425 | | | 500 | |
| Bonnes herbes des prairies. | 450 | 500 | | | |
| Luzerne. . . . . . . . | 450 | | | 500 | |
| Vesces mélangées. . . . . | 450 | | | 500 | |
| Seigle. . . . . . . . . | 450 | | | | |
| Colza, navette et moutarde. . | 475 | | | | |
| **III. PAILLE.** | | | | | |
| Balles et menue paille de céréales et de graines de trèfle. . | 100—150 | | 150—170 | 200 | |
| Paille de lentilles, de haricots, de spergule. . . . . . | 125 | 120—200 | 160 | | |
| Paille de pois et de vesces. . | 150 | 120—200 | 180—190 | 133 | |
| — de millet et de sarrasin. | 150 | 400 | 300 | | |
| Capsules de graines de lin. . | 150 | | 130 | | |
| Tiges et feuilles sèches de topinambour. . . . . . | 150 | | | 150 | |
| Paille de trèfle, porte-graine. | 180 | | 150 | 150 | |
| — d'orge et d'avoine. . . | 200 | 150—190 | 200 | 200 | |
| Siliques de colza. . , . . | 200 | | 200 | 200 | |
| Tiges et feuilles de maïs. . . | 200 | | 275 | | |
| Paille de from. et d'épeautre. | 275 | 500 | (1) | 200 | (1) Veit, 300 pour les céréales d'hiver. |
| — de seigle. . . . . . | 300 | 660 | (2) | | (2) Veit, 230 pour les céréales de printemps. |
| — de féveroles. . . . | | | 400 | | |
| de colza, de moutarde, de cameline, y compris les siliques. . . . . . | | | 400 | | |
| Tiges de pavot et de tournesol | | | 500 | 150 | |
| Épis dépouillés et feuilles de maïs. . . . . . . . | 200 | | | | |
| Paille de graminées, porte-graine. . . . . . . | | | | | |

| | SELON PABST. | SELON les anciennes indicat. | SELON VEIT. | SELON BOUSSINGAULT. | OBSERVATIONS. |
|---|---|---|---|---|---|
| IV. FEUILLES SÈCHES SANS LES BRANCHES. | | | | | |
| De vigne, d'ormeau, de frêne, de peuplier du Canada. . | 100 | » | » | » | |
| D'acacia, d'érable, d'orme, de tilleul, de chêne et d'aune | 125  150 | » | » | » | |
| V. RACINES ET LEURS FEUILLES. | | | | | |
| Pommes de terre. . . . . . | 200 | 200 | 200 | 200 | |
| Carottes. . . . . . . . . . | 250 | 265 | 270 | 250 | |
| Rutabagas. . . . . . . . . | 250 | 300 | 300 | 300 | |
| Topinambours. . . . . . . | 250 | » | 250 | 250 | |
| Betteraves. . . . . . . . . | 275 | 450—500 | 300 | 250 | |
| Navets. . . . . . . . . . . | 400 | 500—525 | 400 | » | |
| Chou pommé. . . . . . . . | 450 | 600 | 500 | 600 | |
| Feuilles vertes de rutabaga et de navet. . . . . . . . . | 500 | 600—700 | 500 | 600 | |
| Feuilles vertes de betterave. . | 500 | » | 500 | 700 | |
| Panais. . . . . . . . . . . | » | » | » | 250 | |
| VI. GRAINS. | | | | | |
| Froment. . . . . . . . . . | 40 | 45—64 | 30 | » | 27 Block. |
| Pois. . . . . . . . . . . . | 40 | 47—66 | 33 | » | 30 — |
| Féveroles. . . . . . . . . | 40 | 47—73 | 40 | » | 38 — |
| Lentilles. . . . . . . . . . | 40 | 67 | 33 | » | |
| Vesces. . . . . . . . . . . | 40 | » | 35 | » | 33 1/3 — |
| Maïs. . . . . . . . . . . . | 45 | » | 36 | » | 40 Rodolphe-André. |
| Seigle. . . . . . . . . . . | 45 | 51—71 | 40 | » | 33 1/3 Block. |
| Orge. . . . . . . . . . . . | 50 | 52—76 | 44 | » | 36 2/3 — |
| Sarrasin. . . . . . . . . . | 50 | » | 50 | » | 33 1/3 — |
| Avoine. . . . . . . . . . . | 52 | 55—86 | 50 | 50 | 39 1/3 — |
| Epeautre. . . . . . . . . . | 55 | » | 45 | » | |
| Millet. . . . . . . . . . . | » | » | 36 | » | 30 — |
| VII. FRUITS D'ARBRES. | | | | | |
| Glands, marrons d'Inde. . . | 75 | » | 75 | » | |
| Faines. . . . . . . . . . . | » | » | 75 | » | |
| VIII. RÉSIDUS DE FABRIQUES. | | | | | |
| Menus grains d'orge. . . . . | » | » | 60 | » | |
| Germes d'orge, touraillons. . | » | » | 125 | » | |
| Dragues de brasserie. . . . | 100 | 150 | 300 | 125 | |
| Résidus de distillerie de pommes de terre. . . . . . . | 400 | 600 | 670 | » | Comme Pabst avec le malt employé. |
| Résidus de distillerie de grains | 100 | 200 | » | » | Plusieurs estiment comme équivalent 100 kilog. de résidus et 100 de foin. |
| Pulpes de pommes de terre râpées, fécule. . . . . . | 300 | » | » | » | |
| Marcs de from. d'amidonnerie | 150 | » | » | » | |
| Pulpes de betteraves. . . . | 175 | » | » | 250 | |
| Farine bise, dernière qualité. moyenne fleur. . . . . . | » | » | 50 | » | (1) Antoine de Roville nous a laissé un tableau beaucoup plus complet, qui a été imprimé séparément, et que l'on trouve à la librairie Bouchard-Huzard. |
| Son de froment. . . . . . . | 60 | 60 | 75 | » | |
| — de seigle . . . . . . | 60 | » | 75 | » | |
| Tourteaux d'huile de lin. . . | 45 | » | » | » | |
| —     de colza. . . . . | 52 | » | » | » | |
| —     de pavot. . . . . | 70 | » | » | » | |
| Marcs de raisins et de fruits, cidre . . . . . . . . (1) | 300 | » | » | » | |

## § 4. *Production de la paille.*

La recherche de la production de la paille obtenue dans une exploitation agricole, principalement de la paille des céréales, est aussi difficile
que la conversion de la valeur nutritive des fourrages en équivalents de foin. Au reste, la difficulté
ne réside pas dans la chose en elle-même; car on
peut admettre que le rendement en paille n'est
pas aussi variable que celui des grains, et que, si
les céréales sont claires, la paille est remplacée,
en quelque sorte, par les mauvaises herbes qui
réussissent alors mieux, tandis qu'il n'y a point de
compensation pour les grains ; mais cela provient
uniquement de ce que dans une exploitation on
pèse rarement la paille : d'où vient naturellement
que, lors d'une estimation, on ne sait en faire
l'évaluation.

Tandis qu'un cultivateur praticien sait estimer
la récolte en grains à 2 ou 3 hectolitres près, il
ne sait s'il récoltera 3,000 ou 4,600 kilog. de
paille par hectare. Veut-il connaître le rendement
en paille, d'ordinaire il s'y prend de la manière
suivante. Il compte d'abord le nombre de gerbes et
ensuite le nombre de bottes de paille qu'il en obtient, en évaluant leur poids. Il dit, par exemple,
1 hectare de froment ou d'épeautre rend, froment,

600 gerbes, épeautre, 500 ; on obtient de 3 gerbes
2 bottes de paille, par conséquent, froment,
400 bottes de paille, épeautre, 330, qui forment,
au poids de 10 kilog., un rendement de 4,000 kilog. et 3,300 de paille par hectare.

Dans les exploitations agricoles mieux organisées, où les fourrages et la paille sont mis en bottes
d'un poids donné et livrés par rations au bétail,
on connaît le rendement de paille plus exactement.
Il est très-convenable, lorsqu'il s'agit d'organisation et d'estimation, de se tenir aux nombres qu'on
a trouvés par expérience. Il existe une méthode
de calculer qui est appliquée ordinairement à défaut de meilleurs renseignements, mais qui n'est
pas si exacte que les résultats des expériences. On
admet, par exemple, qu'il existe un rapport assez
constant entre les grains et la paille, de manière
que, si l'on connaît le poids des grains, on est à
même de calculer celui de la paille. Ainsi, lorsqu'on connaît le nombre d'hectolitres, on cherche
à connaître le poids des grains. On peut admettre
que

| | | |
|---|---|---|
| 1 hectolitre de froment pèse | 76— » | kilog. |
| 1 — d'épeautre en balles | 40—45 | |
| 1 — de seigle | 70— » | |
| 1 — d'orge de printemps | 65— » | |
| 1 — d'avoine | 40—45 | |
| 1 — de sarrasin | 60—65 | |
| 1 — de pois | 80—85 | |

I.

22

| 1 hectolitre de féveroles. | . . . . . . | 80—85 |
| 1 — de vesces. | . . . . . . . | 80— » |
| 1 — de colza. | . . . . . . . . | 65—70 |

La proportion du poids des grains à celui de la paille que l'on applique ici s'établit pour

|  | SELON THAER. | SELON KOPPE. |
|---|---|---|
| Le froment d'hiver, comme 48—52 : 100 ; | 50 : 100 ; | comme 44—56 : 100. |
| Le seigle d'hiver, comme 38—42 — | 40 : 100 ; | — 36—44 — |
| L'orge de printemps, comme 62—64 — | 63 : 100 ; | — 56—64 — |
| L'avoine, comme 60—62 — | 61 : 100 ; | — 56—64 — |

Il existe encore un grand nombre d'autres chiffres proportionnels fournis par d'autres cultivateurs et consignés en grande partie dans l'agriculture pratique de Schwerz ; en attendant, on regarde dans l'Allemagne septentrionale les chiffres ci-dessus comme les plus exacts. Les grandes différences de ces appréciations viennent certainement de ce que, dans les expériences, on n'a pas toujours tenu compte de la paille brisée et de la balle, qui cependant doivent être comptées dans la paille.

Pour l'épeautre, on ne connaît que les expériences de Schwerz, d'après lesquelles le rapport du grain à la paille, les écales comprises, est : : 57 : 100, et écalés : : 42 : 100.

On n'est pas encore d'accord pour savoir si cette méthode de calculer peut être appliquée à d'autres grains farineux. Dans tous les cas, les légumineuses et le sarrasin sont encore sujets à de plus fortes variations que les céréales. Les expériences sur les premières sont aussi plus rares, et ont, par cela même, moins d'autorité.

Elsner, qui, en général, a trouvé une assez forte proportion de paille dans les exploitations qu'il a observées, par exemple pour le froment 35 de grains pour 100 de paille, pour le seigle 41,5, pour l'orge 58 3/4, pour l'avoine 52, obtint pour le sarrasin 35—36 de grains pour 100 de paille, pour les pois 28,8, pour les vesces 28 à 29 ; Gaspari, pour les pois, 45 de grains pour 100 de paille, pour le colza et la navette d'automne 53, pour les féveroles 55 de grains pour 100 de paille. Si l'on examine maintenant attentivement cette méthode de calcul, si l'on compare les résultats obtenus dans les différentes parties de l'Allemagne, on peut bien conclure que, dans un canton d'un sol entièrement homogène, les rapports indiqués sont, à la vérité, possibles, au moins pour les espèces principales de céréales, mais que ce résultat n'est nullement général, et que, pour la même plante, il peut varier de 15 à 20 pour 100 dans deux pays différents. Il serait donc à désirer qu'on multipliât, autant que possible, les observations pour connaître exactement les cas dans lesquels on peut admettre certains chiffres donnés. Il est certain d'abord que l'humidité du climat exerce ici une influence assez grande, de même que la

position de l'exploitation et la température de
l'année. L'humidité, en général, favorise le produit en paille et en mauvaises herbes que l'on
rentre avec la paille ; voilà pourquoi on trouve de
grands produits de paille dans les vallées aussi bien
que sur les hauteurs, pourvu que celles-ci ne soient
pas trop élevées ni trop rudes. Le produit en paille
est aussi augmenté lorsqu'on a semé du trèfle dans
la céréale, et que ce trèfle s'y est bien développé.
On obtient également plus de paille sur un sol
compacte, labouré profondément et bien ameubli,
que sur un sol léger, sec, peu profond ; plus sur
un sol d'une bonté et d'une fertilité ordinaires.
Ainsi, tandis que, dans une moyenne de trois années, en plein champ, à Hohenheim, 15,160 kilog. de paille produisirent 8,400 kilog. de grains,
froment de Talavera, dans une même étendue de
terre, d'une pièce d'expérience, 20,259 kilog. de
paille ne produisirent également que 8,400 kilog.
de grains. Dans la fumure, on remarque encore
que le fumier proprement dit, c'est-à-dire le fumier animal, influe davantage sur la paille, et les
amendements minéraux, surtout la marne, la
chaux, influent davantage sur la graine. Les semailles précoces, surtout celles des céréales d'automne, favorisent le tallement et la proportion
plus grande en paille ; une semaille drue fournit
plus de paille qu'une semaille claire ; une céréale

fauchée, davantage de paille qu'une qui est sciée,
et, dans ce dernier cas, il y a encore à considérer
la pratique du pays, c'est-à-dire si on coupe plus
près de terre ou plus haut. Enfin telle espèce ou
telle variété de céréale incline davantage vers la
production de la paille, telle autre vers la production du grain.

## § 5. Matériaux de litière tirés du dehors.

L'expérience, à ce sujet, ne nous fournit encore
que des données incomplètes. Par rapport aux matériaux de litière de forêts, on peut consulter les
notices de Hundeshagen, publiées à Tubingen en
1830, dans sa brochure intitulée, *Pâturages et
litière de forêts.* Hundeshagen estime la valeur de
la paille = à 100, celle de la mousse = à 75—
100, celle des feuilles de lupin = à 50—75, celle
des feuilles d'arbres = à 26—36. D'autres, par
exemple Schmalz, tiennent deux voitures de
feuilles pour égales à une voiture de paille, de
manière que le rapport serait comme 50 : 100.

La production en litière provenant de forêts
jeunes encore est considérable. Ainsi on peut
obtenir de 2,000 à 3,000 kilog. de feuilles pour
litière, par hectare, d'un bois de chêne et de hêtre
de cinquante ans, dont on n'a encore jamais ra-
massé les feuilles, et jusqu'à 3,400 kilog. d'un

bois de sapin de trente ans, dont également on n'a encore jamais enlevé la litière.

Quant à la terre comme litière, on compte par tête adulte, d'après Schwerz, $0^k,023$, et d'après Schmalz, $0^k,035$ par jour, sous la condition que l'épandage se fasse régulièrement. Cette pratique commence à s'introduire dans plusieurs exploitations, où à la terre comme litière on ajoute une faible quantité de paille. Block compte $0^k,023$ de terre pour dix bêtes à laine, dont les déjections sont d'une nature plus sèche que celles des bêtes à cornes.

### § 6. *Conversion de la paille, fourrage ou litière en fumier.*

La méthode la plus usitée pour calculer le fumier consiste à multiplier le poids de la paille de litière par 2,3, tandis que l'on réduit préalablement en foin la paille donnée en fourrage; par là, celle-ci étant moins nourrissante, on obtient un chiffre moindre, mais ce nouveau chiffre est aussi multiplié par 2,3. La différence est évidente; aussi, pour faciliter les recherches pénibles d'un rapport exact entre la paille et le fourrage, on s'est généralement contenté de quelques chiffres généraux. Ainsi on a trouvé que, en moyenne, en prenant toutes les espèces de bestiaux, et avec un régime ordinaire de fourrage et de litière, la paille de litière composait le cinquième ou le sixième du poids du fourrage, réduit en foin, que les animaux consomment.

Pabst a fait une distinction encore plus exacte, en admettant qu'il fallait $0^k,467$ de litière pour $1^k,401$ de fourrage, ou valeur de foin, consommé par le bétail à cornes, lorsque le fourrage est vert; $1^k,868$ lorsque le fourrage est sec; de $1^k,868$ à $2^k,335$ de valeur de foin, pour les chevaux ou pour les bêtes à laine, lorsque le fourrage est vert; de $2^k,802$ à $3^k,736$ de valeur du foin, lorsque le fourrage est sec.

Cette méthode peut, sans doute, servir de base lorsque l'on est pressé de faire des calculs; mais, lorsqu'on a le temps d'approfondir la question et de pénétrer dans les détails, il est sage d'évaluer, séparément, pour chaque genre de bétail, sa ration normale en fourrage et en litière, et de partager convenablement entre eux la provision de paille que l'on possède. D'ordinaire, alors, on estimera journellement, pour un cheval de labour, de $1^k,401$ à $2^k,802$ paille de litière; pour un bœuf de trait, de $1^k,868$ à $3^k,736$; pour une vache, de $1^k,868$ à $3^k,736$; pour un veau ou une jeune tête de bétail, de $1^k,401$ à $1^k,868$; pour une bête à laine, de $0^k,116$ à $0^k,233$; pour un porc, de $0^k,834$ à $1^k,868$.

On trouvera dans la section du bétail les motifs

plus détaillés de ces chiffres et l'indication précise des cas où il convient d'augmenter ou de diminuer les rations.

Ce n'est qu'après avoir vidé ces questions que l'on peut aborder l'estimation du fumier d'une exploitation.

La méthode ordinaire de supputation, celle de Thaër, consiste dans la réduction en foin de tout le fourrage consommé dans les écuries, étables, etc., auquel on ajoute le poids de la paille de litière, et l'on multiplie la somme trouvée par 2,3, et le résultat trouvé est la quantité de fumier sur laquelle on peut compter.

Pour que cette supputation soit juste, il faut

A. Que l'affouragement du bétail consiste, ou bien en un quart de foin sur trois quarts de paille; ou mieux, en un tiers de foin sur deux tiers de paille; où en deux cinquièmes de foin sur trois cinquièmes de paille. Avec moins de foin, d'après l'expérience de Thaër, il faut multiplier avec un chiffre moins fort; avec davantage de paille, avec un chiffre plus élevé. On obtiendra surtout plus d'engrais, et ou multipliera avec 2,5 à 2,8 dans toute exploitation où l'on engraisse et où les animaux sont fortement nourris, alors surtout qu'ils reçoivent des résidus de brasserie, de distillerie avec additions de grains égrugés. Dans ce cas, pour absorber leurs urines, il faut donner beaucoup de litière. Par contre, des animaux maigres et épuisés donneront moins de fumier et du plus mauvais ; et, dans ce cas, le facteur sera 2,2 au lieu de 2,3.

B. Qu'on emploie tout juste autant de litière qu'il sera nécessaire pour absorber tous les excréments et pour qu'elle en soit pénétrée.

C. Que la composition du bétail soit dans une certaine proportion des diverses espèces, dans laquelle proportion le bétail à cornes entre en nombre convenable. En supposant que, dans de telles circonstances, le fourrage et les matériaux de litière donnés aux bêtes à laine et aux chevaux ne donnent pas exactement le poids du fumier évalué, le résultat sera le même quant aux produits, en raison de la puissance fécondante de ces engrais. Dans une grande exploitation, avec une grande variété de bétail, cette différence se balancera. Si cependant une exploitation était composée tout différemment, comme cela a lieu dans un domaine uniquement fondé sur l'éducation des bêtes à laine, il sera plus exact de multiplier seulement par 2,0, au lieu de multiplier par 2,3, et puis d'avoir égard à la plus grande énergie de cet engrais, au moment de l'épandage sur les champs.

D. Que l'on traite convenablement le fumier ; que l'on possède un bon parc à fumier, d'où rien ne découle ; auquel rien de superflu ne s'ajoute ;

346

que le tas de fumier ne soit pas élevé trop haut, et qu'on le conduise dans les terres, lorsque la fermentation sera devenue telle, que la paille sera molle sans être décomposée.

Lorsque l'on suit cette méthode de calculer, on doit se fixer aussi sur l'estimation à donner au fumier des bêtes de trait et des bêtes au pâturage. Dans les grandes exploitations, où le bétail de trait, comparativement au bétail de rente, est dans une proportion minime, la perte en fumier que ces bêtes de trait éprouvent pendant le temps du travail n'est pas prise en considération. On admet que cette perte est compensée par les rations de grains non évaluées, par les déchets en feuilles des fourrages verts, par le fumier des volailles, etc. Dans de petites exploitations ou dans des cas particuliers, où l'on demande de l'exactitude, on retranche une quantité de fumier proportionnelle au temps du travail; par exemple, pour les chevaux et les bœufs de trait, on retranche un tiers du fumier qu'ils auraient fourni s'ils étaient constamment restés à l'étable.

D'ordinaire, on calcule le fumier du bétail au pâturage qui a passé la nuit à l'écurie, sur la base des expériences qui ont prouvé que 100 kilog. d'herbe consommés par une vache au pâturage produisent 50 kilog. de fumier; que, de ces 50 kilog. de fumier, 30 restent au pâturage et 20 à l'étable pendant le séjour de nuit. D'après cela, on pourra évaluer la quantité de fumier produite par une vache, en y ajoutant la litière. D'autres comptent pour tête de bétail à cornes, de taille moyenne, 7 kilog.; pour une bête à laine, $0^k,701$, lorsque pendant le jour le pâturage a été bon.

Un exemple démontrera comment on emploie la méthode de Thaër pour calculer le fumier, sans que, pour cela, les quantités de fourrage et de litière choisies arbitrairement, fourrage d'été et d'hiver, doivent y représenter un rapport bien exact.

On donne dans un domaine

| | Quint. ou kil. | Réduction en foin. | Valeur en foin. |
|---|---|---|---|
| Foin de pré. . . . . . . . | 1,000; | 100 : 100; | 1,000 quint. ou kil. |
| Pommes de terre. . . . . | 2,000; | 200 : 100; | 1,000 — |
| Trèfle vert et vesces vertes. | 5,000; | 500 : 100; | 1,000 — |
| Pailles d'orge et d'avoine. . | 600; | 150 : 100; | 400 — |
| Somme totale de l'affouragement. | | | 3,400 quint. ou kil. |

A cela, on ajoute maintenant la paille de litière, qui doit être de 1,000 quintaux ou kilog., et on obtient 4,400 quintaux ou kilog., qui, multipliés par 2,3, font 10,120 quint. ou kilog., ou 506 voitures de fumier de 20 quint. chacune.

##### Autres méthodes de calculs.

Cette méthode de Thaër, pour calculer le fu-

mier, a déjà subi bien des attaques. Plusieurs admettent le principe et ne fixent qu'un autre chiffre
pour multiplicateur, comme Flotow et Koppe le
chiffre 2, Pabst le chiffre 2,2, de Thünen le
chiffre 2,25; d'autres, au contraire, trouvent dé-
fectueux de traiter en commun le fourrage et la
litière, qui sont donnés dans des rapports si divers,
et veulent qu'on calcule chaque chose séparément,
dans la composition du fumier. Le conseiller
d'agriculture Seidel, dans la 30e livraison des *Annales de Moeglin* (1833), a cherché à prouver, par
des expériences en petit, que le multiplicateur 2,3
n'était juste que lorsque le poids de la litière composait la moitié de la nourriture, c'est-à-dire, si
sur 20 kilog. de nourriture on donnait 10 kilog.
de paille; mais que, dans tous les autres cas, le
multiplicateur devrait être ou plus fort ou plus
faible. Seidel veut ensuite qu'on réduise le fourrage non à sa valeur de foin, mais à sa substance
sèche, pour trouver la quantité de fumier, et il
établit la formule suivante : multipliez le poids
de la litière par 0,9 et le poids du fourrage sec
par 3. Il observe, en même temps, que ce calcul
ne peut se trouver vrai que sous la condition que
le jus du fumier ne soit pas perdu ou employé à
d'autres usages, mais qu'il soit complétement absorbé par la litière, et que l'on charrie le fumier
dans un état de décomposition moyenne.

Si l'on applique cette formule à l'exemple ci-
dessus, on trouve :

| Fourrage. | | Substance sèche. | |
|---|---|---|---|
| 1,000 quint. ou kilog. de foin. . | 100 p. 0/0 | 1,000 quint. ou kil. | |
| 2,000 — — de pommes de terre. | .28 — | 560 | —‌] |
| 5,000 — — de fourrage vert. . | 22 — | 1,125 | — |
| 600 — — de paille de prin-temps. . . . . . . . | 100 — | 600 | — |

3,285 fourrage sec,
multiplié par 3

| Litière. . . . . . . . . . . . . . | 9,855 | — |
|---|---|---|
| 1,000 quint. ou kil. paille à litière —(0,9. . . | 900 | |

ou 538 voitures de fumier à 20 quintaux. . . . 10,755
donc quelque chose de plus que Thaër.

Burger aussi évalue la substance sèche ; sa formule est : à cette substance sèche de fourrage
ajouter la litière et multiplier la somme totale
par 2. D'après l'exemple ci-dessus, la substance
sèche est 3,285 quintaux, la litière 1,000 quint. ;
total, 4,282 + 2 = 8,570 quint. ou 428,5 voitures.

Dans la première édition de son livre élémen-
taire, il avait adopté pour multiplicateur 2,17, où
alors 9,298,5, ou environ 465 voitures, eussent été
le résultat de l'exemple. Il regarde comme plus
exact de retrancher la fraction du multiplicateur,
mais en même temps il suppose que la litière com-
posera tout au plus un quart du fourrage, soit un
cinquième de tous les matériaux.

Schweizer adopte la même formule et le même multiplicateur 2, et il donne pour leur base les rapports suivants : on obtient 200 kilog. de fumier de

100 kilog. de foin, de paille, de grains en général, de substances sèches, de fourrage de toute espèce;

450 — de trèfle vert, d'herbe, de luzerne, etc.;
400 — de pommes de terre;
480 — de carottes;
540 — de betteraves avec leurs feuilles;
500 — de rutabagas;
590 — de navets, turneps;
680 — de feuilles de chou;
300 — de grains employés pour la distillerie;
800 — de pommes de terre;
100 — de tourteaux.

Schweizer déclare les trois derniers nombres comme n'étant pas encore suffisamment déterminés, et il convient que, en général, on obtiendra plus de fumier que son calcul indique.

Schwerz multiplie le fourrage sec par 1,75, la paille litière par 2. De sa méthode de calcul il résulte, par l'exemple ci-dessus, les nombres suivants :

| Fourrage. | Substance sèche. | Fumier avec 75 pour 100 de parties humides. |
|---|---|---|
| 1,000 kil. de foin. . . . . . . . | 100 p. 0/0 | 1,750 quintaux. |
| 2,000 — de pommes de terre. . . | 20 — | 980 — |
| 5,000 — de fourrage vert. . . . . | 21 — | 1,837 — |
| 600 — de paille de céréale. . . . | 100 — | 1,055 — |

5,622 q. de fum.

Ajoutez à cela 100 kil. de paille à litière $\times$ 2 = 2,000

7,622

seulement 381 voitures à 20 quintaux.

En même temps, il convient que ses évaluations sont inférieures à toutes les autres; mais il croit que, avec la base de ses calculs, ni le cultivateur, ni ses champs ne seront trompés; cependant, comme chacun, en faisant de tels calculs, cherche à approcher, autant que possible, de la réalité, et qu'il peut toujours accorder à ses champs les doses qu'il juge nécessaires, la méthode de Schwerz ne trouve pas beaucoup de sympathie.

Block produit une méthode de calcul essentiellement différente de celles citées jusqu'à présent; il appuie ses chiffres uniquement sur des essais de pesées, et il obtient les résultats suivants :

| Fourrage, affouragement. | Fumier de cheval. | Fumier de vache. | Fumier de mouton. |
|---|---|---|---|
| 100 kil. de grains de seigle donnent. . . | 212 | » | » |
| 100 — d'avoine. . . . . . . . . . . | 204 | » | 144 |
| 100 — de foin. . . . . . . . . . . . | 172 | 275 | 123 |
| 100 — de paille, de seigle, de froment, d'orge, d'avoine, de pois donnent. . . | 168 | 268 | 117 |
| 100 — de pommes de terre. . . . . . . | » | 87,5 | 38 |

| Fourrage , affouragement. | Fumier de cheval. | Fumier de vache. | Fumier de mouton. |
|---|---|---|---|
| 100 kil. de betteraves, de carottes. . . . | » | 37,5 | » |
| 100 — de rutabagas. . . . . . . . . . | » | 62,5 | » |
| 100 — de navets, turneps (W. R.). . . . | » | 34,5 | » |
| 100 — de trèfle vert. . . . . . . . . | » | 65,75 | » |

### Litière.

| | | | |
|---|---|---|---|
| 100 — de paille de seigle et de froment. . | 228 | 269 | 206 |
| 100 — de céréale d'été , un peu moins, à peu près. . . . . . . . . . . . . | 220 | 260 | 200 |

D'après les expériences précédentes, le fumier de vache contient à peu près 84 pour 100 d'humidité, le fumier de cheval 75 pour 100, le fumier de mouton 66 pour 100.

On suppose en même temps que le fumier de cheval restera huit jours à l'écurie, le fumier de vache trois semaines et celui de mouton deux mois, et que la pesée ait lieu au moment du transport des fumiers hors des écuries sur les tas.

L'exemple ci-dessus se calcule par conséquent :

| | Fumier de vache. | Fumier de mouton. |
|---|---|---|
| 1,000 kil. de foin de prairies donnent. . . . | 2,750 | 1,230 |
| 2,000 — de pommes de terre. . . . . . . | 1,750 | 760 |
| 5,000 — de trèfle. . . . . . . . . . . . | 3,287 | 1,850 |
| 600 — de paille à fourrage. . . . . . . | 1,608 | 702 |
| 1,000 — de paille à litière.. . . . . . . | 2,690 | 2,060 |
| | 12,085 | 6,602 |

La moyenne serait. . . . . 9,343 kil. = 467 voitures.

Comparaison des diverses méthodes.

| | | |
|---|---|---|
| Thaër. . . . . . . . . . . . . | 506 | voitures. |
| Seidel. . . . . . . . . . . . . | 538 | — |
| Burger, avec le multiplicateur 2. . | 428 | — |
| —                — 2,17. | 465 | — |
| Schwerz. . . . . . . . . . . . | 381 | — |
| Block, pour du fumier de vache. . | 467 | — |
| —              — de mouton. | 330 | — |
| Moyenne de Block. . . . . . . . | 467 | — |

Chacune de ces méthodes a un côté recom-
mandable ; celle de Block est, comme résultat vrai
d'expérience, la plus exacte et la plus certaine,
mais elle n'a pas encore été assez étudiée.

La deuxième méthode, proposée par Seidel,
Burger et Schweizer, a la préférence sur celle de
Thaër, en ce qu'elle prend exclusivement la sub-
stance sèche pour base.

Seulement, comme cette méthode exige des
calculs particuliers, tandis que les calculs de Thaër
servent en même temps pour les équivalents de
substances nutritives, il en résulte que, dans la
pratique générale, la méthode de Thaër est la plus
répandue.

### Section quatrième.

L'AUGMENTATION ET LA DIMINUTION DE LA FÉCONDITÉ DE LA TERRE
COMPARÉES.

Lorsque l'on veut juger si la fécondité de

d'un domaine va en augmentant ou en diminuant, ou si cette fécondité reste stationnaire, on examine l'assolement suivi pour savoir lesquelles des plantes améliorantes, épuisantes ou ménageantes y ont la prépondérance.

Dans ce cas, il ne suffit pas d'opposer une plante améliorante à une plante épuisante, comme si l'une pouvait procurer une parfaite compensation à l'autre. Il faut comparer la restitution des forces à leur épuisement, attendu que, souvent, deux ou trois plantes améliorantes sont nécessaires pour compenser l'effet fâcheux produit par une plante épuisante.

Avant tout, il faut donc bien connaître l'assolement.

On distingue :

§ 1er. *Des assolements améliorants, qui se subdivisent :*

A. En assolements qui n'ont besoin d'aucun engrais animal, mais qui maintiennent la fécondité dans les terres par les débris fertilisants que les plantes laissent après elles, et procurent, en plus, par les fourrages et pailles qu'ils fournissent, des matériaux d'engrais pour les autres besoins de l'exploitation : il y a ainsi des assolements de luzerne et de sainfoin ;

B. En assolements qui, à la vérité, ne peuvent pas entièrement se passer d'engrais, mais qui n'en consomment pas autant qu'ils en produisent.

Ces deux espèces d'assolements améliorants ne sont pas souvent en usage, parce que, en général, les plantes épuisantes rapportent le plus à l'entrepreneur agricole. On les trouve cependant dans deux cas. Le premier cas se présente lorsqu'on veut, dans les premières années d'une entreprise, relever promptement, avec ses propres forces, la fécondité d'un domaine épuisé. L'assolement améliorant n'est alors que transitoire. Lorsque le but est atteint, on change la rotation, en prenant une ou plusieurs récoltes plus exigeantes et plus productives. Le deuxième cas a lieu lorsque sur un domaine on juge à propos de suivre, en même temps et à côté l'un de l'autre, plusieurs assolements. Alors, plus l'un des assolements est épuisant, plus l'autre doit être améliorant.

## § 2. *Assolements se soutenant par eux-mêmes.*

Les ressources qu'ils portent avec eux par leur propre production de fourrages et de paille suffisent complétement pour réparer la perte causée par les récoltes enlevées.

### § 3. *Assolements épuisants.*

Lorsque de tels assolements doivent subsister longtemps, on doit avoir à sa disposition des secours étrangers quelconques, par exemple des occasions d'acheter des fumiers, la jouissance exclusive du parc de grands troupeaux qui se nourrissent sur des terres hors du domaine, ou autres. Des terres de marais permettent également, sans inconvénient, de riches assolements pendant plusieurs années ; mais sur un sol ordinaire, et sur un domaine qui ne possède pas ces ressources extraordinaires, de tels assolements peuvent amener la ruine du domaine et celle du propriétaire.

Le tact d'une longue expérience suffit souvent au cultivateur pour apprécier, sans autre calcul, ce qu'il peut exiger de son sol, et, jusqu'à présent, la plupart des exploitations sont organisées sous cette impression générale ; mais, dans tous les cas, on marchera plus sûrement avec l'aide des chiffres, même sans employer une statique rigoureuse. Voici comment l'on doit s'y prendre : on commence par faire choix d'un assolement fondé sur les données naturelles, puis on évalue les récoltes annuelles de paille et de fourrages que le domaine pourra produire, en y ajoutant toutes les ressources qui peuvent être régulièrement à sa disposition. On évalue ensuite la quantité de fumier que l'on peut obtenir, et on partage cette quantité entre les terres qui ont besoin d'être fumées. On peut dès lors juger à peu près si, avec cette fumure, il est possible de réaliser les récoltes de fourrages et de paille que l'on avait supposées primitivement, et l'on augmente ou l'on diminue les premières supputations, suivant le cas. On change aussi, par suite, les calculs du fumier. On agira ainsi jusqu'à ce que les diverses parties soient en parfait accord et conformes aux probabilités. Si les calculs établissent, par exemple, que l'on peut donner, tous les trois ans, à une terre en labour en bon état, 31,000 kilog. de fumier par hectare, ces chiffres indiqueront que cette terre peut produire plusieurs récoltes épuisantes; si, au contraire, on ne peut donner cette fumure que tous les quatre, cinq ou six ans, il faudra alors traiter la terre graduellement, avec plus de ménagement. Il faut avoir soin aussi d'apprécier la bonification que procurent des récoltes améliorantes, telles que le trèfle et la luzerne, et l'équivalent que procurent des terres à pâturages et la jachère nue.

Schweizer évalue les restes que laisse un champ de trèfle bien venu et bien dru, égaux à une fumure de 3,084 kilog. par hectare, si la dernière pousse n'a pas été pâturée, mais enterrée; une année de pâturage, égale à 1,542 kilog.; une année de jachère, aussi égale à 1,542 kilog., surtout si, pendant la jachère, on a enfoui par les labours beaucoup de mauvaises herbes. Cette évaluation laisse sans doute encore beaucoup à désirer; elle laisse trop à l'arbitraire, et elle n'est bien vraie que pour celui qui est guidé dans ses évaluations par une longue pratique. Cependant, si on veut réussir dans l'organisation d'un domaine, il faut encore des connaissances supérieures sous plusieurs rapports.

### Statique.

En général, on désigne sous le nom de *statique* la science de l'équilibre des corps.

La statique agricole démontre, par des chiffres, la consommation et la production de la fécondité du sol. Thaër, dans son *Histoire de l'exploitation de Moeglin*, 1845, est le premier qui soit entré dans cette voie. Plus tard, parurent les *Essais d'une théorie sur les rapports des récoltes avec la fécondité de la terre*, par de Wulfen, Berlin, 1845. Thaër en parle de nouveau dans le premier volume des *Annales de Moeglin*, 1817. Dès lors se succédèrent de nombreux traités sur la matière, par de Voght, de Thünen, de Wulfen, Iversen, de Riese, Pabst et autres.

Quel que soit le mérite de tous ces travaux, les contradictions que l'on rencontre même dans les

meilleurs auteurs, lorsqu'on les compare entre
eux, sont si nombreuses, ainsi que les énigmes à
résoudre, que tout ce qui a été fait jusqu'à ce jour
ne peut être regardé que comme une vaste expérience; aussi pensons-nous que l'on ne peut offrir
que des données approximatives, comme celles
qui vont suivre et qui suffisent cependant pour
comparer divers assolements entre eux.

La fécondité d'une terre provient à la fois et de
sa puissance naturelle et de sa richesse, fruit de
tous les soins extérieurs. Pour établir des com-
paraisons, on divise, par exemple, en vingt classes
les espèces de terre les plus communes, depuis le
sol argileux le plus compacte jusqu'au sol sablonneux le plus léger. La première classe consiste en
un sol argileux humeux, très-fort, bon sol à froment, dont la valeur $= 100$ degrés. D'autres terres
à froment, en partie terres argileuses, en partie de
bonnes terres glaiseuses, de riches terres à marne,
ont 98, 96, 90, 77, 75, 60 degrés. La meilleure
terre à orge, du sable humeux, a 78°; d'autres terres
à orge, en partie glaiseuses, en partie glaises sablonneuses, ont 60, 50, 40°. Les terres à avoine,
en partie sables glaiseux, en partie glaises sablonneuses, ont 30—20°. Une terre à seigle de trois
ans, de la glaise argileuse, un sol sablonneux, ont
15 à 10°; un sol à seigle de six ans, un sol très-
sablonneux, 5°; un sol à seigle de neuf ans, un sol

sablonneux tout à fait pauvre, 2°. Ces degrés, qui
indiquent le rapport de valeur du sol tel qu'il est,
augmentent ou diminuent suivant la profondeur,
le sous-sol, le climat, la position, etc. Le chiffre
le plus juste serait celui qui exprimerait la fécondité de la terre, en prenant pour base les récoltes
moyennes des dernières années.

Supposons une terre chaude à seigle, sur laquelle une récolte de seigle de 18 boisseaux par arpent (1) occasionne une perte de fécondité de 30°,
déduction faite de la semence. Nous aurons pour
1 boisseau de seigle une perte de 1,68°; pour
1 boisseau de froment, 2,22°; pour 1 boisseau
orge, 1,16°; pour 1 boisseau avoine, 0,83; car,
si le seigle enlève 30°, le froment enlèvera 40°,
l'orge 21°, l'avoine 15°, parce qu'on suppose que,
pour les céréales, les qualités nutritives sont en
rapport avec l'enlèvement de la fécondité du sol.
Pour les légumineuses venues à maturité, on
compte par arpent 20° de perte de fécondité; mais,
en raison des influences favorables de ces plantes,
on leur tient compte de 10° d'augmentation de fécondité, en sorte que le sol, après leur enlèvement, n'est appauvri que de 10°. Pour les pommes

(1) Le boisseau wurtembergeois, dont il est ici question, est de
0,22,153 litres.
L'arpent wurtembergeois est de 0,31 a. 51 c.

de terre, on compte une perte de 30° et un retour de 10° ; soit une perte de 20°. Les rapports changent sur d'autres sols que ceux indiqués ; ainsi un sol compacte ne perdra peut-être que 20° par la récolte de seigle mentionnée, au lieu de 30°, tandis qu'un sol sablonneux perdra plus de 30°. On fait abstraction de la semence, parce qu'on suppose qu'elle porte avec elle assez de parties nutritives pour pouvoir se reproduire au moins une fois par sa propre force.

Si la fécondité est enlevée par les récoltes, elle se retrouve

1° Dans le fumier employé; pour rendre 10° de fécondité, on estime qu'il faut 4,000 kilog. par hectare;

2° Dans une bonne jachère d'été, elle fournit tout autant de fécondité que la fumure que l'on vient de nommer, soit 10°;

3° Dans un parcours de pâturage, on estime aussi l'augmentation de fécondité que procure ce pâturage à 10°;

4° Dans des récoltes vertes, productrices d'une fécondité équivalente, les vesces et le trèfle vont même jusqu'à 12°;

5° Dans de riches enfouissements de végétaux en pleine floraison; cette fumure peut augmenter la fécondité jusqu'à 20°. Si, dans les quatre derniers cas, on donne en même temps une fumure d'engrais putrescent, on ajoute alors, en sus, la valeur de ce fumier.

Prenons pour exemple l'assolement suivant de six ans.

*Produit par hectare.*

1. Pommes de terre fumées.  20,000 kil. racines , 1,079 kil. fanes.
2. Orge. . . . . . . . .  22 1/2 hect. grains, 2,158 kil. paille.
3. Trèfle. . . , . . , . . .  10,794 kil. en vert.
4. Seigle. . . . . . . . . .  22,50 hect. gr., 4,000 quint. paille.
5. Pois fumés. . . . . . .  7 hect. grains, 2,158 kil. paille.
6. Avoine. . . . . . . . . .  33 hect. grains, 2,775 kil. paille.

Du produit de céréales indiqué, il faudra retrancher la semence. Quant aux pommes de terre, on suppose le retranchement du plant déjà fait.

| | Augmentat. de fécondité. | Diminut. de fécondité. |
|---|---|---|
| 1. Fumure avec 236 q. par arp., ou 36,400 k. par hect. | 90° | » |
| Pommes de terre. . . . . . . . . . . . . . | 10° | 30° |
| 2. Orge. . . . . . . . . . . . . . . | » | 32,5° |
| 3. Trèfle. . . . . . . . . . . . . . . | 12° | » |
| 4. Seigle. . . . . . . . . . . . . . , . . | » , | 46,5° |
| 5. Fumier avec 118 q. par arp., ou 18,200 k. par hect. | 45° | » |
| Pois. . . . . . . . . . . . . . . . . | 10° | 20° |
| 6. Avoine. . . . . . . . . . . . . . . | » | 36,5° |
| | 167° | 165,5° |

L'augmentation de fécondité serait donc, au bout de six ans, 4,5°, qui, sans doute, serait à peu près comme si elle était nulle.

Cependant il est démontré par là que cette rotation peut subsister sans secours extérieurs de prairies, etc., autant que les fourrages et la paille pourront fournir la quantité de fumier supposée; ce qui maintenant est à rechercher.

On a à consommer en fourrages :

|  |  | Fourrage équivalent en foin. |
|---|---|---|
| Pommes de terre. . . . . | 130 quint. | 65 quintaux. |
| Trèfle vert. . . . . . . | 170 — | 34 — |
| Paille d'orge. . . . . . . | 14 — | 9 1/3 — |
| Paille d'avoine. . . . . . | 18 — | 12 — |
| Paille de pois. . . . . . . | 14 — | 9 1/3 — |
|  |  | 129 2/3 — |
| Paille de seigle pour litière. . . . . . | | 26 — |
|  |  | 155 2/3 — |

qui, multipliés par 2,3, donnent 358 quintaux de fumier; il n'en faut que 354 quint. On en a donc suffisamment sans qu'on ait besoin de comprendre dans l'estimation les fanes de pommes de terre. Si l'on place dans la même terre ou dans une terre analogue cet assolement vis-à-vis d'un assolement triennal pur, qui ne peut être fumé que tous les six ans, ce dernier assolement pourra alors servir d'exemple comme assolement épuisant.

| Assolement triennal. | Augmentation de fécondité. | Perte de fécondité. |
|---|---|---|
| 1. Fumure, 131 quintaux de fumier. . . . . | 50° | » |
| Jachère pure. . . . . . . . . . . . . . | 10° | » |
| 2. Seigle. . . . . . . . . . . . . . . . . | » | 30° |
| 3. Orge. . . . . . . . . . . . . . . . . . | » | 21° |
| 4. Jachère pure. . . . . . . . . . . . . . | 10° | » |
| 5. Seigle. . . . . . . . . . . . . . . . . | » | 17,5° |
| 6. Avoine. . . . . . . . . . . . . . . . . | » | 12,5° |
|  | 70° | 81° |

La diminution de fécondité est, par conséquent, en six ans, de 11°. On pourra objecter que la fumure de 131 quintaux pour six ans est aussi trop chétive, et que si, au lieu de cette fumure, on employait 160 quint. $= 61°$, alors l'augmentation et la diminution de fécondité seraient à peu près égales; mais si l'on calcule la quantité de paille qui peut être obtenue dans cette rotation, et si l'on fait la conversion de cette paille en fumier, l'on ne tarde pas à se convaincre qu'il est impossible d'obtenir plus de 131 quint. de fumier, à moins que ce ne soit avec un secours du dehors, c'est-à-dire par des prés, des pâturages, etc. Aussi ces secours existent partout où cette culture triennale est encore en usage; nous exceptons les riches terres de marais, pour lesquelles toute statique est superflue.

Étudions encore ces rapports en citant l'exemple d'une culture pastorale mixte, qui, dans dix ans, n'obtient que 167,5 quint. de fumier, par conséquent, annuellement, encore moins que la culture triennale ci-dessus, et qui cependant, sans secours extérieurs, augmente la fécondité : cet exemple démontre les bienfaits d'une semblable culture dans les localités peu riches.

| Culture pastorale mixte. | Augmentation de fécondité. | Diminution de fécondité. |
|---|---|---|
| 1. Jachère non fumée. . . . . . . . . . | $10^\circ$ | » |
| 2. Seigle. . . . . . . . . . . . . . . . | » | $35^\circ$ |
| 3. Avoine. . . . . . . . . . . . . . . | » | $22,5^\circ$ |
| 4. Jachère. . . . . . . . . . . . . . . | $10^\circ$ | » |
| 4. Jachère avec fumure de $167,5^\circ$ quint. . | $64^\circ$ | » |
| 5. Seigle. . . . . . . . . . . . . . . | » | $35^\circ$ |
| 6. Orge. . . . . . . . . . . . . . . . | » | $24,5^\circ$ |
| 7. Trèfle. . . . . . . . . . . . . . . | $10^\circ$ | » |
| 8. 9. 10.  Pâturage à $10^\circ$. . . . . . . . . | $30^\circ$ | » |
| | $124^\circ$ | $117^\circ$ |

Par conséquent, augmentation de fécondité de $7^\circ$ en dix ans.

Du reste, on ne doit pas conclure des exemples ci-dessus que les chiffres indiqués peuvent être appliqués mécaniquement à chaque rotation, comme on pourrait le supposer. La difficulté consiste à pouvoir suivre, avec quelque certitude, en faisant état de tous les rapports, les divers changements de fécondité, afin de savoir quelles récoltes se succéderont avec le plus d'avantage.

FIN DU PREMIER VOLUME.

# TABLE DES MATIÈRES

## DU TOME PREMIER.

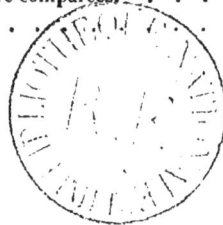

FIN DE LA TABLE DU PREMIER VOLUME.

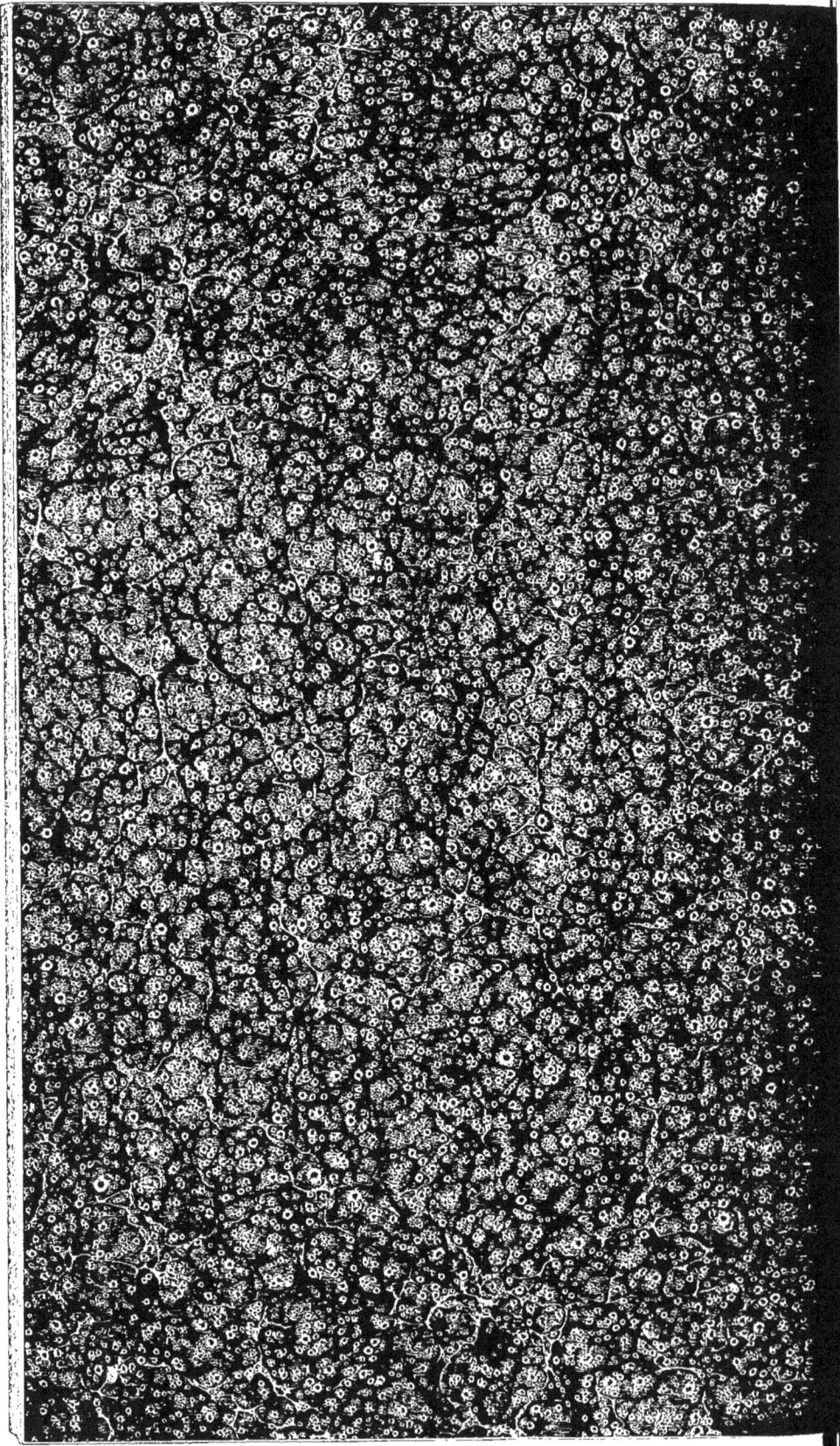

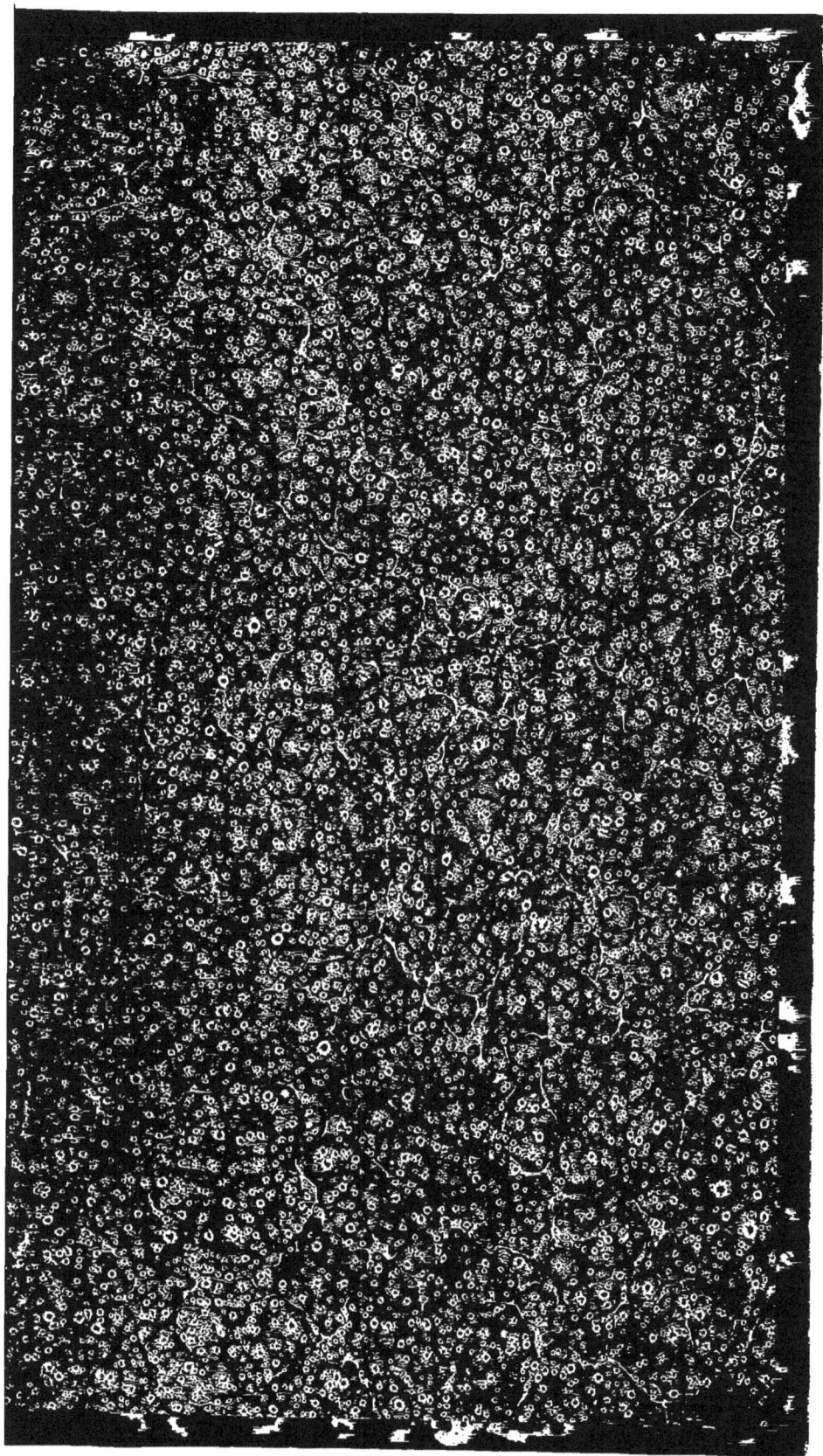

www.ingramcontent.com/pod-product-compliance
Lightning Source LLC
Chambersburg PA
CBHW061108220326
41599CB00024B/3964